本书得到安庆师范大学 2015 年学术著作出版基金及文学院一级学科建设经费之资助，也是安徽省教育厅一般项目《网络流行语的生成机制与交际扩张研究》的支持性成果。

佟福奇 著

条件关系范畴的语义研究

中国社会科学出版社

图书在版编目(CIP)数据

条件关系范畴的语义研究 / 佟福奇著. —北京：中国社会科学出版社，2016.4
　ISBN 978-7-5161-8127-0

　Ⅰ.①条… Ⅱ.①佟… Ⅲ.①语义学—研究 Ⅳ.①H030

中国版本图书馆 CIP 数据核字（2016）第 102008 号

出 版 人	赵剑英
责任编辑	冯春凤
责任校对	张爱华
责任印制	张雪娇

出　　版	中国社会科学出版社
社　　址	北京鼓楼西大街甲 158 号
邮　　编	100720
网　　址	http://www.csspw.cn
发 行 部	010-84083685
门 市 部	010-84029450
经　　销	新华书店及其他书店
印　　刷	北京君升印刷有限公司
装　　订	廊坊市广阳区广增装订厂
版　　次	2016 年 4 月第 1 版
印　　次	2016 年 4 月第 1 次印刷
开　　本	710×1000　1/16
印　　张	18.25
插　　页	2
字　　数	254 千字
定　　价	68.00 元

凡购买中国社会科学出版社图书，如有质量问题请与本社营销中心联系调换
电话：010-84083683
版权所有　侵权必究

序

福奇的博士论文终于要出版了，很为他高兴。记得从他读硕士开始，我们就经常在一起讨论问题，一直到现在，无论见与不见，讨论总是没有间断。在这种不间断地讨论中，语义问题是我们聊得最多的。

现代汉语研究中，除了词汇语义以外，语法的研究也很重视语义问题，成为语法研究一个不可或缺的维度。不过，在语法关注的语义研究中，常常是先从句法形式入手，即先从形式上确定某种句法结构，然后再进一步寻求语义方面的解释，这样的做法固然也揭示了语义的某些问题，但总觉得缺少点什么，一些语义问题被"遮蔽"了。在冠以"句法语义"、"复句"的研究中，这种"遮蔽"时时会显现出来。福奇的研究，试图打破这种"遮蔽"，不从句法形式入手，而是先从语义开始，建立条件关系语义范畴，从逻辑语义的层面上描述这个范畴，在此基础上再去寻找句法形式上的表现。这个思路有助于"独立"地思考语义问题，避免形式控制下的"遮蔽"。

语义研究对解决语法问题极为重要，是一个基础。福奇善于思考，很有学术的勇气，对语义问题已经有了一些自己的想法，相信在以后的研究中，会有所成就，这是我特别期待的。

福奇几次给我打电话，要我写几句话，算是个序吧。

吕明臣
2015 年 10 月 20 日

目 录

第一章　条件关系范畴的内涵及研究意义 …………（ 1 ）
 第一节　条件关系范畴的内涵 ………………………（ 1 ）
 第二节　本课题的研究意义 …………………………（ 6 ）
  一　理论意义 …………………………………………（ 7 ）
  二　实践意义 …………………………………………（ 8 ）

第二章　研究状况及本研究欲解决的问题 …………（ 9 ）
 第一节　研究综述 ……………………………………（ 9 ）
  一　侧重语法视角的研究 ……………………………（ 9 ）
  二　侧重逻辑视角的研究 ……………………………（ 11 ）
  三　心理学方面的研究 ………………………………（ 13 ）
  四　其他相关成果 ……………………………………（ 14 ）
 第二节　本研究欲解决的问题 ………………………（ 15 ）
 第三节　研究方法、理论背景及语料说明 …………（ 16 ）
  一　研究方法和理论背景 ……………………………（ 16 ）
  二　语料说明 …………………………………………（ 17 ）

第三章　条件关系范畴的逻辑语义分析 ……………（ 18 ）
 第一节　假言推理范畴 ………………………………（ 18 ）
  一　充分条件假言推理 ………………………………（ 18 ）
  二　必要条件假言推理 ………………………………（ 31 ）
  三　充要条件假言推理 ………………………………（ 44 ）
 第二节　选言推理范畴 ………………………………（ 49 ）

  一 否定肯定式 ………………………………………（49）
  二 肯定否定式 ………………………………………（57）

 第三节 负命题推理范畴 …………………………………（58）
  一 充分条件的负命题推理 …………………………（58）
  二 必要条件的负命题推理 …………………………（65）
  三 充要条件的负命题推理 …………………………（65）

 第四节 与模态有关的推理范畴 …………………………（66）
  一 涉及模态命题的假言推理 ………………………（67）
  二 涉及模态命题的选言推理 ………………………（73）
  三 涉及模态命题的负命题推理 ……………………（74）

 第五节 条件关系范畴语义的形式刻画 …………………（75）
  一 C_p系统和语义解释 ………………………………（75）
  二 条件关系范畴的CC_p系统及语义解释 …………（77）

 小结 ……………………………………………………………（81）

第四章 条件关系范畴的整体意义 ………………………（82）

 第一节 条件关系范畴的语义是一个整体 ………………（82）

 第二节 假言范畴的整体语义 ……………………………（83）
  一 充分条件假言范畴 ………………………………（83）
  二 必要条件假言范畴 ………………………………（100）
  三 充要条件假言范畴 ………………………………（108）

 第三节 选言范畴的整体语义 ……………………………（110）
  一 否定肯定式 ………………………………………（110）
  二 肯定否定式 ………………………………………（117）

 第四节 负命题范畴的整体语义 …………………………（119）
  一 充分条件的负命题范畴 …………………………（119）
  二 必要条件的负命题范畴 …………………………（133）
  三 充要条件的负命题范畴 …………………………（134）

 第五节 模态条件范畴的整体语义 ………………………（135）
  一 基于充分条件的 …………………………………（135）

目　录

　　二　基于必要条件的 ……………………………………（137）
　　三　基于充要条件的 ……………………………………（138）
　　四　表负命题意义的 ……………………………………（139）
第六节　条件关系范畴的语义关系网络图构拟 …………（140）
　　一　语义地图理论简说 …………………………………（140）
　　二　条件关系范畴的语义网络图 ………………………（141）
小结 …………………………………………………………（145）

第五章　条件关系范畴的语言表达 ………………………（147）
第一节　条件关系范畴语义的构成分析 …………………（147）
　　一　条件关系范畴的语义次类 …………………………（147）
　　二　条件关系范畴语义的交际意图分析 ………………（148）
第二节　条件关系范畴的语言表达 ………………………（152）
　　一　主体的认知加工 ……………………………………（152）
　　二　条件关系范畴的语义生成模型 ……………………（153）
　　三　条件关系范畴的语义实现机制 ……………………（154）
小结 …………………………………………………………（164）

第六章　研究展望 …………………………………………（165）
　　一　研究结论 ……………………………………………（165）
　　二　进一步研究设想 ……………………………………（166）

参考文献 ……………………………………………………（168）
附录1 ………………………………………………………（180）
附录2　相关研究成果 ……………………………………（182）
后　记 ………………………………………………………（284）

第一章 条件关系范畴的内涵及研究意义

第一节 条件关系范畴的内涵

李小五（2003）指出自然语言中一个典型的条件句具有这样的结构："若 A 则 B"，它是一种意义含混的句子，可分析为实质（蕴涵）条件句、严格（蕴涵）条件句、相干（蕴涵）条件句、道义条件句、时间条件句、虚拟（蕴涵）条件句、直陈（蕴涵）条件句、正常（蕴涵）条件句等等。如把"若 A 则 B"看作是实质条件句（通常记为 A→B）的观点是一种最常见的处理"若 A 则 B"的观点。经典逻辑已对此进行了刻画，其处理方法就是把 A→B 中的→看作是一种二值真值映射。该方法简洁明了，比较成功地刻画了"若 A 则 B"的真值和涉及此类条件句的推理的形式有效性，确定了一大类形式有效的推理模式，但也引出了相当严重的问题。如用以刻画实质条件句的经典句子演算包含所谓"实质蕴涵怪论"作为它的内定理，因之引起了很多逻辑学家的不满，从而产生了很多新的逻辑。如把 A→B 中的→看作是一种多值意义上的真值映射或一种相关蕴涵，就产生了多值逻辑和相干逻辑。把"若 A 则 B"看作是严格条件句（通常记为□（A→B），在历史上也记为 A—3B），在某种意义上说，这就是为了解决实质条件句引出的问题才提出的一种方案。模态逻辑对此进行了深入地研究，其处理方法就是把 A—3B 看作是对实质条件句 A→B 的必然断定□（A→B）。模态逻辑取得了十分丰硕的成果，但它也存在问题，正是因为经典逻辑对条件句的研究存在着"实质蕴涵怪论"这样的问题，模态逻辑所确定的某些有效的内定理或推理规则也有很不自然之处，所以才导致了条件句逻辑的产生和发展。①

那么，条件句逻辑到底研究什么样的条件句呢？李小五（2003）认为"条件句逻辑研究其他逻辑迄今还没有研究过的条件句"。② 其他逻辑没有研究的条件句也仍然种类繁多。首先，从已取得的研究来看，条件句逻辑关注最多的有虚拟条件句和反事实（条件）句，对这类条件句的研究构成条件句研究的主流；其次，条件句逻辑关注有别于实质条件句的直陈条件句，在此方面也取得了一定的成果；其三，近年来在人工智能界，逻辑学家还研究了一种叫作"正常条件句"的条件句，从而研究了人工智能中的非单调逻辑。另外，在人工智能界，逻辑学家还研究一类可以称为条件蕴涵的东西。（这里的"条件蕴涵"不是前面意义上的条件句，但其直观意义类似于正常条件句的直观意义，其推理系统与相应的条件句系统也非常接近）。③ 以上是哲学逻辑界对条件句的基本研究取向，对条件句及其语言表现取得了相当的突破，但是它只关心条件关系，忽略了以条件关系为基础的相关推理在自然语言中的作用，因之没能很好地彻底揭示条件范畴的语言表达问题。

现代汉语中的条件句被定义为"条件复句"，用以指"条件性因果推断句"的简称，即以条件为依据推断某种结果。④ 王维贤先生则认为："凡是条件句，分句之间都具有蕴涵关系。自然语言中分句间的蕴涵关系同实质蕴涵不同，它应该用相关逻辑中的相关蕴涵来解释。即条件句的真假不仅由前一小句（A）和后一小句（B）的真假值来决定。A 和 B 之间是相关的；并且 A 真必然地推出 B 真。并认为凡是复句间的关联词语表示的语义关系是以这种

---

① 李小五：《条件句逻辑》，人民出版社 2003 年版，第 8—10 页。
② 同上书，第 10 页。
③ 同上书，第 10—11 页。
④ 邢福义：《汉语复句研究》，黑龙江人民出版社 2001 年版，第 41 页。

第一章　条件关系范畴的内涵及研究意义

关系为基础的就都属于条件句。这样划分出来的条件句，相当于通常讲的偏正复句或主从复句。"① 王先生的观点是把条件句看作是一种严格蕴含关系，这是把"若 A 则 B"看作是严格条件句（通常记为□（A→B）史上也记为 A—3B），模态逻辑对此进行了深入的研究，其处理方法就是把 A—3B 看作是对实质条件句 A→B 的必然断定□（A→B）。以上的既有研究是以复句着眼的，由于必须以已有的复句研究格局为基础，一方面没有谈论基于条件关系的单句；另一方面囿于以往的研究，对自然语言中一些表达格式底层的真正逻辑语义关系或结构还没有揭示清楚，所以仍然没有对条件关系范畴做出彻底的观察和解释。

　　本书的研究起点正是以条件关系及其相关推理尤其是推理结构为基础的条件关系范畴，因此可以改变单纯从条件关系入手而忽视推理的局面，从而对条件关系范畴的语言表现做出全新的解释。所谓条件关系范畴是指以条件关系及有关推理特别是推理结构为语义基础的语义范畴，这一范畴不同于哲学逻辑中的条件句，哲学逻辑中的条件句是一个复杂的研究领域，它是继经典逻辑对实质条件句的研究、模态逻辑对严格条件句的研究之后对条件句的进一步的研究与发展，目前的研究排除推理结构，仅仅考虑条件句逻辑本身。我们的研究视角是整体主义的，即从整体着眼，考察条件关系范畴的语言表达问题，条件关系范畴是以充分条件、必要条件、充要条件、负命题及其相关推理等底层逻辑语义为基础，经过语言化实现为整体意义，这些整体意义往往由特定的语言表达格式来负载，或者说这些特定的语言表达格式激活了条件范畴的相关推理结构，进而以底层逻辑语义为基础，经过语言化投射到表达层面，实现为一种整体意义。这种研究视角显然不同于哲学逻辑的研究，由此不再对条件关系和以条件关系为基础的有关推理分别对待和处理，而是

---

①　王维贤、张学成、卢曼云、程怀友：《现代汉语复句新解》，华东师范大学出版社 1994 年版，第 81 页。

从整体着眼，从宏观角度关照条件关系范畴的语言表达问题，这样我们的研究就有了新的基础：条件关系及其相关推理结构是底层的逻辑语义基础，投射到语言表层进入表达层面时经由了语言化的提升，语言表达最终激活了相关条件关系及其有关推理结构。这显然更利于把条件关系范畴的语言表达解释清楚，因为基本的条件关系投射到语言表达也可以描写为对推理结构的激活和语言化过程，那么从条件关系及其有关推理尤其是推理结构着眼就可以解决所有条件关系范畴的语言表达问题，反之则不然。因为先建立条件句逻辑，随后就必须解释与之相关的推理，这样才能全面解决条件关系范畴的语言表达问题。当然，条件句逻辑的建立和研究模式是有其学术发展背景和原因的，而语言研究则不必拘泥于此。本研究所论的条件关系不是传统逻辑意义上的，也不是传统语言学意义上的，而是从整体上厘清了语言上的条件关系范畴，不同于逻辑，也不同于以往的语言研究。这个条件关系范畴的确立，应该是全新概念的，是从整体上考虑到了语言表现形式所能激活的一种内在的、整体的逻辑推理结构。换句话说，把整体的逻辑推理结构浓缩到表层语言表达，可以概括为一种条件关系范畴。

如吕明臣（2010）对"不然"的分析就是一个很好的例示[①]，该文指出：《现代汉语八百词》对连词"不然"的解释存在以下问题，第一，对"不然"两种用法的解释不充分，停留在表面的解释上；第二，割断了两种用法之间的联系，没有找到两种"不然"内在的语义关系。文章将《八百词》中连词"不然"的两用法分别写成"不然1"和"不然2"。从逻辑的角度看，"不然1"所在语句表现的是必要条件假言推理。如例①：该写信了，不然家里会不放心的。该例子的完整逻辑表达式应该是下面的样子：

只有写信，家里才会放心。（前提1）

---

① 吕明臣：《"不然"格式的语义分析》，《郑州大学学报》（哲学社会科学版），2010年第5期，第112—114页。

不写信。(前提2)

家里不放心。(结论)

含有"不然2"的句子表现的是选言推理。如例②：可以打电话去找他，不然你就自己跑一趟。该例完整的逻辑推理应该构造为：

可以打电话去找他，或者你自己跑一趟。(前提1)

不打电话找他。(前提2)

你自己跑一趟。(结论)

两个"不然"在推理式中都表达推理中的一个否定前提，这是它们的共同点，区别仅仅是所在的推理形式不同。如果忽略逻辑推理式的不同，只看"不然1"和"不然2"的话，可以说它们的逻辑含义是一样的，即在一个推理中，表现前提中那个"否定前提"。以此为基础，文章进而分析了"不然"的整体意义，从整体上看，"不然"格式表达了前提和结论的关系意义，但这个前提是必须包含由"不然"表达的那个否定的前提在内，并不仅仅是"不然"前面的语句。在"不然"的语言表达式中，结论是通过"不然"否定前面的语句所表达的命题得到，这种否定很重要，没有这种否定就没有结论的出现。唯此，"不然"格式才具有了"如果不A，就B"的意义。"如果不A，就B"着眼于逻辑层面的前提和结论之间的关系，这种关系是"不然"格式的意义基础。在此基础上，形成了"不然"格式的两种主要意义：一是表达某种主张或建议的必然性、合理性；二是指出几种可能的选择。文章还讨论了"不然"的语法性质，认为它是一种特殊意义上的连词，因为"不然"的连接作用是通过它自身承担的否定意义完成的，这种"实义的否定"不是一般连词所具有的特征。该文从整体着眼，分析"不然"的逻辑推理结构进而推求其整体意义的研究思路是很有启发和创建的，这种研究思路显然更能揭示"不然"这样的语言表达格式的真正意义内容，因为它实际激活的是一个完整的推理结构，以往的研究仅仅注意到表面的东西，没有揭示出

"不然"在推理表现前提中那个"否定前提"的作用,因而对"不然"的解释不充分,停留在表面,并且割断了两种用法之间的联系,没有找到两种"不然"内在的语义关系。

　　本书的研究正是采取整体主义的视角,把以条件关系及其相关推理这一逻辑语义基础为底层而最终投射到语言表层的相关语言表达格式确立为条件关系范畴,这些表达格式以条件关系及其相关推理为语义基础,经过语言化投射到话语表层,是条件关系范畴语言化的直接结果。通过分析各类条件关系及相关推理结构,概括出条件关系范畴的推理结构类型,以此为基础进一步探求不同类型的各个语言表达格式的整体意义,即语言化意义。对这些意义的语义生成机制做出形式刻画,并结合认知语言学和话语意义的建构理论及形式语义学理论对条件关系范畴的语义实现做出描写和解释。

第二节　本课题的研究意义

　　侧重语法视角的研究对条件句内部的逻辑语义形式及推理结构开掘的尚不够深入,尤其是对条件句的深层逻辑语义关系尚未梳理清楚,对条件句意义的认识仍主要停留在语言形式的表层,忽视了语言形式与深层逻辑关系的对应关系,还需要从条件句的底层逻辑语义上做进一步的深入观察。语言学界侧重逻辑视角的研究对条件句的逻辑语义基础做出了许多有意义的探讨,但是还比较零散,没有形成系统,因此也就没能对条件句做出充分的解释。而走在前沿的哲学逻辑,由于其只关注条件句逻辑体系的建构,因而也没能从整体角度对条件关系范畴做出充分解释。总之,以往对条件关系范畴的研究忽视了语言形式与逻辑语义的紧密联系,仅仅从语言形式表面分析其意义,这样不能揭示出语言形式所要表达的真正语义内涵,因此对各种条件句的概括要么存在偏差,要么缺乏整体视角,不能形成一个系统,也无法对条件关系范畴做出充分解释。本书以

第一章　条件关系范畴的内涵及研究意义

条件关系及其相关推理为依据，从整体主义视角对条件关系范畴全面进行考察，把条件关系范畴确定为自己的研究对象，因之有如下意义：

一　理论意义

（一）可以对条件关系范畴做出充分解释

从底层的逻辑语义基础出发，分析概括出条件关系范畴的逻辑推理结构类型，结合具体语言表达格式给出完整的推理结构，可以对条件关系范畴做出穷尽的描写，这样面对的不再是单纯的条件句，而是涵盖相关推理结构的一个大的范畴，这无疑更符合语言本来的面貌，因为自然语言的表达格式所激活的逻辑语义结构并不仅仅是单纯的条件关系，还大量涉及复杂的推理结构。在给出推理结构类型的基础上，结合具体的语言表达格式进而推求出条件关系范畴的整体意义。这种研究思路可以揭示语言中所有与条件关系及其推理有关的表达，这在以往的研究中是做不到的，从而可以对条件关系范畴及条件句做出完全的充分的解释。

（二）方法上的意义

我们对条件关系范畴的研究是一种整体主义的视角，即从逻辑推理结构出发，考察语言中的各种语言形式所表达的真实逻辑语义关系，通过逻辑分析可以还原各个语言形式的逻辑语义关系和结构，从而揭示这些语言形式与条件关系的具体关联。这种关联将为我们确定各种语言形式所表达的实际意义提供必须的参考，而这些实际意义是一个整体，它包括语言底层的逻辑意义和话语意义建构过程中由不同语言表达格式所衍生的意义。换句话说，语言形式可能是有缺省的，但是表达出来的却是一个整体的意义，要揭示语言形式和它所实际表达的整体意义之间的关联，就必须把语言形式所表达的东西还原。从条件关系及有关推理出发至少有如下好处：一是可以对条件关系及有关推理结构描写完全，即经典逻辑中的条件关系只有充分条件、必要条件、充要条件三种，而命题逻辑中的推理结构也可以描写为有限的类；二是深入观察各种语言形式，反观语言形式所要表达的真正的逻辑意义和结构，这样才能把语言中表达的条件意义真正梳理清楚；三是由逻辑入手考察语言形式，可以发现语言形式的实际逻辑语义关系和结构，这样就避免了单纯依据语言形式和直觉经验而导致的对条件句的语义概括不全面，甚至出现偏差的问题。

如果我们的方法是可行的（当然这种方法事实上是可行的），它将同样适用于表其他逻辑语义关系的语义范畴（包括复句）的研究，因此我们的研究有着积极的方法上的意义。

二 实践意义

条件关系范畴的本质是表达条件关系及相关推理的，这是条件关系范畴语义的生成基础，不同民族语言的条件关系范畴在语言形式上会各有差异，但是逻辑语义关系却是普世性的，这源于人类的认知共性。留学生在学习汉语条件句的时候能够从底层逻辑语义关系出发学习条件句将最直接有效，因为学会了条件关系范畴也就意味着可以自由生成合格的条件句。所以我们的研究对语言教学将有着积极的指导意义。留学生多是成年群体，他们完全可以理解汉语要表达的各种条件关系直至推理结构，只是我们需要把这些关系弄清楚，这是讲清楚的前提。

第二章 研究状况及本研究欲解决的问题

第一节 研究综述

说到条件关系范畴现有的研究是以条件句着眼的，这是研究条件关系范畴的直接参考成果，因此下文将对条件句的研究状况予以简评。

现代汉语业内把条件句看作是复句的一个下位小类，如胡裕树（1995）认为条件关系的复句是偏正复句的一种，可分为三种条件：假设的条件；特定的条件；无条件的条件。黄伯荣、廖序东（1991；2002）把条件复句分为有条件和无条件两大类，有条件又分为充足条件和必要条件两类。考察相关的著作及论文可以发现，由于研究的视角和侧重点不同，已有成果在研究取向上有如下分野：

一 侧重语法视角的研究

邢福义（1985）是较早的复句方面的研究专著，对复句和关系词语做了详尽的考察，包括假设句式"如果……就……"，条件句式"只有……才……"，和"只要……就……"，并认为它们都属于因果类复句。而邢福义（2001）是汉语复句研究的标志性成果，建构了汉语的复句三分系统，即因果类复句、并列类复句、转折类复句。条件句在邢先生体系内的仍归属为因果类复句的小类，条件句用以指"条件性因果推断句"，是以条件为依据推断某种结果。代表性形式标志是"只有……才……"和"只要……就……"。"惟有……才……"、"除非……才……"等属于标志群。邢先生细致入微地考察了"只有 p，才 q"及相关句式，认为该格式表示条件与结果的关系，是条件句的代表格式，并从句式构造、所表示的条件、非复句用法三方面分析了"只有 p，才 q"的特点。考察了"只要 p，就 q"句式，指出该格式也表条件与结果的关系，并与"只有……才……"和"如果……就……"进行了对比分析，随后分析了"越 p，越 q"，指出"倚变"是此格式的独特意义。专章讨论了"只要 p，就 q"和"如果 p，就 q"的共性和区别，认为两者语意表达的重点不同，"如果……就……"重在假设，"只要……就……"重在表明提出了某种特定条件；在正反推论中用法有别，"如果……就……"可用于正反两面同时推论，形成两面假设、正反配合的用法，正反两面一般轻重平衡，显得比较客观、冷静，而"只要……就……"则在正反两面中具有选择性和强调作用，它侧重于其中的一面，使之突出；某些格式不能相互转换，"如果……就……"比"只要……就……"的使用范围要大。这些研究都是开创性的，已经对条件句有了很深刻的认识。但是对条件句的观察主要还是依赖于语言经验，对条件句的语言形式与深层逻辑语义关系的开掘仍显不足。

　　随着研究的深入，更多的学位论文把研究对象锁定为条件句，如罗晓英（2006）的《现代汉语假设性虚拟范畴研究》考察了假设句的典型和非典型句式，分析了假设性虚拟与时间关系、假设性虚拟与否定，对英汉假设句做了比较，使假设句的研究有所深入。邵彤彤（2007）研究了无条件句中的"管"字句，即由"管"引导的无条件条件句。文章对无条件句中的"管字句"的考察遍及句法、语义、语用三个层面，得出了较全面的结论。孔力雅（2007）对"如果"类假设关联词语做了多角度考察，汪梦翔（2009）对因果关系关联词语的套用现象进行了研究，这些成果都属于条件句的具体研究，是对条件句研究的丰富和深化。

侧重语法视角的条件句研究取得了如下认识：第一，条件句是因果复句，主要有假设的条件、充分条件、必要条件和无条件的条件；第二，每种条件有代表性的形式标志，其义同形式和类同形式形成标志群；第三，各种格式的意义各不相同，但有的格式之间存在着一定的联系。近年来的一些学位论文对条件句做了很多深入具体的研究，但是在条件句的整体认识上并未有所突破。

综上，侧重语法视角的研究对条件句内部的逻辑语义关系及推理结构开掘的尚不够深入，尤其是对条件句的深层逻辑语义关系尚未梳理清楚，对条件句意义的认识仍主要停留在语言形式的表层，忽视了语言形式与深层逻辑关系的对应关系，还需要从条件句的底层逻辑语义上做进一步的深入观察。

二 侧重逻辑视角的研究

李小五（2003）从纯逻辑的角度对条件句逻辑做出了精深的论述，涉及条件句逻辑的本质；条件句逻辑的证明论，包括句子系统（公理化系统和自然推理系统）和量化系统的证明论；根据不同的形式语义考察了条件句系统的可靠性和完全性，如运用可能世界语义来分别研究择类逻辑、关系逻辑和领域逻辑；还研究了相信修正逻辑、代数逻辑、直陈概率逻辑、虚拟概率逻辑和一般概率逻辑；最后研究了可能世界逻辑的恰当性和概率逻辑的恰当性，主要讨论条件句逻辑的哲学基础和适用范围。该专著是国家社科基金"九五"重点项目《哲学逻辑几个重点分支的进展及其哲学问题系列研究》（批准号："九五"重点（96AZX024））暨中国社会科学院"精品战略"重点管理项目的子项目的结项成果，该成果对条件句做了周遍的考察，是系统地阐释条件句逻辑的基本概念、基本方法、重要成果及其恰当性的重要著作，对条件句逻辑乃至哲学逻辑都有重要意义。但是由于该专著是逻辑哲学著作，内容涉及了择类逻辑、关系逻辑、领域逻辑、相信修正逻辑、代数逻辑、直陈概率逻辑、虚拟概率逻辑和一般概率逻辑等逻辑理论模型，是专门从逻辑角度对条件句逻辑的研究，而我们的研究显然很难涉猎这些精专的领域，为了揭示语言形式与底层逻辑语义的内在联系，我们的讨论将限定在经典逻辑的范围内，除非必要才会参考其他理论模型，那么李先生的专著无疑提供了理论上的指导和参考。而更多需要关注的是其他侧重逻辑视角的条件句的语言学研究，下文详述。

王维贤（1994）总结了条件句的句法和语序特征：从句法上看，条件句由条件小句（A）和后果小句（B）两部分组成；从语序上看，一般是条件在前，后果在后。从逻辑语义关系着眼指出"凡是条件句，分句之间都具有蕴含关系"[①]，并指出这种蕴含是相关蕴含，即条件句的真假不仅由前一小句（A）和后一小句（B）的真假值来决定，A和B之间的关系还必须具备以下两个条件：A和B是相关的；并且A真必然地推出B真。王先生认为凡是复句间的关联词语表示的语义关系是以上述这种关系为基础的就都属于条件句，由此划分出来的条件句相当于偏正复句或主从复句。在王先生的研究中条件句的界限很宽，包括必要条件句、充分条件句、无条件句、因果句、目的句、假设句、转折句和"否则"句，由于侧重了逻辑分析，因而揭示了条件句的很多单凭语言经验难于发现的特点和规律，尤为值得关注。但是，对条件句整体语义的研究还不够深入彻底，尤其是继续采用无条件句、目的句、转折句这一类名称，仍没有对条件句做出根本性的梳理，同时个别句式的研究仍然留有可讨论的空间。

曹砚辉（2002）对现代汉语的条件句进行了逻辑分析，从语言学和逻辑学的角度对条件句与假言命题进行了双层剖析，以揭示两者相同而又相异的地方。该文主要是从逻辑角度分析条件句，但仍采取假设复句、条件复句以及无条件句这样的分法，也就无法真正把条件句描写清楚。刘永红（2003）对现代汉语转折复句的逻

[①] 王维贤、张学成、卢曼云、程怀友：《现代汉语复句新解》，华东师范大学出版社1994年版，第81页。

辑语义做了分析，文章首次讨论转折复句的语义结构规则，并进行了深入解释；通过数理逻辑手段揭示转折复句子类之间的联系变化；求证转折复句的语义重心。该文对转折复句的分析有一定的创新，从逻辑事理关系入手对转折复句做了深入的观察，对条件句研究有一定的借鉴作用。

总之，侧重逻辑视角的研究对条件句的逻辑语义基础做出了许多有意义的探讨，但是还比较零散，没有形成系统，因此也就没能对条件句做出充分的解释。

三 心理学方面的研究

余达祥（2008）从心理学的角度出发，以信息加工理论为指导，运用理论分析和实证研究相结合的方法，对条件推理的心理机制进行了深入探讨。通过对条件推理心理加工过程信息流程的考察，提出了条件推理的双重机制假设，即基于逻辑机制的推理和基于非逻辑机制的推理。文章对基于逻辑机制的推理模式进行了理论分析和实证检验。提出了基于逻辑机制的条件推理模式，并依据该模式对条件推理非概率结论的形成过程给出了解释。实验显示，命题态度在确定被试使用何种推理机制解决所面临的条件推理问题时起着关键作用，未学过逻辑的推理者也能展现出基于逻辑机制的推理行为。该文认为，蕴涵悖论及其它逻辑悖论的发现，哥德尔不完全性定理的提出，表明纯形式的逻辑学研究方法遇到了难于逾越的障碍，逻辑学研究需要寻找新的研究方法。而基于信息加工过程分析的心理学研究范式，正是逻辑发展所需要的方法。这也给我们以启示：对条件句的研究应该考察多种因素，不能仅仅限于某一种因素。

高华（2007）对条件推理的发展研究显示年龄和智力的增长并不必然导致推理中符合传统逻辑规范标准的回答率的提高，相反，在某些条件推理问题上还表现出推理成绩随年龄的增长而下降的现象，这是传统的认知和推理理论所无法解释的。双重加工理论能对此作出更合理的解释，它认为人类存在着两个完全不同的认知系统：系统1——执行快速、平行、自动化和启发式加工，是对实用的、情境化的任务表征进行操作；系统2——执行需要意志努力和认知资源的、控制和分析式加工，它涉及高级推理能力的主动运用。这两个系统的加工能力都会随年龄增长而增强，也因此启发式加工系统对青少年认知活动的影响并不会随年龄的增加而减弱。此成果系条件推理的发展研究，对考察条件句的语义实现有一定参考意义。

四　其他相关成果

这里说其他并不是十分贴切，只是为了行文方便，因为这些成果主要是与条件句相关的边缘成果，涉及汉语语法、英语语法、英汉及其他语言与汉语对比、逻辑哲学等各个方面，因为与本研究选题关系不大，故放在综述的最后简单评述。我们在中国知网按关键词"条件句"检索到的398篇论文中有30余篇是讨论"if"条件句的，这些文章要么从条件句整体着眼论述条件句的分类或类型、语用功能、语义内涵等，要么从条件句的组件入手分析构成条件句的动词形式及分句特征，还有些则从语言翻译的角度谈if条件句的汉译问题。值得一提的是徐李洁（2008）对英语IF条件句主观化模式予以了建构，理论视角很新颖，对if条件句做出了新的解释；罗凌萍（2007）运用原型理论对if条件句进行了研究，解释了if条件句的范畴化基础，原型与非原型的关系，if条件句的模糊性及其认知网络结构等；李勤（1996）分析了俄语条件主从复合句的特点。有30余篇是从逻辑学及逻辑哲学的角度探讨条件句的属性及其推理机制，涉及数理逻辑、道义逻辑、相干逻辑、概率逻辑、可能世界语义学等理论，是对条件句逻辑归属的专业性探讨。其中熊学亮、张韧弦（2005）的《试论条件句和结论句之间的逻辑规约》一文强调了语用推理与形式逻辑的区别，对语言运用有一定参考价值。

第二章 研究状况及本研究欲解决的问题

综上所述，目前对条件句的研究在逻辑哲学、心理学、语法学及跨语言对比等各个方面均取得了相当丰富的成果，对条件句的逻辑地位及其属性、条件推理的心理规律、条件句的句法规律及跨语言差异等已有很深的认识。但是，语言学界对条件句的解释并不充分，对很多语言形式的观察仅仅停留在语言经验的表层，并未开掘出其底层的真正逻辑关系和意义，因此对很多语言表达格式意义的概括存在一定的偏差，因为观察时割裂了语言形式与底层逻辑语义的密切联系，因此对条件句的解释也就无法穷尽，最终也就无法做出充分的预测。

我们的角度是以条件关系范畴为研究对象，先给定其底层逻辑语义关系和推理结构，这些关系及结构可以归纳为有限的几类，然后分析各个语言形式所关联的逻辑语义关系和结构进而探求语言形式的整体意义，这种意义是通过对底层逻辑语义和部分构式意义的激活而实现的，是语言形式所真正要表达的意义，这些意义对应了条件关系范畴的各种可能的意义，对其做出完全的描写和解释也就充分解释了整个条件关系范畴的语义。最后我们还将对条件关系范畴的语义生成问题做出描写，对条件关系范畴的语言表达做出解释。

第二节 本研究欲解决的问题

现有的研究没有对条件句做出充分的解释，本研究将通过分析条件关系范畴的逻辑语义基础，从基本的条件关系入手确定其在自然语言中的具体表达格式，分析时既包括单纯的条件关系，也包括以条件关系为基础的相关推理结构及其语言呈现，这样就对条件关系范畴的逻辑语义基础做出了充分描写。以此为基础进一步探求各种格式所表达的整体意义，这种意义是以逻辑语义为基础经语言化而获得的。最后再讨论条件关系范畴的语言表达，即如何进入表达层面而获得交际意义的问题。因此本研究将主要解决如下问题：

第一，分析条件关系范畴的逻辑语义，结合自然语言中的具体格式，归纳出条件关系范畴的具体推理结构类型，给出其具体的推理结构，概括其逻辑语义。

第二，对条件关系范畴的语义做出形式刻画。借助经典逻辑和现代语义学的技术方法和手段，对条件关系范畴的语义做出形式描写和刻画，给出句法规则和语义生成规则，并结合模型论做出简单解释。

第三，进一步讨论条件关系范畴的整体语义，它包含底层的逻辑意义和部分构式意义，是交际主体对逻辑语义和相关构式意义语言化的结果和产品。我们需要结合大量的语料和内省来归纳和推求条件关系范畴的整体意义，这始终是以条件关系范畴的底层逻辑语义关系和结构为参照和依据进行的。

第四，构拟条件关系范畴的语义网络图，这是在做了充分的逻辑语义分析和整体语义分析的基础上，对汉语条件关系范畴的语义概念结构做出构拟性描写，这将有助于深入认识该范畴的认知特性和心理表征。

第五，运用认知语言学、话语意义的建构理论及形式语言学等有关理论解释条件关系范畴的语言表达，也就是条件关系范畴如何从底层的逻辑语义投射到语言表层而进入话语层面，也就是条件关系范畴的语义实现问题。

第三节 研究方法、理论背景及语料说明

一 研究方法和理论背景

以逻辑语义关系为基础对条件关系范畴做出穷尽的描写，从条件关系范畴出发，分析语言中对应表达格式的逻辑语义关系及结构，做出形式刻画，进而推求出其整体意义，从而对条件关系范畴做出充分的解释。方法上总体为演绎法和归纳法相结合的，从语言表达式的底层逻辑语义出发，来推求整体语义，这是演绎的；而对

具体格式语言化意义的推求则必须结合大量语料进行归纳和分类。此外，涉及类型学方法的语义地图的构拟则采用了张敏先生开创的"自下而上"的工作方式，即先就汉语条件关系范畴做出一个草图，待日后有余力时再结合方言，同语系内语言乃至世界上更多的语言做更广阔的跨语言比较。对条件关系范畴的语义进行形式刻画时，主要结合蒋严、潘海华（1998）给出的部分语句系统 Cp，针对研究对象的特点建构了新的解释系统部分语句系统 CCp，这可以说是对已有系统 Cp 的深化和具体化。

研究中结合了命题逻辑、谓词逻辑、模态逻辑等经典和现代逻辑理论，以话语意义建构理论、关联理论和篇章表述理论、情境语意学等理论为背景，借鉴类型学中新近兴起的"自下而上"工作方式，对条件关系范畴的底层逻辑语义和整体语义及其最终实现层层深入地进行分析和解释。首次运用缺省逻辑解释条件关系范畴的语义实现问题，有一定创新。

二　语料说明

本研究语料大部分均来自北京大学中国语言学研究中心语料库（CCL），文中不一一标注，部分例句来自语料库在线（www.cncorpus.org）中的国家语委现代汉语语料库，其余少量例句为内省语料，后两类例句在文中均做出了标注。

第三章 条件关系范畴的逻辑语义分析

按照我们的研究思路，欲把条件关系范畴的实际意义考察清楚，需要先对该范畴的逻辑推理结构做出清晰的梳理，其直接结果为条件关系范畴的底层逻辑结构可以描写归纳为有限的几类，每一类推理结构模式又会与特定的语言表达格式相关联。明确了这些推理结构类别及其所关联的语言表达格式，就可以进而推求不同语言表达格式实际表达出的真正意义。依据命题推理的几种基本形式，我们以假言推理、选言推理、负命题推理及与模态有关的推理等为纲目，归纳条件关系范畴的推理结构类别，并找出与之分别对应的语言表达格式，并结合实例构造其完整的逻辑结构，以便后文进一步探求这些格式所实际表达的意义。

第一节 假言推理范畴

以假言推理结构作为逻辑语义基础的表达格式聚合为假言推理范畴，这部分详细讨论假言推理范畴的逻辑推理结构，具体涉及充分条件假言推理、必要条件假言推理和充要条件假言推理。

一 充分条件假言推理

李小五（2003）指出，当把"若 A 则 B"看作是严格条件句（通常记为□（A→B），在历史上也记做 A—3B），模态逻辑已做了深入的研究，其处理方法就是把 A—3B 看作是对实质条件句

第三章 条件关系范畴的逻辑语义分析

A→B 的必然断定□（A→B）。李先生（2003）的观点，充分注意到了充分条件假言命题在多数情况是表达□（A→B）这一语义，但是自然语言中的实际情况更为复杂，很多时候语言表达式激活的是更复杂的推理结构，下文将对自然语言中的各个表达格式做详细分析。

充分条件假言推理的有效形式为肯定前件式和否定后件式，下面详细分析这两种有效推理形式所关联的具体语言表达格式。

（一）肯定前件式

充分条件假言推理的有效形式之一为肯定前件式推理，其形式为：

> 如果 p，那么 q
> p
> ——————
> 所以，q

其符号形式是：

> p→q
> p
> ——————
> q

属于肯定前件式推理的语言表达格式有"因为……所以……"、"既然……就……"、"如果……就……"和"只要……就……"*，详细如下：

1. 因为……所以……

"因为……所以……"是使用频度很高的表达格式，邢福义

---

* 这里所举的语言表达格式是一种概括形式，包括相关的变异格式，如"因为……所以……"还有"因为……，……"，"……，所以……"等形式，下同。

(2001) 指出:"因为……所以……"是标示说明性因果关系,是因果句的代表句式;王维贤(1994)将其描写为 A⇒B,认为是相关逻辑中的相关蕴含,即 A 真必然地推出 B 也为真。已有的观点注意到了"因为……所以……"表达因果的语义内涵,事实上,它所表现的是一个充分条件假言推理的肯定前件式推理。例如:

(1) 因为最早发生在日本熊本县水俣湾附近,所以称为水俣病。

(2) 因为植物的合成能力非常强,而所用的原料只是水、二氧化碳、肥料及阳光等等,这些原料在自然界中取之不尽、用之不竭,所以它是多快好省的合成有机质的好方法。

(3) 因为那儿常年都是非常地安静和凉爽,冬天太冷,没人会来这个地方,所以房间里和体育馆里都没有空调。

例(1)、例(2)、例(3)都激活了下面的推理结构:

$$p \to q$$
$$\underline{p}$$
$$q$$

例(1)的完整逻辑结构应该构造为:

如果一种病最早发生在日本熊本县水俣湾附近,那么这种病称为水俣病;

这种病最早发生在日本熊本县水俣湾附近,

所以这种病称为水俣病。

例（2）的推理结构略复杂一些，其完整推理结构为：

推理1

如果植物的合成能力非常强，它是快而好的合成有机质的方法；

植物的合成能力非常强，

——————————————————

所以，它是快而好的合成有机质的方法。

推理2

如果所用的原料只是水、二氧化碳、肥料及阳光等等，并且，这些原料在自然界中取之不尽、用之不竭，那么它是好而省的合成有机质的方法；

所用的原料只是水、二氧化碳、肥料及阳光等等，并且，这些原料在自然界中取之不尽、用之不竭，

——————————————————

所以，它是好而省的合成有机质的方法。

推理3

如果植物的合成能力非常强，它是快而好的合成有机质的方法；

如果所用的原料只是水、二氧化碳、肥料及阳光等等，并且，这些原料在自然界中取之不尽、用之不竭，那么它是好而省的合成有机质的方法；

植物的合成能力非常强，并且，所用的原料只是水、二氧化碳、肥料及阳光等等，并且，这些原料在自然界中取之不尽、用之不竭，

所以它是多快好省的合成有机质的好方法。

例（3）的结构更加复杂，其完整逻辑结构当为：

推理1

　　如果那儿常年都是非常地安静和凉爽，那么房间里和体育馆里都不用空调；
　　那儿常年都是非常地安静和凉爽，
　　────────────────
　　所以，房间里和体育馆里都不用空调。

推理2

　　如果冬天太冷，那么没人会来这个地方；
　　那么没人会来这个地方，那么房间里和体育馆里都不用空调；
　　那儿冬天太冷，
　　────────────────
　　所以，房间里和体育馆里都不用空调。

推理3

　　如果那儿常年都是非常地安静和凉爽，那么房间里和体育馆里都不用空调；
　　如果冬天太冷，那么房间里和体育馆里都不用空调；
　　那儿常年都是非常地安静和凉爽，并且，那儿冬天太冷，
　　────────────────
　　所以房间里和体育馆里都没有空调。

第三章 条件关系范畴的逻辑语义分析

可见,"因为……所以……"可以表现充分条件假言推理的肯定前件式推理,其中有些句子的推理结构还比较复杂。

2. 既然……就……

"既然……就……"也表达的是充分条件假言命题,王维贤(1994)认为"既然……那么……"是以 A ⇒ B 为预设的,那么断定了 A 真,自然就可推出 B 也为真:

　　A⇒B　（预设）
　　A（既然 A）
　　─────────
　　（那么 B）

这实际上仍然是把"既然……那么……"看作是相关蕴含的,即 A ⇒ B,我们认为"既然……就……"与"既然……那么……"的语义基本相同,都激活了如下推理:

　　p→q
　　p
　　─────
　　q

语言中的用例如:

（4）既然"前进"为"前"的本义,就不应视其为名词用如动词。

（5）既然省政府已经下了文了,那就继续搞下去吧,秋后看看效果再说。

（6）既然要检验客户需求被满足的情况,软件的验收测试就理应由客户主持进行。

例（4）的推理结构是:

如果"前"的本义是"前进",那么它的用法就不是名词用如动词;

"前进"为"前"的本义,
―――――――――――――

所以,不应视其为名词用如动词。

例(5)、例(6)同样如此,如下:

如果"省政府已经下了文了,那就继续搞下去吧";
省政府已经下了文了,
―――――――――――――

所以,那就继续搞下去吧,并且,秋后看看效果再说。
……………………………………

如果"要检验客户需求被满足的情况","软件的验收测试就理应由客户主持进行";
要检验客户需求被满足的情况,
―――――――――――――

所以,软件的验收测试就理应由客户主持进行。

3. 如果……就……

这是最基本的充分条件假言命题的表达格式,可以形式化表达为:

$$p \to q$$
$$p$$
―――――
$$q$$

这意味着肯定前件也就等于肯定了后件,例如:

(7) 如果你不愿意借给我 5 块钱，那我就只能步行着回去了。

(8) 管大爷每隔三两天就要向我发出一次"最后通牒"：如果 3 天之内再不把房租付清，就要将我赶出门。

例（7）的推理为：

如果你不愿意借给我 5 块钱，那么我只能步行着回去了；
你不愿意借给我 5 块钱，
──────────────
所以，我就只能步行着回去了。

例（8）同理，具体为：

如果 3 天之内再不把房租付清，就要将我赶出门；
3 天之内再不把房租付清，
──────────────
所以，就要将我赶出门。

4. 只要……就……

"只要……就……"也是一个基本的充分条件假言命题的表达格式，可以形式化表达为：

$p \rightarrow q$
p
──────────────
q

这意味着依据充分条件假言命题肯定前件式推理，肯定前件也就等于肯定了后件，例如：

（9）只要他开口说话，就会让我想起陈毅元帅，感觉很是亲切。

（10）只要有梦想，就不怕梦想无法实现。

（11）只要戏一播，她就是大明星了。

例（9）的推理略微复杂，具体为：只要他开口说话，就会让我想起陈毅元帅，感觉很是亲切；他开口说话，所以会让我想起陈毅元帅，并且感觉很是亲切。这里的推理形式为：

$p\rightarrow (q\wedge r)$

p

―――――

$q\wedge r$

例（10）的意思是"只要有梦想，就不怕梦想无法实现"；有梦想，所以不怕梦想无法实现。例（11）的推理是"只要戏一播，她就是大明星了"；如果戏一播，那么她就是大明星。

（1）如果说……那么……

从基本的逻辑推理结构看，"如果说……那么……"也属于肯定前件式，其推理结构可以形式地表达为：

$p\rightarrow q$

p

―――――

q

语言中的实际用例如：

（12）我没觉得我的这种性格有什么不好，如果说性格决定命运，那么我愿意接受命运的挑战。

（13）如果说楷书好比人的端坐，那么行书就好比人的行走，显得生动活泼，自由自在。

(14) 如果说建筑也是一种艺术的话,那么建筑艺术中对称的应用就更广泛。

此外,涉及"可能"命题时"如果说……那么……"往往也是激活了可能模态推理◇(p→q)→(□p→◇q),在逻辑语义分析的最后部分将专门讨论涉及模态推理的种种情况,此处不述。

(二) 否定后件式

充分条件假言推理的另一个有效形式为否定后件式推理,其形式为:

如果 p,那么 q
非 q
————————
所以,非 p

其符号形式是:

p→q
¬ q
————————
¬ p

属于否定后件式推理的语言表达格式有"如果……就……"、"如果说……那么……"和"只要……就……",语言形式在表达这些推理结构时,各个表达格式的关联词语可以部分或者全部省略,下面予以具体分析:

1. 如果……就……

"如果……就……"可以表现充分条件假言推理的否定后件式推理,其中的"如果……就……"相当于 p→q 这个条件,"如果"、"就"这些关联词语可以部分省略,后面紧接着给出相当于¬ q 的语句,这一语句整个句子是必须的,不可省略的,有时用

"但，但是，可，可是"与前面的条件联结。例如：

（15）如果他来长春他就会给我打电话，他没打电话。（自拟例句）

（16）她不爱我了会告诉我的，她没告诉我。（自拟例句）

上面的例子中，"如果他来长春他就会给我打电话"和"她不爱我了会告诉我的"是充分条件，"他没打电话"和"她没告诉我"是对后件的否定，整个句子的意思是对前件予以否定，这显然是一个否定后件式推理，如下所示：

如果他来长春他就会给我打电话；
他没打电话，
───────────
所以，他没来长春。
┈┈┈┈┈┈┈┈┈┈┈┈

她不爱我了会告诉我的；
她没告诉我，
───────────
所以，她（还）爱我。

2. 如果说……那么……

"如果说……那么……"也可以表现充分条件假言推理的否定后件式推理，同样先给出 p→q 这个条件，关联词语可以部分省略，后面紧接着联结一个相当于¬q的条件，"但，但是，可，可是"等词语可用也可不用，整个句子的结论相当于¬p。例如：

（17）如果说他是个好人，那么他就会帮你，可他没帮你。（自拟例句）

(18) 如果说这世上有灵丹妙药，那么他就不会离开人世了，他还不是走了。（自拟例句）

这两句的推理过程为：

如果说他是个好人，那么他就会帮你；
他没帮你
_____
所以，他不是个好人。
如果说这世上有灵丹妙药，那么他就不会离开人世了；
他还不是走了
_____
所以，这世上没有灵丹妙药。

3. 只要……就……

"只要……就……"也是表现充分条件假言推理的否定后件式推理的常用格式，也是通过先给出 p→q 这个条件，后面紧接着联结一个相当于¬q的条件，"只要……就……"和"但，但是，可，可是"等词语也可以省略，整个句子的结论相当于¬p。例如：

(19) 只要她来中国就一定会通知我，她没告诉我。（自拟例句）

(20) 只要肯努力就一定能赚到钱，但你没赚到钱。（自拟例句）

这两例的推理如下：

只要她来中国就一定会通知我；
她没告诉我，

所以，她没来中国。

……………………

只要肯努力就一定能赚到钱；
你没赚到钱，

─────────

所以，你不肯努力。

需要特别说明的是，有时候"就"联结的 q 部分不出现，而是直接联结一个反问句，这一反问相当于￢q，语言形式上有所不同，但推理结构没有改变，例如：

(21) 如果他来长春他怎么会不给我打电话？（自拟例句）
(22) 如果她不爱我了她怎么可能不告诉我？（自拟例句）

这两例的推理结构如下：

如果他来长春他就会给我打电话；
他没给我打电话，

─────────

所以，他没来长春。

……………………

她不爱我了会告诉我的；
她没告诉我，

─────────

所以，她（还）爱我。

用"如果说……那么……"联结的句子也有类似的情况，例如：

（23）如果说他是个好人，那么他怎么会不帮你？（自拟例句）

（24）如果说这世上有灵丹妙药，那么他怎么会离开人世？（自拟例句）

这两例的推理结构也没有改变，如下：

如果说他是个好人，那么他就会帮你；
他没帮你
────────────────
所以，他不是个好人。

如果说这世上有灵丹妙药，那么他就不会离开人世；
他离开了人世
────────────────
所以，这世上没有灵丹妙药。

以上考察了充分条件假言命题推理的有效形式即肯定前件式和否定后件式，分析了两类推理结构类型相关的语言表达格式，属于前者的有"因为……所以……"、"既然……就……"、"如果……就……"和"只要……就……"，而属于否定后件式推理的语言表达格式则主要是"如果……就……"、"如果说……那么……"和"只要……就……"，不同格式的语言表现大同小异，同一类别的格式都有着相同的推理结构。

二 必要条件假言推理

必要条件假言推理的有效形式有否定前件式和肯定后件式两种，下面结合自然语言中的具体表达格式来分析这两种有效推理形式。

（一）否定前件式

必要条件假言推理的有效形式之一为否定前件式，其推理形式为：

只有 p，才 q
非 p
―――――――
所以，非 q

其符号形式是：

p←q
－p
―――――
－q

属于必要条件假言推理否定前件式的语言表达格式有"只有……才……"、"因为……所以……"、"既然……就……"、"要不是……就……"以及"除非……才……"和"除非……否则……"，具体分析见下文：

1. 只有……才……

王维贤（1994）：A 是 B 的必要条件（唯一条件），B 是 A 的后果。语言中，"只有 A，才 B"中的 A 不仅为 B 的必要条件，而且是 B 的充分必要的条件。

A⇐B，相关反蕴含。经考察可知"只有……才……"激活了如下推理：

p←q
－p
―――――
－q

那么"只有……才……"就表现或者说激活了必要条件假言推理的否定前件式推理，语言实例如：

(25)"就像《辛德勒的名单》,"赵雅芝解释说,"片中只有小女孩出现时导演才给了个彩色镜头。"

(26)他说:只有全中国的工人、农民、商人、学生联合起来,实行国民革命,才能救中国。

(27)只有这样,才能从根本上解决问题。

例(25)的完整逻辑应该构造为:

只有小女孩出现时导演才给了个彩色镜头;
如果小女孩不出现时,
_____
导演不给彩色镜头。

同理,例(26)的推理为:

只有全中国的工人、农民、商人、学生联合起来,实行国民革命,才能救中国;
如果不是"全中国的工人、农民、商人、学生联合起来,实行国民革命",
_____
那么,就不能救中国。

其中的"全中国的工人、农民、商人、学生联合起来,实行国民革命"是联言命题形式"全中国的工人、农民、商人、学生联合起来,并且,实行国民革命"。

例(27)的完整逻辑推理结构为:

只有这样,才能从根本上解决问题;
如果不这样,

那么，就不能从根本上解决问题。

因之，"只有……才……"激活的是必要条件假言推理的否定前件式推理，其前提之一是必要条件假言命题，前提之二是对前件命题的否定，结论是对后件的否定。

2. 因为……所以……

前面谈到"因为……所以……"可以表现充分条件假言推理的肯定前件式推理，再看下面的例子：

（28）因为我对中国队不是很了解，所以谈不上什么建议。

（29）有趣的是，因为盖茨不是英国公民，所以授勋后不能在名字前加"爵士"一词。

（30）因为椭圆星系中的所有恒星是在过去遥远的年代里同时诞生的，这使得星系中的气体被一下子消耗殆尽，所以在后来漫长的岁月里，这个星系再也不能造出新的恒星。

与充分条件假言推理的肯定前件式推理不同，例（28）、例（29）、例（30）是另一种情况，此时"因为……所以……"激活了下面这一推理结构：

$$p \leftarrow q$$
$$-p$$
———
$$-q$$

这是一个必要条件假言推理的否定前件式推理，例（28）、例（29）的完整推理结构分别为：

只有对中国队很了解,才能谈得上有建议;
我对中国队不是很了解,
──────────────
所以,谈不上什么建议。

只有是英国公民授勋后才能在名字前加"爵士"一词;
盖茨不是英国公民,
──────────────
所以,授勋后不能在名字前加"爵士"一词。

例(30)的推理稍显复杂,由两个推理构成:
推理1

如果某星系中所有恒星是同时诞生的,那么该星系中的气体会被一下子消耗殆尽;
椭圆星系中的所有恒星是在过去遥远的年代里同时诞生的,
──────────────
所以,这使得椭圆星系中的气体被一下子消耗殆尽。

推理2

只有一个星系中的气体没被消耗殆尽,这个星系才能造出新的恒星;
椭圆星系中的气体被一下子消耗殆尽,
──────────────
所以在后来漫长的岁月里,椭圆星系再也不能造出新的恒星。

两个推理中前一个推理为充分条件假言推理的肯定前件式推理，后一个推理为必要条件假言推理的否定前件式推理，从整个句子的意义层次看，后一推理处于主要层次，所以此例归入了必要条件假言推理的否定前件式推理。

3. 既然……就……

"既然……就……"表现的推理结构之一是必要条件的否定前件式推理，即否定前件也就否定了后件，结构如下：

$$p \leftarrow q$$
$$-p$$
$$\overline{}$$
$$-q$$

自然语言中的用例有：

（31）既然搞不懂，就不必在这件事上浪费时间了。

（32）既然你不喜欢她，就不要招惹她。（自拟例句）

这两例的完整推理结构为：

只有搞得懂（这件事），才在这件事上花费时间；
搞不懂（这件事），
————————————
所以，不必在这件事上浪费时间了。
……………………
只有你喜欢她，你才去招惹她。
你不喜欢她，
————————————
所以，不要招惹她。

可见,"既然……就……"可以表现必要条件的否定前件式推理,这一推理的前提之一是必要条件假言命题,另一个前提则是对前件命题的否定,结论是对后件的否定。

4. 要不是……就……

"要不是……就……"首先可以表现必要条件假言推理的否定前件式推理,此时激活的推理结构如下:

$$p \leftarrow q$$
$$-p$$
$$\overline{}$$
$$-q$$

自然语言中的实例有:

(33) 我想,要不是受伤的话,那个赛季结束前我就会进大鲨鱼队了。

(34) 开庭那天人多,要不是武警拦着,法庭就装不下了。

(35) 要不是共产党坚决领导抗战,我们就亡国了……

例(33)的完整逻辑结构是:

只有我不受伤,才能在那个赛季结束前进大鲨鱼队;
我受伤了,
―――――――――――――
所以,我没能在那个赛季结束前进大鲨鱼队。

例(34)的推理结构为:

只有(有)武警拦着,法庭才装得下(听众);
(如果)不是武警拦着,

那么，法庭就装不下了。

而例（35）的完整逻辑结构是：

只有共产党坚决领导抗战，我们才不会亡国；
（如果）不是共产党坚决领导抗战，

那么，我们就亡国了。

由上例可知，"要不是……就……"在表现必要条件假言推理的否定前件式推理时，其中的"要不是"联结的是¬p这一条件，加上p←q这一前提，结论自然就是¬q的意义。

5. 除非……才……

王维贤（1994）认为"除非……才……"可概括为A⇐B，是一种相关反蕴含关系，即B真必然地推出A也为真。"除非"联结的前件是"才"联结的后件的必要条件，事实上"除非……才……"也激活了如下推理：

p←q
－p
─────
－q

从推理结构中可以看出，"除非……才……"表现的也是必要条件假言推理的否定前件式推理，语言中的实际用例有：

（36）他们表示，除非有飞机到来并尽快将他们运往伦敦，他们才会让那两名工作人员离开。
（37）除非没有知识，才没有凭借来讨论。

（38）除非物质世界只存在万有引力一种基本力，人们才无法分辨真实的万有引力场与虚构的加速场。

例（36）的逻辑结构为：

只有有飞机到来并尽快将他们运往伦敦，他们才会让那两名工作人员离开；
如果不是有飞机到来并尽快将他们运往伦敦，
―――――――――――――――
那么，他们不会让那两名工作人员离开。

例（37）的完整逻辑结构则是：

只有有知识，才有凭借来讨论。
如果没有知识，
―――――――――――――――
那么，才没有凭借来讨论。

例（38）表现的完整逻辑结构应构造为：

只有物质世界只存在万有引力一种基本力，人们才无法分辨真实的万有引力场与虚构的加速场；
并非物质世界只存在万有引力一种基本力，
―――――――――――――――
所以，人们有办法分辨真实的万有引力场与虚构的加速场。

与前述格式类似，"除非……才……"以"排除"联结¬p这一条件，加上p←q这一前提，进而推出¬q的结论，由此激活了必要条件假言推理的否定前件式推理。

6. 除非……否则……

(邢福义 2001):"除非……否则……"是条件式,表条件和逆条件的结果,经考察可知这一格式的逻辑结构为:

$$p \leftarrow q$$
$$-p$$
$$\overline{}$$
$$-q$$

这一结构比较准确地揭示了"除非……否则……"的实际语义,它表达的是即以必要条件假言推理的否定前件式推理,语言中的实例如:

(39)在海地首都太子港外围,一些流氓团伙和被遣散的前军人声称,除非维和人员解除阿里斯蒂德支持者的武装,否则他们将拒绝缴械。

(40)布莱尔此前已经受到党内人士警告:除非英国军队撤离伊拉克,否则他就将被迫下台,由他人接任工党领袖。

例(39)的推理结构是:

只有维和人员解除阿里斯蒂德支持者的武装,流氓团伙和被遣散的前军人才接受缴械;
维和人员不解除阿里斯蒂德支持者的武装,
_____
那么,他们将拒绝缴械。

例(40)的推理结构则应构造为:

只有英国军队撤离伊拉克,他才不会被迫下台,并且,不会由他人接任工党领袖。

如果英国军队不撤离伊拉克,

―――――――――――――

那么,他就将被迫下台,并且,由他人接任工党领袖。

这一推理略微复杂一些,否则后面联结的是"p 并且 q"的联言命题形式。通过分析可知,"除非……否则……"的推理可以构造为一个完整的必要条件假言推理的否定前件式推理,其中的"除非"联结的是 p,"否则"后联结的是¬q,从语言形式的表面上看,p 和¬q 的确是矛盾的或相逆的,所以(邢福义 2001)认为"除非……否则……"是条件式,表条件和逆条件的结果。但是,从"除非……否则……"表现的推理来看,其完整逻辑结构当为必要条件假推理的否定前件式推理,这里的"否则"起着重要的作用,那就是否定"除非"联结的前件 p,那么由该推理可知结论必然否定后件,所以"否则"后联结的就是¬q。从语言形式表面看 p 和¬q 是相逆的,深入观察底层逻辑结构便可发现由 p 推出¬q 是必然的,以往的研究恰恰忽略了这一点,因为并未注意到"否则"的真正逻辑作用。

(二)肯定后件式

必要条件假言推理的另一个有效形式为肯定后件式,其推理形式为:

只有 p,才 q
q
―――――――
所以,p

其符号形式是:

p←q
q
―――――
p

属于必要条件假言推理肯定后件式的主要语言表达格式有"只有……才……"、"除非……才……"和"除非……否则……",具体分析如下:

1. 只有……才……

除了表现否定前件式推理以外,"只有……才……"还可以激活和表现必要条件推理的肯定后件式推理,例如:

(41) 只有老婆睡着的时候他才敢看恐怖电影,他现在看呢。(自拟例句)

(42) 只有老婆出差,他才一个人买菜,他今天一个人。(自拟例句)

上述两例的完整推理结构应当分别构造为:

只有老婆睡着的时候,他才敢看恐怖电影;
他看电影
―――――――――――――――
所以,他老婆睡着了。
……
只有老婆出差,他才一个人买菜;
他一个人买菜(他今天一个人),
―――――――――――――――
所以,他老婆出差了。

可见,"只有……才……"有时还表现必要条件推理的肯定后

第三章 条件关系范畴的逻辑语义分析

件式，这实际上是必要条件的逆向推理，相当于 q→p。

2. 除非……才……

同样，"除非……才……"也可以表示必要条件的肯定后件式推理，比如：

（43）除非入侵者把他们消灭，他们才放弃抵抗，现在看不见任何抵抗了。（自拟例句）

（44）除非你彻底不相信他了，他才投奔其他公司，他已经辞职了。（自拟例句）

这两句的实际推理结构分别为：

除非入侵者把他们消灭，他们才放弃抵抗；
他们放弃抵抗了（现在看不见任何抵抗了），
─────────────
所以，入侵者把他们消灭了。
·················

除非你彻底不相信他了，他才投奔其他公司；
他投奔其他公司（他已经辞职了），
─────────────
所以，你彻底不相信他了。

上述例句中的"只有……才……"激活的是必要条件推理的肯定后件式，相当于必要条件的逆向推理 q→p。

3. 除非……否则……

与前述的类似"只有……才……"相类，"除非……否则……"也可以表示必要条件的肯定后件式推理，比如：

（45）除非你乔装打扮，否则我一眼就能认出你，我怎

没认出来呢!(自拟例句)

这个例子的意思是由"我没认出来你"推论"并非你乔装打扮了",其完整推理结构为:

只有你乔装打扮,我才不能认出你;
我不能认出你(我怎么没认出来呢);
―――――――――――――――――
所以,你乔装打扮了。

这里的"除非……否则……"也是以肯定 q 为一个前提来构成必要条件推理的肯定后件式,结论为肯定前件 p。

三 充要条件假言推理

充要条件即充分必要条件,可形式表达为 p↔q,是前件和后件彼此依存的命题关系,即前件真后件也必然真,前件假后件也必然假,反之亦然。充要条件是充分条件和必要条件的并,即两种条件的合取,所以只有 p、q 同真或同假时整个命题为真,其余情况整个命题均为假。

依据前述逻辑特性,充要条件假言推理有四个有效式:肯定前件式、否定前件式、肯定后件式、否定后件式。其形式如下:

当且仅当 p,q   当且仅当 p,q
p   非 p
―――――   ―――――
所以,q   所以,非 q

当且仅当 p,q   当且仅当 p,q
q   非 q
―――――   ―――――
所以,p   所以,非 p

第三章　条件关系范畴的逻辑语义分析

符号形式为：

$$p \leftrightarrow q$$
$$p$$
___
$$\therefore q$$

$$p \leftrightarrow q$$
$$q$$
___
$$\therefore p$$

$$p \leftrightarrow q$$
$$\neg p$$
___
$$\therefore \neg q$$

$$p \leftrightarrow q$$
$$\neg q$$
___
$$\therefore \neg p$$

语言中的实例如：

（46）坚持并且只有坚持科学的方法，才能发现真理，我们一直坚持科学的方法。（自拟例句）

例（46）的完整推理为：

坚持并且只有坚持科学的方法，才能发现真理。
我们坚持科学的方法，
___
所以，我们能发现真理。

这是肯定前件式，是有效的推理。

（47）坚持并且只有坚持科学的方法，才能发现真理，他们并非如此。（自拟例句）

例（47）的实际推理为：

坚持并且只有坚持科学的方法，才能发现真理。
他们不坚持科学的方法，
─────────────────
所以，他们不能发现真理。

这是否定前件式，是有效的推理形式。

(48) 亲生父子并且只有亲生父子，他们的 DNA 才高度一致，他们并非亲生父子。（自拟例句）

例（48）的完整推理应该是：

亲生父子并且只有亲生父子，他们的 DNA 才高度一致，
他们并非亲生父子，
─────────────────
所以，并非他们的 DNA 高度一致。

这是否定前件式，是有效的推理。

(49) 亲生父子并且只有亲生父子，他们的 DNA 才高度一致，他们的 DNA 并不一致。（自拟例句）

此例的实际推理结构应该是：

亲生父子并且只有亲生父子，他们的 DNA 才高度一致；
并非他们的 DNA 高度一致，
─────────────────
所以，他们并且亲生父子。

这是否定后件式，是有效的推理。

自然语言中还有一种情况是用两个充分条件的合取来表达充要条件，具体为 p→q∧¬p→¬q，我们知道，¬p→¬q≡p←q，p→q∧¬p→¬q≡p→q∧p←q，即 p↔q。例如：

（50）你去我就去，你不去我也不去。（自拟例句）
（51）你说我就说。你不说我也不说。（自拟例句）
（52）你爱我我就爱你，你不爱我我也不爱你。（自拟例句）

上述例句的完整推理依次为：
（50）你去我就去，你不去我也不去。
推理1

　　如果你去那么我就去；
　　你去，
　　―――――――
　　所以，我就去。

推理2

　　你不去我也不去；
　　如果你不去，
　　―――――――
　　那么，我也不去。

……

（51）你说我就说，你不说我也不说。
推理1

　　如果你说那么我就说；

你说，
────────
所以，我就说。

推理 2

你不说我也不说；
如果你不说，
────────
那么，我也不说。

……

（52）你爱我我就爱你，你不爱我我也不爱你。

推理 1

如果你爱我那么我就爱你；
你爱我，
────────
那么，我就爱你。

推理 2

你不爱我我也不爱你；
如果你不爱我，
────────
那么，我也不爱你。

显然，这类句子所表现的推理是两个充分条件假言推理的合取，其中一个假言命题 $\neg p \rightarrow \neg q \equiv p \leftarrow q$，那么这类句子所表现的推理就等于充分条件假言推理和必要条件假言推理的并，即如果 p 那么 q，并且，只有 p，才 q，这就是 p↔q，也就是当且仅当 p，才 q。因此，自然语言中可以用两个充分条件的合取来表达充要条件。

第二节　选言推理范畴

以选言推理结构作为逻辑语义基础的表达格式聚合为选言推理范畴，为何要讨论选言范畴，主要是因为"与其……不如……"、"宁肯……也不……"等表达格式实际激活的推理结构涉及条件关系，所以将其纳入条件范畴的讨论之列，具体的推理情况详见下文。

选言推理有相容选言推理和不相容选言推理两种，前者的有效形式是否定肯定式；后者的有效式则有两种，一是否定肯定式，二是肯定否定式。下面结合具体语言表达格式做出详细分析。

一　否定肯定式

（一）与其……不如……

"与其……不如……"（包括"与其……宁可……"、"宁可……也要……"，为简便下文概称为"与其……不如……"①）表达的是一个相容选言推理结构，依据选言推理的消去规则可以描写出"与其……不如……"的实际结构，如下图：

$$p \vee q$$
$$\neg p$$
$$\overline{}$$
$$q$$

---

① 王维贤归纳列举了更多的同类格式，参见王维贤、张学成、卢曼云、程怀友：《现代汉语复句新解》，华东师范大学出版社1994年版，第266页。

这一结构是根据析取消去规则做出的一个形式正确的推理,是否定肯定式,自然语言中的用例如:

(53) 与其让别人杜撰我的故事,不如由我自己来讲述。
(54) 与其说是商品,不如说是废品和垃圾。

例(53)表现的推理结构可以描写为:

或者让别人杜撰我的故事,或者由我自己来讲述;
并非让别人杜撰我的故事,
───────────────────────
所以,由我自己来讲述。

例(54)的实际推理结构是:

或者"说是商品"或者"说是废品和垃圾";
并非说是商品,
───────────────────────
所以,说是废品和垃圾。

因之,"与其……不如……"表达的是一个选言推理的否定肯定式,可以先否定前项再肯定后项或者相反,如果是多项并列,依次推理。

(二) 宁肯……也不……

"宁肯……也不……"激活的也是一个相容选言推理结构,依据选言推理的消去规则可以将"宁肯……也不……"的实际结构描写为下图:

$p \vee q$
$\neg p$
─────────
q

这一结构是根据析取消去规则做出的一个肯定否定式推理，例如：

（55）车夫们宁肯艰难的前进，也不愿意站在风地里停留休息。

（56）"学院派"宁肯放弃想象力赖以产生的生活也不愿放弃它的那些绘画法则。

例（55）、例（56）的推理应该分别概括为：

车夫们或者艰难的前进，或者站在风地里停留休息；
并非车夫们愿意站在风地里停留休息，
_____
所以，车夫们宁愿艰难的前进。
……
"学院派"或者放弃想象力赖以产生的生活，或者放弃它的那些绘画法则；
并非放弃它的那些绘画法则，
_____
所以，"学院派"宁愿放弃想象力赖以产生的生活。

下面的例子稍显复杂，如下：

（57）宁肯使故事性弱一点，也不虚构情节，敷演成文。
（58）公司宁肯从正当渠道高价进口，也不图便宜购买假货，坑害客户。

例（57）、例（58）的完整推理当分别为：

或者使故事性弱一点，或者虚构情节，并且，敷演成文；

并非虚构情节,并且,敷演成文,
―――――――――――――――――
所以,宁肯使故事性弱一点。
……

公司或者从正当渠道高价进口,或者图便宜购买假货,并且,坑害客户;
并非公司图便宜购买假货,并且,坑害客户,
―――――――――――――――――
所以,公司宁肯从正当渠道高价进口。

由这些例句可以得知,"宁肯……也不……"激活的是选言推理的否定肯定式,其中的"也不"起到否定一个选言支的作用,加上"宁肯"的配合共同构成一个完整的选言推理结构。

(三) 既然……就……

值得注意的是,"既然……就……"有时激活的也是选言推理的否定肯定式,完整结构如下:

$p \vee q$

$\neg p$
―――
q

"既然……就……"实际是对所联结项做出了筛选,"既然"联结的项被排除,"就"联结的项被选中,例如:

(59) 既然我不能蹦极,我就照了一些照片,然后乘坐了快艇。

(60) 一旦置身于现实尘世,他既然不能像鲁迅那样立志反抗,就只能走向傲世的反面——顺世。

第三章 条件关系范畴的逻辑语义分析

例（59）、例（60）的完整推理分别应该为：

推理 1

　　或者蹦极，或者照照片，或者坐快艇；
　　并非，我做了蹦极，
　　─────────────
　　所以，我照照片，或者坐快艇。

推理 2

　　我就照了一些照片，
　　然后乘坐了快艇，
　　─────────────
　　所以，我照照片，并且，我坐快艇。（我就照了一些照片，然后乘坐了快艇。）

……

　　他或者像鲁迅那样立志反抗，或者走向傲世的反面——顺世；
　　并非，他或者像鲁迅那样立志反抗，
　　─────────────
　　所以，他就只能走向傲世的反面——顺世。

可见，有时"既然……就……"激活的是选言推理的否定肯定式，"既然"联结的项为¬ p，和 p∨q 一起作为前提构成选言推理，结论为 q。

（四）要么……要么……

"要么……要么……"是一个基本的表现选言推理结构的语言表达格式，它通常表现的是相容选言推理的否定肯定式推理，其形式为（p∨q）∧¬ p→q，例如：

(61) 要么小张去采访，要么你去，可小张他死活不去。（自拟例句）

(62) 但英方坚持，英籍囚犯要么被遣送回国，要么根据相关国际标准早日接受审判。英方认为，美国目前设立的特别军事法庭无法提供英国政府保障公民权益的相关法律程序。

前一个例子的意思是"要么小张去采访，要么你去"，"可小张他死活不去"，所以只有你去采访了。值得注意的是后一个例子，其推理很复杂，其实际意思是"英籍囚犯要么被遣送回国，要么根据相关国际标准早日接受审判"，这里还隐含了一个条件，就是"要么由美国的特别军事法庭来审判"，但依据后面的"英方认为，美国目前设立的特别军事法庭无法提供英国政府保障公民权益的相关法律程序"一句，显然英方的态度是不赞成由美国的特别军事法庭来审判。其完整推理结构应该构造为：

推理1

英籍囚犯要么被遣送回国，要么根据相关国际标准早日接受审判，要么由美国的特别军事法庭来审判；
并非由美国的特别军事法庭来审判，
―――――――――――――――――
所以，要么被遣送回国，要么根据相关国际标准早日接受审判。

推理2

英籍囚犯要么被遣送回国，要么根据相关国际标准早日接受审判；
如果被遣送回国，
―――――――――――――――――

第三章 条件关系范畴的逻辑语义分析

那么,并非根据相关国际标准早日接受审判。

推理 3

英籍囚犯要么被遣送回国,要么根据相关国际标准早日接受审判;

如果根据相关国际标准早日接受审判,

那么,并非被遣送回国。

所以,这句话的实际意义是反对由美国的特别军事法庭来审判。

（五）要么……否则……

"要么……否则……"表现的则是不相容选言推理的否定肯定式推理,其逻辑结构可描写为:

$p \vee q$

$\neg p$

───────

q

语言中的用例如:

（63）她对吴铁城说:"你要么把承志放了,否则,就连我一起抓起来。"

（64）他这个想法其实是很高尚的,要么带给人家幸福,否则不如谁跟谁都没关系。

（65）唯一的问题是:怎样击败？墨索里尼说,"要么,战争在春季以前结束,否则就要拖到明年。"

上述例句均为不相容选言推理,例（63）、例（64）、例（65）

的完整逻辑结构分别是：

你要么把承志放了，要么连我一起抓起来；
（如果）并非把承志放了，
_____

那么，连我一起抓起来。
……

要么带给人家幸福，要么不如谁跟谁都没关系；
（如果）并非带给人家幸福，
_____

那么，不如谁跟谁都没关系。
……

要么战争在春季以前结束，要么就要拖到明年；
如果战争在春季以前结束，
_____

那么，战争就要拖到明年。

  邢福义（2001）："要么……否则……"为选言式，表情况选择或交替，这揭示了"除非……否则……"的实际语义，即把p←q作为一个前提，整个格式要表达的恰恰是¬p→¬q。王维贤（1994）也注意到"否则"是否定了前一个分句¬p，并把¬p同后一个分句q构成充分条件关系。① 所以，前面提到为什么把联言命题纳入条件关系范畴来分析，从"要么……否则……"这些实例不难看出，"否则"的实际作用是对前件予以否定即相当于¬p，并把¬p与其后联结的q构成充分条件关系，这就是我们在条件关系范畴里讨论选言推理的缘由。

---

① 参见王维贤、张学成、卢曼云、程怀友：《现代汉语复句新解》，华东师范大学出版社1994年版，第198页。

二 肯定否定式

余下，还有些表达格式可以表现不相容选言推理的肯定否定式，主要有"要么……要么……"、"要么……否则……"和"与其……不如……"，例如：

（66）要么站着死，要么跪着生，可他要尊严。
（67）要么努力一搏争取成功，否则就必败无疑，我们从不轻易放弃。

例（66）的完整推理形式是：

要么站着死，要么跪着生；
站着死（他要尊严），
_____
所以，并非（他）跪着生。

例（67）同理：

要么努力一搏争取成功，要么就必败无疑；
努力一搏争取成功（我们从不轻易放弃），
_____
所以，并非（我们）必败无疑。

同样"与其……不如……"有时比较特殊，也是不相容选言推理的肯定否定式，具体例子为：

（68）与其饮鸩止渴，不如就此一搏，卡尔扎伊选择了后者。

其推理结构实际为：

卡尔扎伊或者饮鸩止渴，或者就此一搏；
卡尔扎伊选择就此一搏；
————————————————
所以，并非卡尔扎伊饮鸩止渴。

以上是选言推理的主要情况，其中相容选言推理的有效形式只是否定肯定式，而不相容选言推理则有肯定否定式和否定肯定式两种。严格来讲，不该把选言推理范畴并入条件关系范畴围来讨论，但我们注意到选言推理范畴涉及到了传统复句研究中的选择复句，但是传统研究没有注意到该范畴与条件关系范畴相类的具体推理结构，故此节也做一个初步的分析，后面的整体语义分析与此节相承。

第三节　负命题推理范畴

以负命题的相关推理为逻辑语义基础的表达格式聚合为负命题推理范畴，考察中发现，有些语言表达格式是表达负命题推理的，例如"虽然……但是……"、"即使……也……"、"无论（不论）……都……"、"不管……都……"、"任凭……都（也）……"、"别以为……就……"等，它们作为条件关系范畴的一部分有着自己的逻辑推理特性，下文就对此类推理结构展开讨论。

负命题推理的有效式有很多形式，其中与条件关系相关的主要是条件关系的负命题，即对条件命题予以否定，具体涉及三种推理类型，下面就结合语言中的具体表达格式对上述三种条件命题的负命题推理逐个进行讨论。

一　充分条件的负命题推理

充分条件假言命题的负命题推理，其结构形式为：

第三章　条件关系范畴的逻辑语义分析

并非，如果 p，那么 q。

符号形式是：¬（p→q）。

语言中涉及的表达格式主要有"虽然……但是……"、"……不过……"、"即使……也……"以及"别以为……就……"，分述如下：

（一）虽然……但是……

"虽然……但是……"（包含"……但是……"，为行文简便下文概称为"虽然……但是……"）的表层语言形式为联言命题 p∧¬q，或 A∧¬B，但深入分析会发现其推理结构如下：

　　¬（p→q）
　　　p
　　―――――――
　　　¬q

上面的结构反映出"虽然……但是……（……但是……）"表现的是充分条件假言命题负命题推理，这实际上是对条件命题"如果……那么……"的否定，其结论为¬q。语言中的用例如：

（69）虽然成为明星有一定的偶然性，但是光有机遇没有实力还是不行的。

（70）虽然视力不太好，但是也能分辨黑白。

例（69）的实际推理结构应该构造为：

并非，如果成为明星有一定的偶然性，那么光有机遇没有实力也可以；

成为明星有一定的偶然性，

―――――――――――――――――

但是，光有机遇没有实力还是不行的。

类似，例（70）的完整推理结构是：

并非，如果视力不太好，就不能分辨黑白。
视力不太好，
_____
但是也能分辨黑白。

可见"虽然……但是……（……但是……）"是可以表现充分条件假言命题的负命题推理的。

（二）……不过……

"……不过……"的表层语言形式也是联言命题 p∧¬q，或 A∧¬B，但经过分析可知其推理结构也如下所示：

¬（p→q）
p
_____
¬q

"……不过……"也是激活了充分条件假言命题的负命题推理，是对条件命题"如果……那么……"的否定，结论亦即¬q。实际用例如：

（71）刘斌也有这么一位崇拜者，不过那个女孩是有男朋友的，每次到刘斌那儿玩，都是由男朋友陪着来的。

（72）好吧，我尊重你的选择，不过以后想通了，可以随时到我这儿来！

（73）海王星上也有四季变化，不过因为公转一周时间很长，因而四季变化十分缓慢。

例（71）的完整逻辑结构应当是这样的：

第三章 条件关系范畴的逻辑语义分析

如果刘斌也有这么一位崇拜者，那么那个女孩是他的女朋友；

刘斌也有这么一位崇拜者，
────────────────

但是，那个女孩不是他的女朋友（不过那个女孩是有男朋友的，每次到刘斌那儿玩，都是由男朋友陪着来的）。

例（72）的推理结构则是这样的：

并非，如果我尊重你的选择，那么你不可以随时到我这儿来；

我尊重你的选择，
────────────────

但是，你不可以随时到我这儿来（不过以后想通了，可以随时到我这儿来）。

这句的背景是某人要离开，而 p→q 的意思是如果你离开，那么你不要再到我这儿来，于是加上"不过"的作用最终构成充分条件假言命题的负命题推理。再看例（73），"不过"后面联结了一个充分条件假言命题，其完整推理如下：

推理 1

如果海王星公转一周时间很长，那么四季变化十分缓慢；
因为海王星公转一周时间很长，
────────────────

因而，海王星上四季变化十分缓慢。

推理 2

并非，如果海王星上也有四季变化，那么四季变化明显；
海王星上也有四季变化，
─────────────────────
但是，并非海王星上四季变化明显。

推理3

海王星上四季变化十分缓慢，并且，并非海王星上四季变化明显；
─────────────────────
所以，海王星上四季变化十分缓慢。

以上是"……不过……"表现充分条件假言命题的负命题推理时的基本概括。

（三）即使……也……

"即使……也……"的整个推理结构也当描写为：

¬（p→q）
p
─────────
¬q

由此，整个格式的意义也是对条件命题"如果……那么……"的否定，具体说是表达虽有 p 却没有 q，而是有"¬q"，那么，"¬q"这一逻辑意义是否符合语言事实呢，答案是肯定的，例如：

(74) 平原地区即使积雪很厚，也不致有雪崩出现。

(75) 即使有一些病菌从外部侵入体内，也会被杀死。

(76) 即使像唐太宗这样的英明君主，他也知道自己的命运最终还得由人民群众来决定。

第三章 条件关系范畴的逻辑语义分析

这三个例子的完整推理结构分别是：

并非，如果平原地区积雪很厚，就有雪崩出现。
平原地区即使积雪很厚，
───────────────────
但是，也不致有雪崩出现。
┄┄┄┄┄┄┄┄┄┄┄┄┄┄┄┄┄
并非，如果有一些病菌从外部侵入体内，那么不会被杀死。
有一些病菌从外部侵入体内，
───────────────────
但是，也会被杀死。

并非，像唐太宗这样的英明君主，他不知道自己的命运最终还得由人民群众来决定。
存在像唐太宗这样的英明君主，
───────────────────
但是，他也知道自己的命运最终还得由人民群众来决定。

其中例（76）比较特殊，对应的是直言命题，这在考察中需要仔细甄别。

（四）别以为……就……

"别以为……就……"表达的是一个条件命题的负命题，即相当于对条件命题"如果……那么……"的否定，整个结构可描写为：

¬（p→q）
p
─────
¬q

因此，¬q是"别以为……就……"的语义内涵，这可以得到语言事实的证实，例如：

(77) 别以为你小我就不批评你。（自拟例句）
(78) 别以为你长的漂亮就了不起。（自拟例句）
(79) 别以为打个哈哈就能转移话题。

例（77）的推理构造为：

并非，如果你小我就不批评你；
你小，
─────────────
但是，我批评你。

例（78）、例（79）同理，完整推理结构分别是：

并非，如果你长的漂亮，那么你了不起。
你长的漂亮，
─────────────
但是，并非你了不起。
………………………………
并非，如果打个哈哈，那么能转移话题。
打个哈哈，
─────────────
但是，不能转移话题。

因此，"别以为……就……"表现的是充分条件假言命题的负命题推理，结论为¬q。

二 必要条件的负命题推理

必要条件假言命题的负命题推理，其结构形式为：

并非，只有 p，才 q。

符号形式是：¬（p←q）。

语言中属于此种推理的例子如：

（80）并非只有上了大学，才能成为人才。

其推理过程应该是：

并非，只有上了大学，才能成为人才；
没有上大学

―――――――

但是，也能成为人才。

这里是在否定"p←q"，在逻辑上等值于 ¬ p∧q，也就是说有 ¬ p 但也有 q。

三 充要条件的负命题推理

充要条件假言命题的负命题推理，其结构形式为：

并非，当且仅当 p，才 q。

符号形式是：¬（p↔q）。

语言中的实际用例如：

（81）我不觉得你爱我我就爱你，你不爱我我也不爱你。（自拟例句）*

―――――

* 这里的"我不觉得"涉及情态表达，在第四章分析整体意义时再讨论，此处只分析逻辑意义部分。

其推理结构为：
推理1

并非，你爱我我就爱你；
你爱我，
_____
那么，我不爱你。

推理2

并非，你不爱我我也不爱你；
你不爱我，
_____
那么，我爱你。
你爱我我不爱你，并且，你不爱我我爱你。

这里的"我不觉得"的功能相当于"并非"，由此表达了充要条件假言命题的负命题推理。

第四节 与模态有关的推理范畴

前面分析的各类推理范畴都是依据命题逻辑的，有些时候基于条件关系的语言表达式还涉及到模态推理，例如"因为……所以……"的一些用法，"既然……就……"的一些使用情况都涉及了模态部分，这一节将专门进行讨论。由于加入模态命题，这使得推理结构变得更加复杂，因此这里并不列出所有涉及模态的推理类型，只是对假言推理、选言推理和负命题推理中出现模态命题的语言表达格式做一个大致考察，详见下文。

一 涉及模态命题的假言推理

涉及模态命题的假言推理主要有充分条件假言推理，必要条件假言推理和充要条件假言推理，分述如下：

（一）充分条件假言推理

1. 因为……所以……

有时"因为……所以……"还会涉及模态推理◇（A→B）→（□A→◇B）[①]，也可以描写为◇（p→q）→（□p→◇q）。此时"因为"、"所以"联结的前后件之间的关系仅仅是可能的，而不是必然的，即存在一个可能世界，在这个世界里p→q为真，因为涉及到模态命题，所以支命题中常包含"可能"，"很可能"，"有可能"，"不可能"等词语，其他表达格式亦是如此。例如：

（82）因为许多新的天文发现都是从某种天体的周期特征开始的，所以人们预计，SS433很可能藏有一些新的宇宙奥秘。

（83）俄副总理雅科夫列夫则表示，因为情况非常复杂，所以不能急于对事故的原因作出最后的结论，本周末得出的结论可能只是一些有关"建筑材料"的数据。

（84）因为古人类在第四纪时开始狩猎活动，并习惯把猎获的动物搬回洞穴里，所以这些动物化石可能和古人类狩猎活动有关系。

例（82）的意思是：据先陈述的"许多新的天文发现都是从某种天体的周期特征开始的"这一情况人们进行可能性预计："SS433很可能藏有一些新的宇宙奥秘"。例（83）是说"情况非常复杂"，由此推断"不能急于对事故的原因作出最后的结论，本

---

① 周礼全：《逻辑——正确思维和成功交际的理论》，人民出版社1994年版，第164页。

周末得出的结论可能只是一些有关'建筑材料'的数据"。例(84)则由"古人类在第四纪时开始狩猎活动,并习惯把猎获的动物搬回洞穴里",据此推断"这些动物化石可能和古人类狩猎活动有关系"。

上述例句的 p、q 之间在语义上相关,但并不是必然的实质蕴含关系,而是一种可能条件命题◇(p→q),就是说在肯定 p 的情况下可以断定 q 是可能的,即□p→◇q。有的时候前件是一个可能命题,还有的时候前后件都是一个否定命题,例如:

(85) 因为禽流感病毒有可能使人类感染,所以马政府也采取了慎重的防范措施,一些州的医疗机构已处于高度戒备状态,以应付发生突发事件。

(86) 因为每一场比赛都有可能是我在国家队踢的最后一场比赛,所以我就更希望能为球队、国家和球迷多做奉献。

(87) 因为没有什么系统训练,所以不可能把自己的各方面都调到最高。

例(85)的前件是可能命题"禽流感病毒有可能使人类感染",据此做出说明:"马政府也采取了慎重的防范措施,一些州的医疗机构已处于高度戒备状态,以应付发生突发事件"。例(86)的前件也是可能命题,由"每一场比赛都有可能是我在国家队踢的最后一场比赛"进而说明"我就更希望能为球队、国家和球迷多做奉献"的意愿。这两例的逻辑结构可大致描写为◇p→◇q,这种情况比较特殊,当且仅当,存在一个可能世界使 p 是真的,q 也是真的。例(87)是根据"没有什么系统训练"这一状况推断"不可能把自己的各方面都调到最高","因为"、"所以"引出的都是一个否定命题形式,整个推理格式为◇¬p→◇¬q。

2. 既然……就……

"既然……就……"也可以表示可能的模态推理◇(p→q)→

（□p→◇q），此时 p 与 q 之间的联系是可能的，即存在一个可能世界，在这个可能世界里 p→q 是真的，那就意味着当且仅当 p→q 为真的时候，"既然……就……"联结的命题为真。例如：

（88）这一发现促使一些天文学家想到：既然宇宙在膨胀，那么就可能有一个膨胀的起点。

（89）我既然写了《较量》，尤其是写"对手"那句话，就可能给国际友谊带来了"严重后果"。

（90）既然改革是利益的再调整，那就不可能会使所有部门的所有人都满意。

（91）京剧既然是一种歌剧，就不可能让它的节奏快起来，这是最起码的艺术常识。

（92）中国既然不可能享受应有的权利，也就不可能履行在复关谈判中以及乌拉圭回合协议中所承诺的一切义务。

（93）既然新技术不可能毫无风险，人们要考虑的就是什么水平的风险可以接受。

例（88）中是先肯定"宇宙在膨胀"这一状况，然后据此进行推断：宇宙"可能有一个膨胀的起点"。例（89）"我既然写了《较量》，尤其是写'对手'那句话"与"就可能给国际友谊带来了'严重后果'"之间也是同样的推断关系。例（90）、例（91）、例（92）的后件是否定命题，但仍然是据先述说的条件进行推断。例（93）则前件是一个否定命题形式，同时是可能命题，后件据前件进行推断。

从模态逻辑的角度说，◇（p→q）就意味着 p→q 不可能必然为假，即当强调 p 和 q 之间的特定联系时，p→q 是可能的，由此可知□p→◇q，即 p 必然为真时 q 是可能的。

3. 其他表达格式

除了前面讨论的"因为……所以……"和"既然……就……"

以外，其他一些表达格式也都涉及到了充分条件的可能模态推理，为了行文简便下文一并论述如下：

(94) 如果照此下去，中国国民经济就可能持久地沿着既积极又稳妥可靠的综合平衡的轨道发展。

(95) 在飞机飞行时，如果通讯和导航系统受到干扰，就有可能造成飞行事故；……

(96) 如果说这仅仅是偶然的话，那么可能正好印证了那句偶然中有必然的老话。

(97) 同时，对于亚洲各国人民来说，只要日本继续不反省侵略战争的历史，就不可能逃脱受到批判的境地。

例(94)、例(95)是用"如果……就……"联结的，例(96)用的联结词是"如果说……那么……"，例(97)使用的联结词是"只要……就……"，它们的逻辑结构均为□p→◇q，后件为可能命题，整个表达式表示对p蕴含q可能性的断定，即◇（p→q）。

(二) 必要条件假言推理

必要条件假言推理的情况与充分条件相类似，是在必要条件假言推理的基础上涉及模态命题，请看下面的例子：

(98) 1995年，蜡染领域将持续上年的停顿态势，除非其工艺出现重要突破，才有可能赢得一些新的市场。

(99) 除非是神智完全受到控制，人失去了自主的能力，这种事才可能发生。

(100) 欣赏者只有通过想象，才可能真正感受并丰富对象的美。

(101) 只有这样，2004年的巴以才有可能看到更多的希望和安宁，而不再是血腥和苦涩！

（102）只有全人类共同努力才有可能扼制住禽流感。

上面的例子是涉及"除非……才……"和"只有……才……"的，因为这两个关联词是表示必要条件 p←q 的，这等值于¬p→¬q，所以，上述包含"可能"词语的实为可能模态推理◇（¬p→¬q），即□¬p→◇¬q。再看"除非……否则……"的例子：

（103）除非伊临时政府能够在确立权威和经济重建方面取得重大进展，否则伊境内的安全局势可能会继续恶化。

（104）除非有尖端的医疗技术和 100 万美元，否则她们永远不可能过健康人正常的生活。

这两例的推理基础是下面的结构：

　p←q
　¬p
　―――――
　¬q

只是后件是一个包含"可能"词语的命题，整个表达式为包含可能模态的推理式：

　p←◇q
　¬p
　―――――
　◇¬q

该式的含义是：p 这一条件对于 q 的实现是可能重要的，所以如果¬p，那么◇¬q。

（三）充要条件假言推理

涉及模态命题的充要条件假言推理，其逻辑性质是

◇（p↔q），这等值于◇（p→q）∧◇（p←q），即（□p→◇q）∧（□¬p→◇¬q），语言中的例子如：

（105）坚持并且只有坚持科学的方法，才可能发现真理，我们一直坚持科学的方法。（自拟例句）

（106）你去我就可能去，你不去我也可能不去。（自拟例句）

这两句的完整推理分别为：

坚持并且只有坚持科学的方法，才可能发现真理。
我们坚持科学的方法，
_____
所以，我们有可能发现真理。
……

推理1

如果你去那么我就可能去；
你去，
_____
所以，我就可能去。

推理2

你不去我也可能不去；
如果你不去，
_____
那么，我也可能不去。

这两个例子显示了包含模态命题的充要条件，其逻辑性质改变

第三章　条件关系范畴的逻辑语义分析

了，变成了 p 和 q 的等值是可能的。

二　涉及模态命题的选言推理

包含模态命题的选言推理其逻辑性质分两种情况，第一是相容选言推理的 ◇（p∨q）；第二是不相容选言推理的 ◇（p∨̇q），而 ◇（p∨q）≡◇p∨◇q，◇（p∨̇q）≡◇p∨̇◇q。相容选言命题的有效推理形式为否定肯定式，不相容选言命题的有效推理形式为否定肯定式和肯定否定式，对应地可知涉及模态命题的选言推理其有效式如下：

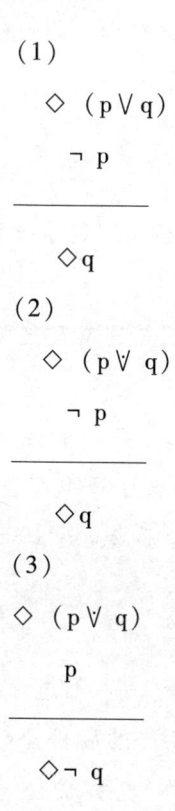

(1)
  ◇（p∨q）
  ¬p
  ─────
  ◇q

(2)
  ◇（p∨̇q）
  ¬p
  ─────
  ◇q

(3)
  ◇（p∨̇q）
  p
  ─────
  ◇¬q

语言中的实例如：

（107）直觉使她确信，雅罗米尔可能宁肯原谅她兄弟的叛国，也不会原谅她十五分钟的迟到。

（108）因此上述那些无标句既然不是将来时，就只可能是过去时了。

（109）要不然，你就要么不可能形成这样的观点，要么说明自己的观点是没有根据的。

（110）要么叛变，要么就可能为了真理而牺牲，她毅然选择了后者。（自拟例句）

上述这些例句中的前三例是选言推理的否定肯定式，其中例（107）、例（109）的前件包含"可能"命题，而例（108）的后件包含"可能"命题。例（110）则为肯定否定式推理，即她毅然选择了后者（为了真理而牺牲），所以她没有叛变。

三 涉及模态命题的负命题推理

最后再看几个涉及模态命题的负命题推理的例子，具体如下：

（111）虽然韩日世界杯取得了成功，但是这有可能成为最后一次两个国家联合举办世界杯。

（112）2004年度的赤字水平可能会低于3月份估计的4770亿美元，不过仍很有可能超过去年创纪录的3740亿美元。

（113）地球即使不被吞没，表面温度也可能高达1000摄氏度以上，地球上所有生命都将毁灭。

这三例分别涉及"虽然……但是……"、"……不过……"和"即使……也……"的具体用法，例（111）的后件是模态命题 $\Diamond q$，前面分析了"虽然……但是……"表负命题意义 $\neg(p \rightarrow q)$，经简化可以概括为 $\neg q$，因此，包含模态命题的"虽然……但是……"就表示 $\neg(p \rightarrow \Diamond q)$，而 $\neg(p \rightarrow \Diamond q) \equiv p \wedge \Diamond \neg q$，经合取消去运算，其逻辑语义还是 $\Diamond \neg q$，联系这一例句的语义，最终的意思是以后不会再"两个国家联合举办世界杯"。例（112）的前后件均为模态命题，以"……不过……"为参照其逻辑结构可描写为¬（◇p→◇q），而¬（◇p→◇q）≡◇p∧◇¬q，可简化为◇¬q，就是说2004年度的赤字水平超过去年创纪录的3740亿美元是有可能的。例（113）也是表负命题意义，其中"也"引出的是模态命题，其推理结构也可形式化为¬（◇p→◇q），而¬（◇p→◇q）≡◇p∧◇¬q，可简化为◇¬q，该句的意思是地球表面温度高达1000摄氏度以上是可能的。

以上是涉及模态推理的一些主要表达格式，从中可以概括出"可能"的逻辑意义，即◇q（或◇¬q）当且仅当，存在一个可能世界，在这个可能世界里q（或¬q）是真的。那么，◇（p→q）→（□p→◇q），◇（p←q）→（□¬p→◇¬q）与¬（◇p→◇q）≡◇p∧◇¬q也是成立的。

第五节 条件关系范畴语义的形式刻画

一 C_P 系统和语义解释

蒋严、潘海华（1998）给出了一个部分语句系统 C_P，可以处理汉语简单句的一些基本句型的生成、翻译和语义解释。对这个系统予以扩展又获得了一个新的 C_P 系统，并详细列出了 C_P 系统的句法规则 GC_P 和翻译规则 TGC_P，具体如下：

A 句法规则 GC_P

    a. $1GC_P$ S →NP $V_{不}$.

    b. $2GC_P$ S →NP_1 $V_及$ NP_2.

    c. $3GC_P$ S →NP_1 $V_双$（给）NP_2 NP_3.

    d. $4GC_P$ S →NP_1把 $V_双$（给）NP_2.

    e. $5GC_P$ S →NP_1被 $NP_2 V_及$.

    f. $6GC_P$ S →NP_1被 $NP_2 V_双$ 给 NP_3.

g. $7GC_P$ $NP \rightarrow N_{专}$.

h. $8GC_P$ $NP \rightarrow w_{数}\ w_{单位} N$.

i. $9GC_P$ $NP \rightarrow \Phi N$.

j. $10GC_P$ $S \rightarrow NP\ A$.

k. $11GC_P$ $S \rightarrow NP$ 是 A 的.

l. $12GC_P$ $S \rightarrow NP$ 是 NP.

m. $13GC_P$ $NP \rightarrow N$.

n. $14GC_P$ $S \rightarrow V$.

o. $15GC_P$ $S \rightarrow S_1\ Conj._{[1]}\ S_2$.

p. $16GC_P$ $S \rightarrow S_1\ S_2 < Conj._{[2]} >$.   / $S_2 = NP\ Conj._{[2]} \cdots$/

q. $17GC_P$ $NP \rightarrow Var$.

r. $18GC_P$ $S \rightarrow S_1\ Disj._{[1]}\ S_2$.

s. $19GC_P$ $S \rightarrow Disj._{[2]<a>}\ S_1\ Disj._{[2]<b>}\ S_2$.

t. $20GC_P$ $S \rightarrow Cond._{[1]<a>}\ S_1 S_2 Cond._{[1]<b>}$.   / $S_2 = NP\ Cond._{[1]<b>} \cdots$/

u. $21GC_P$ $S \rightarrow Cond._{[2]<a>}\ S_1\ S_2 Cond._{[2]<b>}$.   / $S_2 = NP\ Cond._{[2]<b>} \cdots$/

v. $22GC_P$ $S \rightarrow S_1\ Cond._{[3]}\ S_2$.

w. $23GC_P$ $S \rightarrow Neg.\ S_i$.

x. $24GC_P$ $S \rightarrow S_i < Neg. >$ / $NP\ Neg. \cdots$/

B 翻译规则 TGC_P

a. $1TGC_P$ $S' \rightarrow V'_1\ (NP')$.

b. $2TGC_P$ $S' \rightarrow V'_2\ (NP'_1,\ NP'_2)$.

c. $3TGC_P$ $S' \rightarrow V'_3\ (NP'_1,\ NP'_3,\ NP'_2)$.

d. $4TGC_P$ $S' \rightarrow V'_3\ (NP'_1,\ NP'_2,\ NP'_3)$.

e. $5TGC_P$ $S' \rightarrow V'_2\ (NP'_2,\ NP'_1)$.

f. $6TGC_P$ $S' \rightarrow V'_3\ (NP'_2,\ NP'_1,\ NP'_3)$.

g. $7TGC_P$ $NP' \rightarrow N'_{专}$.

h. $8TGC_P$ $NP' \rightarrow [w_{数}\ w_{单位} N]'$.

第三章　条件关系范畴的逻辑语义分析

i. 9TGC$_P$　NP′ → [ΦN]′.
j. 10TGC$_P$　S′ → A′$_1$ [NP′].
k. 11TGC$_P$　S′ → A′$_1$ [NP′].
la. 12aTGC$_P$　S′ → NP′$_表$（NP′）.
lb. 12bTGC$_P$　S′ → NP′ = NP′$_表$.
m. 13TGC$_P$　NP′ → N′.
n. 14TGC$_P$　S′ → V′$_0$.
o. 15TGC$_P$　S′ → S′$_1$ & S′$_2$.
p. 16TGC$_P$　S′ → S′1 & S′$_2$.
q. 17TGC$_P$　NP′ → Var′.
r. 18aTGC$_P$　S′ → S′$_1$ ∨ S′$_2$.
s. 18bTGC$_P$　S′ → S′$_1$ ⊕ S′$_2$.
t. 19aTGC$_P$　S′ → S′$_1$ ∨ S′$_2$.
u. 19bTGC$_P$　S′ → S′$_1$ ⊕ S′$_2$.
v. 20TGC$_P$　S′ →（S′$_1$ → S′$_2$）.
w. 21TGC$_P$　S′ →（S′$_2$ → S′$_1$）.
x. 22TGC$_P$　S′ →（S′$_1$ ↔ S′$_2$）.
y. 23TGC$_P$　S′ → ~ S′$_i$.
z. 24TGC$_P$　S′ → ~ S′$_i$.

上面这个语句系统 C$_P$，可以生成和翻译大部分的实际语句，再加上模型和真值条件，就可以对语句做出进一步的语义解释。我们将借助这一系统对条件关系范畴的语义做出相关解释，这也包括句法规则、翻译规则和语义解释三个部分。

二　条件关系范畴的 CC$_P$ 系统及语义解释

基于上述蒋严、潘海华（1998）给出的句法和语义规则系统可以对条件关系范畴的语义做出比较细致的形式描写，下面就依据扩展后的 C$_P$ 系统尝试着对条件关系范畴的句法规则和翻译规则做出形式建构*。

　　A. 句法规则 GC_{P1}

　　1a. GC_P　　$S \to Cond_{[1].<a>}\ S_1 S_2 < Cond_{[1].<b>} >/\ S_2 =$ NP$Cond_{[1].<b>} \cdots /$.

　　1b. GC_P　　$Cond_{[1]}. \to$ {因为……所以……、既然……就……、如果……那么……、如果说……那么……、只要……就……、要么……否则……}

　　B. 翻译规则 $TGC_P 1$

　　1a. TGC_P　　$S' \to (S_1' \to S_2')$.

　　1b. $TGC_P\ Cond_{[1]} \Rightarrow \to$.

$S_1' \to S_2' = 1$ iff $(S_1' = 0) \lor (S_2' = 1)$，否则为0。

　　A. 句法规则 $GC_P 2$

　　1a. GC_P　　$S \to Cond_{[2].<a>}\ S_1 S_2 < Cond_{[2].<b>} >/\ S_2 =$ NP $Cond_{[2].<b>} \cdots /$.

　　1b. GC_P　　$Cond_{[2]}. \to$ {除非……才……、只有……才……、除非……否则……}

　　B. 翻译规则 $TGC_P 2$

　　1a. TGC_P　　$S' \to (S_2' \to S_1')$.

　　1b. TGC_P　　$Cond_{[1]} \Rightarrow \to$.

$S_2' \to S_1' = 1$ iff $(S_2' = 0) \lor (S_1' = 1)$，否则为0。

　　A. 句法规则 $GC_P 3$

　　1a. GC_P　　$S \to Cond._{<a>}\ S_1 S_2 < Cond._{<b>} >/\ S2 =$ NP$Cond._{<b>} \cdots /$.

　　1b. GC_P　　$Cond._{[1]} \to$ {虽然……但是……、即使……也……、无论(不论)……都……、不管……都……、任凭……都(也)……}

---

　　* 这里的工作是一个大胆尝试，错误之处还请方家严厉批评和指正。

第三章 条件关系范畴的逻辑语义分析

2a. GC_P　　$S \to Cond._{[1]<a>}\ s_1 s_2 < Cond._{[1]<b>} > / \ s_2 =$ NP*$Cond._{[1]<b>}\cdots/$

2b. GC_P　　$s_1 \to N^{**}$

2c. GC_P　　$S \to S_i$

2d. GC_P　　$Cond._{[1]} \to \{$虽然……但是……（……但是……），……不过……，即使……也……，无论（不论）……都……***、不管……都……、任凭……都（也）……$\}$

B. 翻译规则 $TGC_P 3$

1a. TGC_P　　$S' \to (S_1' \to S_2')$****

1b. TGC_P　　$Cond._{[1]} \Rightarrow \to$

2a. TGC_P　　$S' \to s_1' \to s_2'$

2b. TGC_P　　$s_1' \to N'$

2c. TGC_P　　$S' \to S_i'$

2d. TGC_P　　$Cond._{[1]} \Rightarrow \to.$

$S' \to S_1' \& S_2' = 1$　iff　$(S_1' = 1) \wedge (S_2' = 1)$，否则为 0。

A. 句法规则 $GC_P 4$

1a. GC_P　　$S \to Neg.(Cond._{[1]<a>}\ S_1 S_2 < Cond._{[1]<b>} >)./$ $S_2 = NP$****$Cond_{<b>}\cdots/$

1b. GC_P　　$Neg. \to \{$别$\}$。

1c. GC_P　　$Cond._{[1]} \to \{$以为……就……$\}$。

＊ NP 代表"也"前可能出现的句法成分，可出现 NP、Adv、PP 等，也可能是零形式。

＊＊ NP 代表"也"前可能出现的句法成分，可出现 NP、Adv、PP 等，也可能是零形式。

＊＊＊ "无论（不论）……都……"的另外两种语义可翻译为：1. TGC_P　$S' \to ((p \to q) \wedge (w1 \to q) \wedge (w2 \to q) \wedge \cdots) \wedge (p \vee w1 \vee w2 \vee \cdots)$；2. TGC_P　$S' \to \Box x P(x)$。

＊＊＊＊ 这样翻译是为了与句法规则一致，事实上表达的是 ~q，由 ~(p→q) 推得。

＊＊＊＊ NP 代表"就"前可能出现的句法成分，可出现 NP、Adv、PP 等，也可能是零形式。

2a. GC$_P$ S→ Neg. Si .

2b. GC$_P$ S$_i$ → (Cond._{<a>} s$_1$s$_2$ < Cond._{<b>} >) .   / s$_2$ = NP* Cond._{<b>} …/

2c. GC$_P$ s$_1$→N** .

2d. GC$_P$ Neg. → {别} .

2e. GC$_P$ Cond._{[1]} → {以为……就……} .

B. 翻译规则 TGC$_P$4

1a. TGC$_P$ S'→¬ (S$_1$'→S$_2$') .***

1b. TGC$_P$ Neg. →¬ .

1c. TGC$_P$ Cond._{[1]} ⇒ → .

2a. TGC$_P$ S'→¬ S$_i$' .

2b. TGC$_P$ S$_i$' → (s$_1$'→s$_2$') .

2c. TGC$_P$ s$_1$'→N' .

2d. TGC$_P$ Neg. →¬ .

2e. TGC$_P$ Cond._{[1]} ⇒ → .

S'→¬ (S$_1$'→S$_2$') = 1 iff (S$_1$'→S$_2$') = 0，否则为 0。

¬ S$_i$' = 1 iff (s$_1$'→s$_2$') = 0，否则为 0。

  至此，我们尝试性地给出了条件关系范畴的部分语句系统 CC$_P$****，这包括 4 个部分的句法规则和相应的 4 个不封闭的翻译规则，并结合真值条件做出了对应的语义解释。按照语言逻辑学界的规约，一类句式一般不建立两套句法和翻译规则，但是笔者注意到，现有的 C$_P$ 对条件关系范畴相关表达格式的解释力是过弱的，因此才建立两套规则来解释同一格式，这样就能涵盖"即使玉皇

---

 * NP 代表"就"前可能出现的句法成分，可出现 NP、Adv、PP 等，也可能是零形式。

 ** N 代表"以为"后的句法成分，多为 NP、VP、Adv、PP 等。

 *** 此翻译规则是为了与句法规则一致，实际整个格式表达的是 ~q，由 ~（p→q）可以推知。

 **** CC 代表条件关系范畴，是 Conditional relation Category 的缩写。

大帝我也不怕他"这样的单句，而这样的句子其逻辑语义恰恰是¬p，这与我们的解释完全吻合：S′→S$_i$′，其中的 S$_i$ 正相当于¬ p 的语义内容。

这样，我们就构建了一个条件关系范畴语义的部分语句系统 CC$_P$，这个系统可以生成大部分条件关系范畴的句子，并可以对相关句子做出翻译，结合特定模型还可以对其做进一步的语义解释。

小　结

本章对条件关系范畴的底层逻辑语义进行了详细梳理，总结概括出该范畴的逻辑推理结构类型，主要有充分条件假言推理的肯定前件式、否定后件式；必要条件假言推理的否定前件式、肯定后件式；充要条件假言推理的肯定前件式、否定前件式、肯定后件式、否定后件式。部分语言表达格式表现的选言推理由于涉及条件关系也纳入了条件关系范畴的讨论之列，主要推理类型有相容选言推理的否定肯定式，不相容选言推理的否定肯定式和肯定否定式。负命题推理部分主要考察充分条件的负命题推理、必要条件的负命题推理和充要条件的负命题推理三种情况，结合具体表达格式构造了完整的推理结构。结合包含"可能"命题的情况考察了与模态有关的推理范畴，主要有涉及模态命题的假言推理、涉及模态命题的选言推理及涉及模态命题的负命题推理等，进而概括出包含"可能"命题的相关推理的逻辑意义，即 $\diamond q$（或 $\diamond\neg q$）当且仅当，存在一个可能世界，在这个可能世界里 q（或 ¬ q）是真的。那么，$\diamond (p\rightarrow q) \rightarrow (\square p\rightarrow \diamond q)$，$\diamond (p\leftarrow q) \rightarrow (\square \neg p\rightarrow \diamond \neg q)$ 与 $\neg(\diamond p\rightarrow \diamond q) \equiv \diamond p \wedge \diamond \neg q$ 也是成立的。最后在蒋严、潘海华（1998）给出的部分语句系统 C$_P$ 的基础上构拟条件关系范畴的部分语句系统 CC$_P$ 并做出语义解释，从而对条件关系范畴的语义实现形式刻画。

第四章　条件关系范畴的整体意义

第一节　条件关系范畴的语义是一个整体

对于条件关系范畴的语义我们是这样看待的，条件关系范畴以条件关系及相关推理结构为其底层逻辑语义基础，经过语言化上升到自然语言的表达层面，凝结为相应的表达格式，这些表达格式的意义表现为一个整体。该范畴的各个表达格式往往激活了一个对应的逻辑推理结构，人们是通过这一结构来对表达格式的语义进行识解的，这样，其语义就不是简单的条件关系如蕴含、逆蕴含或充要条件等所能解释的，必须从语言表达的整体着眼。而从底层逻辑语义基础上升到表达层面是一个语言化的过程，有着历时的凝结过程和理据。本研究暂不讨论其语言化过程，只侧重语言化的结果，即旨在揭示各个语言表达格式作为语言表达形式，它们到底表达了怎样的意义，这种意义显然是通过对相关联的逻辑推理结构的激活与提升而获得的一种整体意义。如前面分析过的，利用选言推理的消去规则可以描写出"与其……不如……"的实际结构，如下图：

$$\frac{p \vee q \quad \neg p}{q}$$

"与其……不如……"激活的或者说实际表达的却是上面的一

个选言推理结构，这一结构语言化后就形成了"认为 q 比 p 好，否定 p，所以选择 q"这样的语义，结合自然语言表达，"与其……不如……"有肯定后项，否定前项的意思。同样，"虽然……但是……"表层形式是联言命题 p∧¬q，但它激活的是下面的逻辑结构：

¬（p→q）
　p
———————
¬q

由此可知"虽然……但是……"实际表达的是 p→q 的负命题，其整体意义为¬q，这是一个否定意义。

本章将在前面详细分析各类条件关系范畴的逻辑推理结构的基础上进一步讨论各个条件范畴语言表达式的整体意义，这些意义是在逻辑语义基础上经过语言化而获得的，这些意义的呈现是在自然语言使用中经由对逻辑语义的激活过程而实现的，意义的整体既包含了底层的逻辑语义，又包含了语言使用者的主观附义，这与现有研究所说的构式部分的内容有一定关联。条件范畴经语言化形成了假言推理范畴、选言推理范畴、负命题范畴及与模态有关的范畴、其他包含"可能"的范畴等语义类型，现结合具体的语言表达格式详析如下文。

第二节 假言范畴的整体语义

一 充分条件假言范畴

（一）因为……所以……

前面的分析已经指出，不能把"因为……所以……"仅仅解释为相关蕴含或严格蕴含，因为这一格式的前后件之间的逻辑联系并不总是蕴含关系，有的时候比较松散，有时只是日常生活思维中的一般联系，不是逻辑上的 A⇒B 或者 □（A→B）的关系，如果看作实质蕴含，当且仅当，p→q 是真的。上文分析了"因为……所以……"有三种逻辑推理结构：充分条件假言推理的肯定前件式推理，必要条件假言推理的否定前件式推理及涉及模态命题的相关推理。基于此，可以进一步求得该表达格式的整体语义，具体表现为述说因果、否定某种情况或事实的可能性、强调某种联系等语义。

1. 述说因果

"因为……所以……"的整体语义之一是述说缘由，此时的"因为"和"所以"联结的支命题之间是原因和结果的关系，整个表达式的意义是述说缘由。例如：

（114）因为轻原子核需要在极高的温度下才能发生聚变反应，所以，氢弹又叫热核武器。

（115）因为入道的人要交五斗大米，所以称为五斗米道，简称米道。

（116）因为所考虑的运动是沿直线进行的，所以这种运动叫做直线运动。

（117）因为史书记载女娲姓风，所以女娲陵又名风陵。

（118）首都曼谷邦拉区政府结婚登记办公室 14 日当天"爆满"。因为"邦拉"在泰语中意味着"爱之区"，所以情侣们不惜大排长龙，等候领取结婚证书，希望为自己的婚姻带来好运。

（119）因为我喜欢散文，所以设法出版了他的散文集。

（120）因为听说你妈会读个书写个字，才想见见谈谈。

例（114）是说明氢弹又叫热核武器的缘由，因为轻原子核需要在极高的温度下才能发生聚变反应，故得名。例（115）说明五斗米道的命名缘由，因简称米道入道需要交五斗大米，故称，简称

第四章 条件关系范畴的整体意义

米道。例（116）是直线运动的定义，也解释了命名的缘由。例（117）述说了女娲陵又名为风陵的缘由。例（118）解释情侣们不惜大排长龙，在首都曼谷邦拉区政府结婚登记办公室等候领取结婚证书，希望为自己的婚姻带来好运的缘由。例（119）说明了"我""设法出版了他的散文集"的缘由。例（120）是说明"才想见谈谈"的缘由。其中例（114）、例（115）、例（116）都是解释某一名称的来由，是较为特殊的一个小类。

2. 强调某种情况无法实施

第二种语义是强调某种情况无法实施，此时表达式激活的是 (p←q) ∧¬p→¬q 这样一个推理结构，例如：

（121）湖南省文物考古所长袁家荣在长沙表示，因为没有看到实物，所以无法判断。

（122）温家宝：因为我还没到过爱尔兰，所以只能凭我看到的书和听到的介绍谈些感想。

（123）因为你没给我钱，所以我没能买到止疼药。（自拟例句）

例（121）的逻辑关系是"除非看到实物，才能判断"，就是说"如果没有看到实物，那么无法判断"。例（122）的逻辑推理是"只有到过爱尔兰，才能很好地谈及所见所感"，这等于说"如果没到过爱尔兰，就无法凭借真实的经历谈所见所感，所以只能凭看到的书和听到的介绍谈些感想"。例（123）的意思是"你没给我钱"造成了"我没能买到止疼药"。这种情况下，往往是由于客观条件不充分而导致某种情况不能实施。结合交际价值，这种语义常用以表示遗憾、缺失等意义，例如：

（124）因为当时到处是战争和动荡，所以彼此深爱的我们最终也没能在一起。（自拟例句）

(125) 因为你缺席了这次聚会，所以你错过了与他重逢的唯一机会。（自拟例句）

(126) 因为控方提供的证据不足，所以只能把嫌疑人当庭释放。（自拟例句）

例（124）是说由于战争和动荡使得我们在一起的条件不足，所以最终没能在一起；例（125）则是表示"你""缺席了这次聚会"，所以与他重逢的条件不充分，因此没能重逢；例（126）是由于法庭取证不足只能把嫌疑人当庭释放，这些句子都是由于条件不足致使某种情况或措施不能实施，其交际价值为用以表示遗憾、缺失等意义。

3. 表示凭某种根据做出推测

第三种语义是表凭某种根据做出推测，因为是推测，所以结论是或然的，激活的是◇（p→q）或以◇（p→q）为基础的相关推理。因为是推测，故句中常伴有"可能"、"有可能"、"很可能"等词语。例如：

(127) 因为科学工作者早已知道，植物细胞在离体条件下，经人工培养，可以发育成完整的植株，所以经过细胞杂交结合之下，有可能得到崭新的生物类型。

(128) 因为这是欧美第一个全译本，所以米勒这些话，可能是比较中肯的。

(129) 因为婴儿很可能将自己会发的第一个音与他们首先认识的人——父母联系起来，所以各种语言中"爸爸"一词的含义都基本相同。

例（127）激活的是◇（p→q），具体说是根据"植物细胞在离体条件下，经人工培养，可以发育成完整的植株"，来推测"经过细胞杂交结合之下，有可能得到崭新的生物类型"。例（128）

激活的也是◇（p→q），具体意义是根据"这是欧美第一个全译本"，来推测"米勒这些话，可能是比较中肯的"。例（129）则基于"各种语言中'爸爸'一词的含义都基本相同"这一结果推测"婴儿很可能将自己会发的第一个音与他们首先认识的人——父母联系起来"这一原因，此例比较特殊，其前件由"因为"引出一个"可能"命题，后面是由此推出的结论。

（二）既然……就……

前一章分析了"既然……就……"主要表达四种推理形式：充分条件假言命题的肯定前件式推理（p→q）∧p→q；表示选言推理（p∨q）∧¬p→q；表示必要条件的否定前件式推理（p←q）∧¬p→¬q；涉及可能命题的模态推理◇（p→q）→（□p→◇q），这里对其语言化后的整体语义做进一步的分析。先看涉及假言推理的情况，此时"既然……就……"主要表示顺理现状及相关推论；劝阻、反转性评价及预测等意义，整体语义有基于现状做出应对和建议的含义。

1. 顺应现状的推论

"既然……就……"首先可以激活（p→q）∧p→q这一推理，基于此推理，此时表达式的语义为顺应现状的相关推论，实际用例如：

（130）事情既然已经发生，我们就要正视它。

（131）既然当了支部书记，就要尽我的本分和力量，多给村里办些实事，为乡亲们谋点利益。

（132）调整经济的任务十分繁重复杂，周恩来认为自己既然是政府总理，就责无旁贷。

（133）既然美国决意发动战争，那么就会不遗余力地寻找一个发动战争的理由。

（134）他们认为，既然挑战大自然，就必须接受其赐予的一切。

(135) 既然敢于公布出访计划，那就意味着成功已有把握。

上述例句是顺应现状并进行推论，或者涉及主观态度，或者做出预测，如例（130）、例（131）、例（132）是表明主观立场和态度；例（133）、例（134）、例（135）是做出推论和预测。

2. 劝阻、反转性评价及预测*

第二种推理为必要条件的否定前件式推理（p←q）∧ ¬p→¬q，此时"既然……就……"是对p←q的前件p予以否定，从而得出¬q的结论。表达式的语义因而为劝阻、反转性评价及预测。语言中的实例如：

(136) 既然你没学过英语，就别硬着头皮去美国访学了。（自拟例句）

(137) 既然你没有努力温习备考，就不要怪考试没考好。（自拟例句）

(138) 可既然没说不允许电脑抽签，主办者就有权自行其是了。

(139) 既然不能在受辱之前早自引决，受辱之后再自杀就没有意义。

(140) 劳动既然还没有成为人们生活的第一需要，一旦捧上"铁饭碗"，就往往使人由于失去鞭策而不图上进，甚至工作上拈轻怕重，出工不出力。

例（136）、例（137）是进行劝阻，例（138）、例（139）是反转性评价，例（140）的内部结构还略显复杂，可描写为（p←

---

* 反转性，亦即与推理前提的后件相反，这里的推理前提为p←q，而表达式的语义显然是¬q。

q）∧¬p→¬q，其中的 q 又是一个合取命题 r∧s∧w（失去鞭策而不图上进，并且甚至工作上拈轻怕重，并且出工不出力），但总的推理还是与其他例子一致的，表示反转性预测。

（三）如果……就……

前面的分析指出"如果……就……"是最基本的充分条件假言命题的表达格式，可以激活充分条件假言推理的肯定前件式，还可以表现充分条件假言推理的否定后件式，从模态的角度考虑，"如果……就……"还可以激活涉及模态命题的推理◇（p→q）→（□p→◇q）。基于这一逻辑语义特性，"如果……就……"以充分条件假言推理的肯定前件式，充分条件假言推理的否定后件式以及涉及模态命题的相关推理结构为其语义基础，侧重前后件之间的联系，其语义可概括为据已有条件作出推论、预测或建议，分述如下：

1. 据已有条件作出推断

根据给出的条件作出推断，前面的条件往往是假设，后面依据假设进行断定，自然语言中的用例如：

（141）如果汽车匀速行驶，它的加速度就是零。

（142）表示"1 到 20 的自然数的和"，如果一个一个地写出来，就太麻烦了。

（143）如果人体与地之间是绝缘的，触电保安器就无能为力了。

（144）人如果没有意识的活动，就不可能做到这一点。

（145）如果收信人有信函传真机，那么速度就更快了。

例（141）是依据加速度的定义和前件的条件作出推论，因为只有物体处于变速运动时才有加速度，所以汽车匀速行驶的时候加速度为零，这是必要条件假言推理的否定肯定式（p←q∧¬p→q）。例（142）中"一个一个地写出来"和"就太麻烦了"之间也是推断关系，但这种推断是依据◇（p→q）→（□p→◇q）这一推理。例（143）也是必要条件假言推理的否定肯定式（p←q∧¬p→q），因为只有"人体与地之间不是绝缘的"，"触电保安器才能发挥作用"，那么"如果人体与地之间是绝缘的，触电保安器就无能为力了"。例（144）也是必要条件假言推理的否定肯定式（p←q∧¬p→q），即"只有人有意识的活动，才能做到这一点"，因此，"如果人没有意识的活动，那么就不可能做到这一点"。例（145）的推断也是依据充分条件假言推理的肯定前件式，就是说"如果收信人有信函传真机"，"那么速度就更快"。

有时候，"如果……就……"还通过打比喻的方式对两事物进行比较，语言中的用例如：

（146）如果把语言比作高楼大厦，那么建筑这座大厦的材料就是词汇。

（147）如果把朝核问题比作一条河，那么，六方会谈就是为了架设一座过河的桥。

（148）如果把众多的花部地方戏比作烂漫的山花，那么昆曲则是戏苑百花园中的一株幽兰。

例（146）的意思是如果语言是高楼大厦，那么词汇就是建筑这座大厦的材料，这是比较两者的性质和关系。例（147）是说如果朝核问题是一条河，那么六方会谈就是为了架设一座过河的桥，也是比较两者的性质和关系。例（148）则是把众多的花部地方戏比作烂漫的山花，把昆曲比作戏苑百花园中的一株幽兰，这是比较两者的个性和特色。

2. 表据已有条件进行劝阻

第二种语义是根据给出的条件进行劝阻，前面的条件往往也是假设，后面依据假设提出建议进行劝阻，自然语言中的实例如：

（149）如果你知道目标在何方但还很遥远时，就不要老是回头张望。

（150）如果感到不舒服就不要去旅行，保持健康，保持警惕。

（151）如果没有写出自己看三峡的新的东西，那就不要写，多印几份李白写三峡的诗就行了。

例（149）是假设"如果知道目标在何方但还很遥远时"，做出"就不要老是回头张望"的建议。例（150）是假设"如果感到不舒服"做出"就不要去旅行"的劝阻，和要"保持健康，保持警惕"的建议。例（151）则是根据"如果没有写出自己看三峡的新的东西"这一假设的情况，提出"那就不要写，多印几份李白写三峡的诗就行了"的建议。

3. 表据已有条件做出警示、威慑

第三种情况是依据假设做出警示和威慑甚至是威胁，这类语义多出现在不和谐的交际情境中，自然语言中的用例如：

（152）净饭王对他们说："如果太子找不回来，您们五人就不要回来见我。"

（153）查韦斯 2 月 29 日说，美国如果干涉委内瑞拉内政，就不要指望再从委内瑞拉得到一滴石油。

（154）如果想多活几年，就不要去沾四号（海洛因）。

例（152）中净饭王是依据"如果太子找不回来"这一假设，针对听话人提出"您们五人就不要回来见我"的警告。例（153）查韦斯依据"美国如果干涉委内瑞拉内政"这一假设，做出"就不要指望再从委内瑞拉得到一滴石油"的警示和威慑。例（154）也是先做出"如果想多活几年"，再提出"就不要去沾四号（海洛因）"的警示、警告。

(四) 如果说……那么……

王维贤（1994）认为是相关逻辑中的相关蕴含，即 A 真必然地推出 B 也为真，可描写做 A⇒B。再看前面的例子：

(155) 我没觉得我的这种性格有什么不好，如果说性格决定命运，那么我愿意接受命运的挑战。

(156) 如果说楷书好比人的端坐，那么行书就好比人的行走，显得生动活泼，自由自在。

(157) 如果说建筑也是一种艺术的话，那么建筑艺术中对称的应用就更广泛。

上例中"如果说"有时单用，有时和"的话"合用形成框式结构"如果说……的话"。从话语的语气强度上不难发现，"如果说……那么……"的语义并不像王维贤先生分析的那样是一个相关蕴含，或者说不宜把这一表达格式看作严格蕴含的□（A→B）。也就是说，虽然 p、q 的语义有联系，却不是必然的严格蕴含关系，它们之间的联系只是可能的。下面的例子是可以说明这一格式的语义强度并不是很强的，例如：

(158) 如果说，我选择做画家与凡·高有关，那么我选择到北京做一名"北漂"，则与圆明园画家村，与北京对我的这种诱惑有关。

(159) 如果说奥尼尔是个演技不俗的演员的话，那么西部队教练桑德斯就是个懂得迎合"市场"的导演。

(160) 李子贤教授指出："如果说云南是一座世界罕见的民俗文化宝库的话，那么怒江大峡谷就是保存鲜活的诸多古文化样态的博物馆。"

上例中"如果说"和"那么"联结的前后件之间都是把两种

第四章　条件关系范畴的整体意义

情况作比较或打比喻后进行比较,如例(158)是作比较,例(159)、例(160)是先打比喻然后再进行比较。因此不宜把这一表达格式看作严格蕴含的□（A→B）,至少这样对"如果说……那么……"的语义限定会过于严格,因为有的时候"如果说……那么……"还会激活包含可能命题的模态推理。基于以上的逻辑语义基础,该表达式的语义有评说、推断和预测等意义,详述如下:

1. 据提出的情况进行评说

根据前一个小句给出的情况顺势进行评说,前面的小句是一个基础和铺垫,自然语言中的实例如:

（161）如果说深圳人最初建设"菜场子"、"菜园子"是当时的客观条件逼出来的,那么,今天众多的"菜场子"、"菜园子"正在发挥调剂市场、平抑物价的作用。

（162）如果说过去大豆、豆粕、小麦、铜和橡胶等小品种所主导的期货市场还没有走出"狭缝生存"的状态,那么,棉花、燃料油和玉米等大宗工农业产品的相继上市,则为中国期货市场的大发展拓展了广阔空间。

（163）如果说这些照相馆是对有关法律不甚明了、明目张胆制假来赚点小钱的话,那么此后查获的几个制假团伙则近乎于疯狂。

（164）如果说程序化管理是现代化管理的第一支柱,那么工程管理的计算机化则是第二支柱。

例(161)把深圳人最初建设"菜场子"、"菜园子"的情况与今天众多的"菜场子"、"菜园子"的作用作比较,重点对今天的状况进行评说。例(162)通过与"过去大豆、豆粕、小麦、铜和橡胶等小品种所主导的期货市场还没有走出'狭缝生存'的状态"相比较,评说"棉花、燃料油和玉米等大宗工农业产品的相继上市，则为中国期货市场的大发展拓展了广阔空间"这一状况。例（163）把"这些照相馆是对有关法律不甚明了、明目张胆制假来赚点小钱"与"此后查获的几个制假团伙则近乎于疯狂"进行比较，重点评说后者。例（164）也是先打比喻说"如果说程序化管理是现代化管理的第一支柱"，进而指出"工程管理的计算机化则是第二支柱"，重点对后者做评说。

2. 据提出的情况做出推断、预测

根据前一个小句给出的情况进而做出推断，前面的小句是后面推断前提和基础，自然语言中的实例如：

（165）如果说，1993年是我们对人才流动工作进行探索和打基础的一年；那么，1994年将会出现人才流动新发展的可喜局面。

（166）在这条改革的道路上，如果说第一步的成功是解决了农户与土地的关系；那么，第二步的成功可能就在于，以新型的经济组织来解决农户和市场的关系。

（167）如果说，1993年我国电视剧生产是一个"收成较好的年头"的话；那么，我们有理由期盼1994年电视剧生产将是一个"丰收年"。

例（165）、例（166）、例（167）都是据已有条件做出推断和预测，例（165）中"1993年是我们对人才流动工作进行探索和打基础的一年"是后面"1994年将会出现人才流动新发展的可喜局面"这一预测的前提和基础。例（166）是先对第一步的成功做出评价，再对第二步的成功做出评估和预测。例（167）是据1993年我国电视剧的较好收成，预测1994年将是电视剧生产的丰收年。

3. 据提出的情况顺势发问

语料中发现有时候"如果说"给出一个情况，顺势发问，可以是特指询问或反问，自然语言中的实际用例如：

(168) 如果说开发给辽宁带来很多的实惠,那么辽宁开发农业给东部沿海省份带来的又是什么样的启示呢?

(169) 饮水思源,如果说杜仲改变了新村农民的命运,那么,命运改变的契机又是怎样落在他们手上的呢?

(170) 如果说我是因为无知而上当受骗,那么大江所这个有法人代表的单位也是因为无知吗?

例(168)和例(169)是先提出一个情况,然后发出特指疑问。例(170)则是先给出一个情况,顺势发出反问。这也是"如果说……那么……"的一种用法,这里凸显的是据实发问的功能,也是其语义的一个侧面。

(五) 要不是……就……

前面的分析指出这一格式可以激活必要条件假言推理的否定前件式 $p \leftarrow q \wedge \neg p \rightarrow \neg q$,有时还会表现涉及模态命题的相关推理。由此,"要不是……就……"的语义为前面事件或状况对后面事或状况的较强影响,这种影响可能是积极的也可能是消极的,因而衍生补偿、感激、差强人意及遗憾和不足等意义,分述如下:

1. 基于所提出情况的补偿意义

这种补偿意义是基于"要不是"所提出的情况的,没有所给出的情况就会出现与后面所述相反的情形,因之,前面的情况或事件是必要的,有时含有感激、差强人意等补偿意义意思。自然语言中的实例如:

(171) 要不是我们及时发现了问题,书马上就要出笼了。

(172) 要不是还有个永继,蓝家就绝后了。

(173) 要不是呼伯,就不会有我冯某人的今天!

(174) 妈说,要不是高凡从云南寄回几斤粮票,奶奶早就没命了。

(175) 这太糟糕了!要不是库特和皮克斯及时接住哈利,

他就要受重伤了!

例(171)有差强人意的意思,"我们及时发现了问题"显然避免了书带着问题出版,有补偿意义。例(172)因"还有个永继"而避免了"蓝家就绝后了"这一状况,也有补偿意义。例(173)说话人"冯某人"显然对呼伯充满感激,没有呼伯就没有"冯某人"的今天,有感激义。例(174)"高凡从云南寄回几斤粮票"是必要的,这避免了奶奶被饿死,所以也有很强的感激义。例(175)"库特和皮克斯及时接住哈利"这一举动避免了他受重伤,所以有差强人意的补偿意义,避免了不良状况的发生。

2. 基于所提出情况的遗憾、不足

第二种语义是先提出一个状况或事件,然后导出由此带来的负面影响或所造成的不良后果,因为结果是不如人意的,因而常带有遗憾、不足之意。自然语言中的实例如:

(176) 要不是等你来,早就睡下了。

(177) 要不是父亲是右派,她就入党了。

(178) 要不是我有病,我早就到府上去欣赏欣赏了。

例(176)中,"等你来"是没有早睡下的原因,有不足之意。例(177)中"父亲是右派"影响了"她"入党,产生不良后果和影响,有遗憾之意。例(178)"我有病"致使"我"没能"早就到府上去欣赏欣赏",这也是一种不良影响,有遗憾义。

3. 因提出情况而有所顾忌、顾虑

第三种语义是先提出一种状况,进而指出出于此种顾忌、顾虑所产生的状况和想法等,所述的情况事实上没有发生,是未然的。自然语言中的用例有:

(179) 要不是看着冬儿这孩子留下没人管,我立刻就得找到吴老财家拼命去。

（180）要不是有你，妈妈早就不想活了。

（181）要不是为了她和他们的妈妈，那他老早就走了。

（182）……，他深深地叹出一口气："要不是为了幼幼，为了这个家，我，我当场就会把刘家善给撕了！"

例（179）中"我"没有"立刻就得找到吴老财家拼命去"是出于"看着冬儿这孩子留下没人管"这一顾虑。例（180）是因为"有你"，否则"妈妈早就不想活了"，"有你"是"妈妈"没有寻短见的顾虑。例（181）、例（182）同理，"他"没有"老早就走了"是顾忌到"为了她和他们的妈妈"；"我"没有"当场就会把刘家善给撕了"是顾虑到"为了幼幼，为了这个家"。

（六）只要……就……

王维贤（1994）：$A \Rightarrow B$，相关逻辑中的相关蕴含，即 A 真必然地推出 B 也为真。李小五（2003，P9）：□（A→B）。我们赞同两位先生的观点，尤其是李小五先生的观点，"只要……就……"表达的是"必然地 A 蕴涵 B"，即□（A→B）。所以"只要"联结的前件和"就"联结的后件之间的关联很紧密，当 A 真时 B 必然真，所以整个表达格式的语义很肯定。例如：

（183）在这儿就是这样，只要你是搞音乐的，相处起来就特别容易，五湖四海皆兄弟，大家都是为了一个共同的目标，才走到一起来的嘛。

（184）现在想清楚了，于是又拨了她的手机，只要她一接电话，我就会把她骂个人仰马翻，也好让她知道我不是好欺负的。

依据王维贤（1994）、李小五（2003，P9），尤其是李小五先生的观点，"只要……就……"表达的是"必然地 A 蕴涵 B"，即

□（A→B）。基于该格式的这一逻辑语义特征，整个表达格式的语义为表确定无疑，具体表现为某种伴随状况的必然出现、有条件的许诺、有条件的宣告等方面。详细分析如下：

1. 某种伴随状况的必然出现

"只要……就……"的一种语义是表示前面状况的发生会导致后面伴随状况的必然发生，有前面的状况就必然有后面的状况，例如：

（185）只要将旋钮一转，煤气就点着了。

（186）只要有合适人选，就每年颁发。

（187）不需任何麻醉，只要服下一粒小小的"胶囊"，就能代替胃镜进行检查，并可检查大肠、小肠。

（188）只要有利润可赚，就有人敢接单。

（189）只要奏响这首歌，我就热血沸腾，止不住一种要流泪的感觉。

例（185）是说煤气点火，"只要将旋钮一转"，"煤气就点着了"就会伴随着出现，而且必然出现。例（186）是关于某一奖项的，"只要有合适人选"，"就每年颁发"两者也是有前面的情况就会必然出现后面的情况。例（187）稍稍复杂，"只要服下一粒小小的'胶囊'"是前提状况，"就能代替胃镜进行检查，并可检查大肠、小肠"是伴随出现的后续状况，而且必然出现，其中"代替胃镜进行检查"和"可检查大肠、小肠"又是一个合取命题，全句逻辑结构为□（p→（q∧r）），但仍是□（A→B）结构。例（188）、例（189）同理，"只要有利润可赚"和"就有人敢接单"之间，"只要奏响这首歌"和"我就热血沸腾，止不住一种要流泪的感觉"都是只要前者出现，后者就伴随着必然出现的关系，即□（p→q）。

2. 表示有条件的许诺

第二种语义是表示有条件的承诺，前面提出条件，以此为基础进而给出相关的承诺，自然语言中的实际用例如：

（190）只要你们留我一条命，我就说！

（191）只要祖国需要，我就在岛上干一辈子！

（192）只要部队需要我，医院需要我，我就留在这里，好好干下去。

（193）于校长说，郑老师，只要你承认是右派分子，我们就给你摘帽，让你教语文。

例（190）是依据"只要你们留我一条命"的假设，做出"我就说"的许诺。例（191）则是提出"只要祖国需要"这一条件，做出"我就在岛上干一辈子"的许诺。例（192）根据"只要部队需要我，医院需要我"的假定，做出"我就留在这里，好好干下去"的承诺，其结构略复杂，是□（(p∧q)→(r∧s)）。同理，例（193）也是先提出"只要你承认是右派分子"的要求，进而做出"我们就给你摘帽，让你教语文"的许诺，结构稍复杂，为□（p→(r∧s)）。

3. 表示有条件的宣告

第三种语义为根据所提出的条件进行宣告，这里的宣告是较抽象层次的语义，包括表明愿望、立场、主张和态度等，自然语言中的例子有：

（194）只要你和金秀生活得幸福，老师身体硬朗，我就很高兴。

（195）只要有一口气，我就不会听凭你们摆布！

（196）等着吧，他们只要敢对我动手，我就拼命，决不让歹徒们得逞。

（197）为了周总理，为了我们两国之间的友谊，只要我活着，我就要努力战斗下去。

（198）只要他敢种，我们就敢把他的瓜苗拔了！

例（194）是依据"只要你和金秀生活得幸福，老师身体硬朗"，表明"我就很高兴"的愿望。例（195）、例（196）则是在宣告立场，"只要有一口气，我就不会听凭你们摆布！"；"他们只要敢对我动手，我就拼命，决不让歹徒们得逞"。例（197）是表明愿望和主张，"只要我活着，我就要努力战斗下去"。例（198）的态度则很强硬，是一种极端的宣告。

所以，"如果……就……"所联结的两个部分之间的关联都是必然的，这是把"只要……就……"联结的前件和后件逻辑地认定为严格蕴含☐（p→q），因此语义强度很高。

二 必要条件假言范畴

（一）除非……才……

前面指出事实上"除非……才……"也激活了如下推理：

$$p \leftarrow q$$
$$\underline{\neg p}$$
$$\neg q$$

从推理结构中可以看出，"除非……才……"表现的也是必要条件假言推理的否定前件式推理。《现代汉语八百词》指出："'除非……才……'表示一定要这样，才能产生某种结果"，"'只有'从正面提出某个唯一的条件；'除非'从反面强调不能缺少某个唯一的条件，语气更重"。[①] 因此在语义上，"除非……才……"往往

---

① 吕叔湘主编：《现代汉语八百词》，商务印书馆1990年版，第125页。

第四章　条件关系范畴的整体意义

强调前述条件的重要性,对后面事件或状况的实现是必不可少的,进而衍生出强调某条件的必要性、有条件的推测和揣测、有条件的许诺或宣告等意义,分述如下:

1. 强调某条件的必要性

因为这个结构式的推理前提是 p←q,所以该式首先可以表达强调对于 q 的实现 p 是十分必要的这一语义,自然语言中的用例如:

（199）即会员达到一定数量后就不再增加,除非有人退会或死亡,余出名额时,才办理新户。

（200）除非口袋里有钱,才能请那些强队"恩赐"一两场友谊赛。

（201）除非家族大得不得不分开,儿子才搬到附近居住。

（202）除非有大人们在那儿坐着聊着什么,我们才敢到那里去玩耍。

（203）除非回过头来再看,才会注意到。

例（199）中"有人退会或死亡,余出名额时",是"办理新户"的必要条件,强调这种条件的必须,否则不能办理新户。例（200）中"口袋里有钱"是"才能请那些强队'恩赐'一两场友谊赛"的必要条件,强调前者对于后者实现的必要性。例（201）、例（202）、例（203）同理,"家族大得不得不分开"是"儿子才搬到附近居住"的必要条件;"有大人们在那儿坐着聊着什么"是"我们才敢到那里去玩耍"的必要条件;"回过头来再看"是"才会注意到"的必要条件。这些句子都是强调对于后件的实现而言,前件是必要的,总体上是突出某种条件的必要性。

2. 做出有条件的推测、揣测

前面给出特定条件,后续语句是就该条件作出预测,因为是预测所以常带有虚拟语气,例如:

（204）除非排在前16名的运动员中有人退出比赛，丁松才有希望递补。

（205）无论你怎么说吧，我想，除非我死了你才能平静的生活。

（206）任何东西如果没有边界便不会是球状的，而除非它外部有什么（至少有虚空间），它才可能有边界。

（207）她想，除非爱得不深，才会这样洒脱。

上例（204）中是依据"排在前16名的运动员中有人退出比赛"这一假设做出"丁松才有希望递补"的推测。例（205）则揣测道："我死了你才能平静的生活"，这是对彼此生存状态的一种极大的怀疑和否定。例（206）根据"任何东西如果没有边界便不会是球状的"和"它外部有什么（至少有虚空间）"推测"它才可能有边界"，结构略复杂，为¬p→¬q∧r←p，又r←p≡¬r→¬p，所以¬r→¬q，于是这句话的意思是：如果它外部没有什么（甚至没有虚空间），那么它就不会是球状的。例（207）的揣测语气很明显，因为有话语标记语"她想"，意思是"这样洒脱"应该是"爱得不深"，这是一个可能模态推理，即□（(p←q)→(q→p)）≡□(p←q)→◇(q→p)。

3. 做出有条件的许诺、宣告

前面给出特定条件，后面则就该条件做出许诺，常用于就现状进行谈判或商榷，有时则是做出有条件的宣告，用于表明态度、心愿、立场等。语言实例如：

（208）除非你把家产都给我，我才为你卖命。（自拟例句）

（209）除非你答应我不再回国，我才把这个秘密告诉你。（自拟例句）

（210）贾瓦多夫向当局提出，除非让他本人当内务部长，他哥哥（特警部队指挥官之一）当总检察长，他才同意解除特警部队的武装。

（211）除非我寿终正寝才会停笔。

（212）除非在上面涂些毒药，我才会心甘情愿。

（213）除非你们先把我们一个个都收拾了，大家伙才会跟你们拼命！

例（208）是说"除非你把家产都给我"，"我才为你卖命"，这是在作出有条件的许诺；例（209）也是一样，"除非你答应我不再回国"是"我才把这个秘密告诉你"这一许诺的前提。例（210）是一种有条件的承诺，涉及政治语体，见于谈判事件。例（211）、例（212）和例（213）则是做出有条件的宣告；例（211）是表明写作的决心和态度，例（212）是宣告意愿、心愿；例（213）则是一种立场和态度。以上这些例句都说明"除非……才……"可以依据提出的条件做出许诺、表明态度、立场和意愿等。

（二）只有……才……

依据先前的考察可知"只有……才……"激活了如下推理：

$$p \leftarrow q$$
$$-p$$
$$\overline{}$$
$$-q$$

那么"只有……才……"就表现或者说激活了必要条件假言推理的否定前件式推理，这与"除非……才……"的语义很相近，由此衍生出强调某条件的必要性、有条件的推测和揣测、有条件的许诺或宣告等意义，下文详析：

1. 强调某条件的必要性

因为 $p \leftarrow q$ 是整个结构的推理前提，故对于 q 的实现而言，p

是十分必要的,这等于说没有 p 就没有 q,所以是在强调 p 的必要性,自然语言中的用例如:

(214) 只有加强合作,才能有效控制疾病对全球人类健康的威胁。

(215) 安南还重申了只有伊拉克人民才有权自主决定其政治命运并掌握其自然资源的原则。

(216) 只有坚持一个中国的立场,台海才能保持稳定与和平。

(217) 只有巴尔干所有国家都融入欧洲,欧盟的使命才可以称得上结束。

(218) 只有重视人与所有生命的关系,人类社会才会变得文明起来。

上面的例句都是强调先行条件的必要性,例(214)中"加强合作"对于"有效控制疾病对全球人类健康的威胁"来说是必要的,不可缺少的前提。例(215)比较特殊,其中的"伊拉克人民"是"有权自主决定其政治命运并掌握其自然资源"的必要前提,这里是 NP 做前件,整个句子为单句形式,内嵌为"原则"的定语。例(216)"坚持一个中国的立场"是"台海才能保持稳定与和平"的必要前提,强调"坚持一个中国的立场"的重要性。例(217)的"巴尔干所有国家都融入欧洲"是"欧盟的使命才可以称得上结束"的必要前提,没有这一结局的实现,后续结论就无从谈起。例(218)是说"重视人与所有生命的关系"对与"人类社会才会变得文明起来"来说是必要性的,不可或缺的。

2. 据假设条件进行预测、推断

因为"只有……才……"是以 p←q 作为整个结构的推理前提的,所以该表达式可以表示据特定的条件做出预测和推断,假设的条件正是预测和推断的依凭,比如:

(219) 只有在美国宣布采取有科学依据的措施，并取得令人满意的结果，使消费者能放心地吃牛肉时，墨政府才会取消从美国进口牛肉的禁令。

(220) 只有修改现有的推选临时过渡政府的计划，才可能使产生的过渡政府代表所有伊拉克人。

(221) 摩洛哥队在主场只有战胜安哥拉队，才有进军雅典的希望；……

例（219）中推断"美国宣布采取有科学依据的措施，并取得令人满意的结果，使消费者能放心地吃牛肉"是"墨政府取消从美国进口牛肉的禁令"的必要条件，也就是只有达到前述条件时墨政府才会取消从美国进口牛肉的禁令。例（220）预测"修改现有的推选临时过渡政府的计划"，是"才可能使产生的过渡政府代表所有伊拉克人"的必要前提，没有这个必要前提就不会有后面的结果。例（221）是说"摩洛哥队在主场战胜安哥拉队"是"摩洛哥队有进军雅典的希望"的必要前提，这也是据前述条件做出推断和预测。

3. 做出许诺、宣告等言语行为

"只有……才……"同样可以据已有条件做出许诺、宣告，"只有"导出许诺或宣告的前提条件，"才"引出许诺或宣告的内容，例如：

(222) 杜达耶夫宣称，只有在给车臣以主权的情况下，他才同意辞职。

(223) 只有我们获得解放，并对巴勒斯坦每个角落拥有主权，我才会回去。

(224) 只有他们停止恐怖袭击，我们才会停止针对其领导人的清除行动。

(225) 我们对他投降的要求是，他不提任何前提条件，向当局自首……只有不设定任何条件，我们才接受他的投降。

（226）只有你尊重我，我才会尊重你。

（227）作为教练，只有当这三大目标全部达到时，我才能死而瞑目！

（228）只有在"老虎"计划完全失败的情形下，我才取消这一行动。

（229）只有当所有的努力都归于失败，孩子，我才会举起我的手……

例（222）、例（223）、例（224）、例（225）基本是属于许诺的言语行为，而例（226）、例（227）、例（228）和例（229）则属于宣告类言语行为。具体说，杜达耶夫许诺"他同意辞职"必须以"给车臣以主权的情况下"为必要条件；"我回去"这一许诺要以"我们获得解放，并对巴勒斯坦每个角落拥有主权"为前提；"他们停止恐怖袭击"是"我们停止针对其领导人的清除行动"这一许诺的必要条件。例（222）、例（223）、例（224）和例（225）的宣告色彩较浓，其中例（226）、例（227）是情感方面的宣告，例（228）和例（229）则是行为方面的宣告。

（三）除非……否则……

根据前面的逻辑语义分析，"除非……否则……"表达的是必要条件的肯定后件式推理，也就是说它强调的也是前件条件的必要性，即没有前件就没有后件。其逻辑结构可描写为：

$$p \leftarrow q$$
$$\neg p$$
$$\overline{\quad\quad\quad}$$
$$\neg q$$

以此逻辑语义为基础，该表达式的语言化意义为有条件地强调¬q这一语义，即如果出现¬p，就一定会突出¬q的语义。具体说来有以下几种情况：

1. 有条件的推断、评说

"除非"引出特定的条件，"否则"则据此条件进行推断和评说，例如：

（230）一个领导者除非对部属的表现和反应有准确的了解，否则就无法进行充分的监督。

（231）除非谈判双方能专心地全力以赴，否则毫无谈判可言。

（232）一次会议除非由彼得的继承人批准或至少是接受，否则就绝不是普世性的会议。（语料库在线）

（233）除非援军到达，否则整个西太平洋将会陷落。

这几个例子都是先给出特定条件，然后进行推断和评说的，如例（230）是说一个领导者要对部属的表现和反应有准确的了解，这才能进行充分的监督，这是从反面强调领导者对部属的表现和反应有准确了解的重要性。例（231）是评说谈判双方专心地全力以赴，这对于谈判的进行是至关重要的。例（232）则是评述一次会议必须由彼得的继承人批准或至少是接受，才能算是普世性的会议。例（233）则推断只有援军到达，整个西太平洋才能免于陷落。

2. 据条件做出宣告、许诺

有些时候"除非"给出特定条件，"否则"引出的是宣告、许诺等言语行为，这些言语行为往往带有表明态度、申明立场，予以警示等语力，例如：

（234）除非他答应与帝国统帅部重新合作，否则就让他蹲一辈子监狱！（语料库在线）

（235）除非她把那封信交给我，否则她非出庭到嫌疑犯

席上去受审判不可。（语料库在线）

（236）博士刚才声明，除非是到米顿大教堂去，否则决不忏悔。（语料库在线）

（237）约旦外长贾比尔说，除非以色列原则上同意撤出被占领土，否则约旦国王侯赛因不考虑前往耶路撒冷。（语料库在线）

（238）除非我父母都走，否则我会留下来。

（239）除非蒙住我的嘴巴，否则，我一开口就真相大白。

（240）除非有人把我拖出奥运会赛场，否则我永远都无法拒绝奥运会金牌的诱惑。

例（234）、例（235）有很强的警示色彩，即如果"他不答应与帝国统帅部重新合作"，"就让他蹲一辈子监狱"；"她不把那封信交给我"，"就让她出庭到嫌疑犯席上去受审判"。例（236）、例（237）是陈述别人的宣告，"博士"声明只有到米顿大教堂去，他才忏悔；约旦外长贾比尔表示："只有以色列原则上同意撤出被占领土，约旦国王侯赛因才考虑前往耶路撒冷"。例（238）、例（239）、例（240）三句是宣告主观态度的，其中例（238）是排除父母都走的情况，其余条件下我都会留下；例（239）、例（240）的语力较强，前一句是说只要不堵住我的嘴，我就会让真相大白；后句是说"我永远都无法拒绝奥运会金牌的诱惑"，只有"有人把我拖出奥运会赛场"才会改变这一状况。

三 充要条件假言范畴

充要条件可形式表达为 $p \leftrightarrow q$，是充分条件和必要条件的并，有着更严格的语义限定。正因为如此，充要条件的自然语言表达式也较为有限，仅见于"当且仅当"、"需要且只需要"、"唯一条件"、"只有……，也只有……"及一些复合表达式。其整体意义主要是强调某种条件对于另一条件或状况是至关重要、绝无仅有和

第四章 条件关系范畴的整体意义

绝对必要的。请看下面的例子①：

（241）当且仅当竞争对手甲退出投标时，乙才会报一个较高的价位。

（242）任何两个端节点之间的转发需要且只需要经过三次交换。

（243）为了防止圆管内流动的水发生结冰，则需要且只需要保持圆管内壁面的最低温度在某一温度以上。

（244）俄军逼近格首都称停火唯一条件是格军放弃武力。

（245）法院判决离婚的唯一条件是夫妻感情破裂。

例（241）使用了"当且仅当"，意思是如果"竞争对手甲退出投标"，那么"乙才会报一个较高的价位"，并且，只有"竞争对手甲退出投标"，"乙才会报一个较高的价位"。例（242）、例（243）用的是"需要且只需要"，就是说如果"任何两个端节点之间要转发"，那么"要经过三次交换"，并且，只有"任何两个端节点之间要转发"，才"要经过三次交换"；如果"为了防止圆管内流动的水发生结冰"，那么"要保持圆管内壁面的最低温度在某一温度以上"，并且，只有"为了防止圆管内流动的水发生结冰"，才"要保持圆管内壁面的最低温度在某一温度以上"。例（244）、例（245）使用的是"唯一条件"，意思是如果要"俄军停火"，那么要"格军放弃武力"，并且，只有要"俄军停火"时，才要"格军放弃武力"；如果要"法院判决离婚"那么条件是"夫妻感情破裂"，并且，只有要"法院判决离婚"时，才要求条件是"夫妻感情破裂"。同时，这些例句多出现在逻辑表达或者公文法律语体中，有较强的语体分布限制，自然语言尤其是日常生活中并不常

---

① 引自百度百科之"充分必要条件"，网址为：http：//baike.baidu.com/view/656995.htm。

见。而下面的例子则是用复合表达式来表示充要条件的：

(246) 你去我就去，你不去我也不去。（自拟例句）
(247) 你说我就说。你不说我也不说。（自拟例句）
(248) 你爱我我就爱你，你不爱我我也不爱你。（自拟例句）

与前述例句不同，这些表达式倒常用于日常生活的表达，但它们已经不是直接的充要条件了，而是在逻辑上的等值表达。

因此，充要条件在自然语言中主要用于强调某种条件的对于特定条件或状况的实现具有唯一性，两种之间存在唯一对应的必然联系：前者出现后者就出现，前者不出现后者就不出现，反之亦然。

第三节 选言范畴的整体语义

前面已经分析过，可以表现选言推理结构的语言表达格式主要是"与其……不如……"、"宁肯……也不……"、"既然……就……"、"要么……要么……"和"要么……否则……"等语言形式。其中表现和激活否定肯定式的有"与其……不如……"、"宁肯……也不……"、"既然……就……"、"要么……要么……"、"要么……否则……"，表现和激活肯定否定式的有"与其……不如……"、"要么……要么……"和"要么……否则……"。基于选言推理的逻辑特性，这些格式表达依据选言前提做出肯定或否定的选择，进而表达出特定的选择倾向，下面就详细分析各个格式的整体意义。

一 否定肯定式

(一) 与其……不如……

由前一章的分析可知，"与其……不如……"表达的是一个相

容选言推理结构,依据选言推理的消去规则可以描写出"与其……不如……"的实际结构,如下图:

$$p \vee q$$
$$\neg p$$
———
$$q$$

这是一个选言推理的否定肯定式,基于这一逻辑推理结构,"与其……不如……"的整体意义正如《现代汉语八百词》所言,它"表示在比较之后不选择某事而选择另一事;或者表示对客观情况的判断,在说话人看来后一种说法更正确"。[①] 这一概括是很准确的,"与其……不如……"正是表达有所筛选的评说、判断等,详析如下:

1. 筛选性评述、判断

第一种情况是提出两种选择并做出筛选,进而对事物或状况做出评述、判断,例如:

(249)面前摆着一小堆旧皮鞋、旧衣服、破台灯或旧电工工具等,与其说是商品,不如说是废品和垃圾。

(250)与其饮鸩止渴,不如就此一搏,卡尔扎伊选择了后者。

(251)对于证券分析而言,与其说它是一门科学,还不如说它是一种宗教。

这三例旨在评说、判断,说话人显然在所述的两者间有所倾向,是筛选性的评说、判断。如例(249)倾向认为所见到的"一

[①] 吕叔湘主编:《现代汉语八百词》,商务印书馆1990年版,第637页,《现代汉语八百词》中"表示对客观情况的判断,在说话人看来后一种说法更正确"这一意义分析的是"与其说……不如(毋宁)说……"。

小堆旧皮鞋、旧衣服、破台灯或旧电工工具等",更像是废品和垃圾。例（250）是对卡尔扎伊的选择予以评述,倾向于"就此一搏",这也与卡尔扎伊的选择一致。例（251）是对证券分析的看法,说者认为证券分析看作是一种宗教更为恰切。

2. 提出某种主张、意愿

第二种语义是先提出两种备选的情况,然后提出有倾向的一种主张、意愿,例如：

(252) 最终让我下决心写这本书的原因,是我终于认识到,与其让别人杜撰我的故事,不如由我自己来讲述。

(253) 面对强劲的对手,吴美锦表示,与其给自己平添压力,不如放手一搏挑战穆特鲁。

(254) 与其被人窃取成果,不如通过技术贸易,进行技术输出。

此种情况为面对两种选择提出自己的主张或意愿,在语义上也是有所筛选的。如例（252）或者"让别人杜撰我的故事",或者"不如由我自己来讲述",说话人提出"由我自己来讲述"这一意愿,即我自己来写这本书。例（253）是叙述吴美锦的意愿和主张,面对或者"给自己平添压力"或者"放手一搏挑战穆特鲁"这两种选择,吴美锦选择"放手一搏挑战穆特鲁"。例（254）的意思是或者"被人窃取成果",或者"通过技术贸易,进行技术输出",经筛选提出"通过技术贸易,进行技术输出"这一主张。

（二）宁肯……也不……

"宁肯……也不……"表达的是一个相容选言推理结构,依据相容选言推理的否定肯定式推理可以将"宁肯……也不……"的实际结构描写为 $(p \lor q) \land \neg p \rightarrow q$。以此逻辑结构为基础,结构式的整体意义为表有所取舍,具体说是表示肯定前述事件、状况,排斥后件所述事件、状况,下面具体分析：

第四章 条件关系范畴的整体意义

1. 做出筛选性评述、判断

第一种语义是先提出两种情况，进而做出筛选性的评说和判断，例如：

（255）作战中，要竭力保护军旗，在任何情况下，宁肯牺牲，也不准向敌人降旗。

（256）宁肯使故事性弱一点，也不虚构情节，敷演成文。

（257）公司宁肯从正当渠道高价进口，也不图便宜购买假货，坑害客户。

（258）"学院派"宁肯放弃想象力赖以产生的生活也不愿放弃它的那些绘画法则。

（259）车夫们宁肯艰难的前进，也不愿意站在风地里停留休息。

例（255）存在"牺牲"或者"向敌人降旗"两种选择，而这两种选择是不相容的，二者只能选择其一，因之，"宁肯"用于肯定"牺牲"，"也不"用于否定"向敌人降旗"。例（256）是对"使故事性弱一点"或"虚构情节，敷演成文"做出选择，肯定前者，否定后者。例（257）是说公司面临"从正当渠道高价进口"或"图便宜购买假货，坑害客户"两个选择，选择前者，排除后者。例（258）是说"学院派"的原则，要么"放弃想象力赖以产生的生活"，要么"放弃它的那些绘画法则"，肯定前者，否定后者。例（259）则是讲车夫们要么"艰难的前进"，要么"站在风地里停留休息"，他们选择前者，否定后者。

2. 述说筛选性的主张、意愿

第二种情况是根据所提出的两种选择述说一种筛选性主张、意愿，表明自己的观点和倾向，例如：

（260）宁肯丢脑袋，也不让国家蒙受耻辱。

(261) 他宁肯不吃，也不愿借债。

(262) 我宁肯死，也不愿看见你变成一个残忍的暴君。

(263) 他宁肯让人家拔掉他的指甲，也不会说出构成珂赛特这个不当泄露的神圣名字的那三个音节中的一个。

例（260）显然是倾向于后者的，在"丢脑袋"和"让国家蒙受耻辱"两种之间，说话人选择的是决不让国家蒙受耻辱，个人的生死完全不顾，完全服从于国家利益。例（261）中面对"不吃"和"借债"两种选择，"他"倾向于选择不借债，这是个人的主张、意愿，体现个人的骨气。例（262）的意思是对于"死"和"看见你变成一个残忍的暴君"这两种可能性，"我"的意愿是"不愿看见你变成一个残忍的暴君"，这是宣告自己的主观态度。例（263）说"他"面临"让人家拔掉他的指甲"和"说出构成珂赛特这个不当泄露的神圣名字的那三个音节中的一个"这两种抉择的时候，"他"坚决倾向于选择绝"不会说出构成珂赛特这个不当泄露的神圣名字的那三个音节中的一个"。可见，此时结构式的整体意义是述说筛选性的主张、意愿。

（三）既然……就……

按照前面的分析，"既然……就……"还可以表示选言推理，即存在着两种或以上可能，通过排除一种可能来肯定其他的可能性，推理结构为（$p \vee q$）$\wedge \neg\ p \rightarrow q$。此时"既然……就……"是对所联结项做出了舍此取彼的筛选，"既然"联结的项被排除，"就"联结的项被选中，语言中的实例如：

(264) 既然不愿沦落到挨饿的境地，唯一的出路就只有去找个工作了。

(265) 既然没有平坦的路途到达知识的顶峰，那么我就要用我自己的方法盘旋而上。

(266) 我们既然无法读所有的好书，那就让我们认识一下从古到今东西各国的最好的东西吧。

（267）既然明天不是坏天，那么一定开大会。（自拟例句）

（268）既然三个人抬不走，那么五个人一定抬得走。（自拟例句）

上面的例子都是经筛选而做出相关预测或建议。如例（264）、例（265）、例（266）是做出筛选性建议，例（267）、例（268）则是做出预测。再如：

（269）既然我不能蹦极，我就照了一些照片，然后乘坐了快艇。

（270）一旦置身于现实尘世，他既然不能像鲁迅那样立志反抗，就只能走向傲世的反面——顺世。

这两个例子则都是表示"筛选性行为"，即针对特定备选情况做出抉择，由于是已然的情况，所以是一种既成行为。

（四）要么……要么……

"要么……要么……"是一个基本的表现选言推理结构的语言表达格式，它通常表现的是相容选言推理的否定肯定式推理，其形式为（p∨q）∧¬p→q，其整体意义可概括为"倾向性筛选"，例如：

（271）要么小张去采访，要么你去，可小张他死活不去。（自拟例句）

（272）但英方坚持，英籍囚犯要么被遣送回国，要么根据相关国际标准早日接受审判。英方认为，美国目前设立的特别军事法庭无法提供英国政府保障公民权益的相关法律程序。

前一个例子的意思是"要么小张去采访,要么你去","可小张他死活不去",所以只有你去采访了。值得注意的是后一个例子,其推理很复杂,其实际意思是"英籍囚犯要么被遣送回国,要么根据相关国际标准早日接受审判",这里还隐含了一个条件,就是"要么由美国的特别军事法庭来审判",但依据后面的"英方认为,美国目前设立的特别军事法庭无法提供英国政府保障公民权益的相关法律程序"一句,显然英方的态度是不赞成由美国的特别军事法庭来审判。所以,这句话的实际意义是反对由美国的特别军事法庭来审判。

有时"要么……要么……"表现和激活的是不相容选言推理的否定肯定式推理,其形式为 $(p \lor q) \land \neg p \rightarrow q$,语言中的例子如:

(273) 要么站着死,要么跪着生,可他要尊严。

这句的意思是面对"站着死"和"跪着生"这两种选择,"他"选择了前者,因为前者对他而言意味着尊严,这显然是一种"倾向性筛选",由于选择是非此即彼的,因此语义强度很高。

(五) 要么……否则……

前面提到"要么……否则……"表现的是不相容选言推理的否定肯定式推理,其逻辑结构可描写为 $(p \lor q) \land \neg p \rightarrow q$。基于这样的逻辑语义结构,"要么……否则……"表达的语义具体体现为以下方面:

1. 评述不相容的事实、状况

这是较基本的语义,由逻辑语义直接提升而来,再看先前的例子:

(274) 训练和准备,前面已经提到,说是了解对手,其实不然,要么就是视而不见,否则,没法解释现在这个残酷的

第四章 条件关系范畴的整体意义

结果。

（275）爱情意味着要么得到一切，要么全无。爱情是完整的，否则它就不存在。

（276）唯一的问题是：怎样击败？墨索里尼说，"要么，战争在春季以前结束，否则就要拖到明年。"

上面的三个例子中例（274）和例（275）是直接评说两者不相容，要么"视而不见"要么"没法解释现在这个残酷的结果"；要么"爱情是完整的"，要么"它就不存在"。例（276）是转述别人的评述，即墨索里尼认为"要么，战争在春季以前结束"，要么"就要拖到明年"。

2. 做出宣告言语行为

第二种语义是做出宣告类言语行为，此时话语本身自然带有一定的表主观态度、立场和意愿的意义，带有较强的警示色彩，含有予以警示等语力，例如下面的例子：

（277）她对吴铁城说："你要么把承志放了，否则，就连我一起抓起来。"

（278）要么立刻把钱还我，否则我就不客气了！（自拟例句）

例（277）、例（278）是宣告态度和立场的，例（277）中"她"强烈要求"把承志放了"，如果不放"就连我一起抓起来"；例（278）则要求还钱，否则会不客气。

二 肯定否定式

表现选言推理的肯定否定式的表达格式主要有"要么……要么……"、"要么……否则……"和"与其……不如……"，比如"要么……要么……"表现不相容选言推理的否定肯定式推理时，其形式为（p∨q）∧p→¬q，语言中的例子如：

(279) 要么站着死，要么跪着生，可他要尊严。（自拟例句）

这句的意思是面对"站着死"和"跪着生"这两种选择，"他"选择了前者，因为前者对他而言意味着尊严，这显然是一种"倾向性筛选"，由于选择是非此即彼的，因此语义强度很高。

有时，"要么……否则……"激活的也是不相容选言推理的肯定否定式，例如：

(280) 要么迎难而上，否则就在困难面前倒下，我们必须迎难而上。（自拟例句）

(281) 要么努力一搏争取成功，否则就必败无疑，我们从不轻易放弃。

这两句的意思是选择"迎难而上"，否定"在困难面前倒下"；选择"努力一搏争取成功"，否定放弃努力"必败无疑"，这也是一种倾向性选择，有时涉及主观态度和意志，语义强度较高。

同理，"与其……不如……"有时激活的也是不相容选言推理的肯定否定式，例如：

(282) 与其坐在这里等死，不如带领同志们杀出去。（自拟例句）

(283) 与其饮鸩止渴，不如就此一搏，卡尔扎伊选择了后者。

这两句的意思是选择"带领同志们杀出去"，放弃"坐在这里等死"；卡尔扎伊选择"就此一搏"，放弃"饮鸩止渴"，这同样也

第四章　条件关系范畴的整体意义

是做出倾向性选择，有时涉及主观意愿、态度和主张。

第四节　负命题范畴的整体语义

前面分析了负命题推理的有效形式及相关表达格式的具体推理结构，这里仍然分别从充分条件、必要条件和充要条件三个方面来考察不同语言表达格式的整体语义，当然这些格式都激活了一个特定的负命题推理结构，与负命题意义有关。

一　充分条件的负命题范畴

充分条件的负命题推理主要涉及"虽然……但是……"、"……不过……"、"即使……也……"、"别以为……就……"、"无论（不论）……都……（不管……都……、任凭……都（也）……）"等格式，此时它们都是表达负命题意义的，下面逐一详细分析。

（一）虽然……但是……

前面的分析已经指出"虽然……但是……"的初始形式为联言命题，可形式地描写为 $p \wedge \neg q$，或 $A \wedge \neg B$，深入分析会发现其推理结构如下：

$\neg (p \rightarrow q)$

p

―――――

$\neg q$

从上面的结构可以看出"虽然……但是……"表达的是 $\neg (p \rightarrow q)$ 这一负命题意义，可简化概括为 $\neg q$，经语言化整个结构表达差反意义，差反意义的产生直接源于后续语句的状况或结果与前提相悖，所以当先陈述出来的情况往往引发人们不好的预想和猜测时，"但是"导出了出乎意料或令人意外的结果，具体体现为差强人意、美中不足及出乎意料等意义，分述如下：

1. 表差强人意、另有收获

所谓差强人意是说，"虽然"引出一个不太如人意的条件或状况，而"但是"导出的结果还是能够让人有些安慰，差强人意的，甚至另有收获。例如：

（284）虽然她已经没有希望踏上雅典征程，但是其领军作用无疑将对中国女花冲击奥运、进而走出低谷产生积极影响。

（285）第195号拍品为吴作人的《熊猫图》，虽然画幅很小，但是画家使用的是清代的乾隆纸，因此极为珍贵。

（286）商务部副部长张志刚说，中波虽然相距遥远，但是两国人民之间有着传统友谊与长期合作。

例（284）中，"她""没有希望踏上雅典征程"，这是令人觉得遗憾的，但是所幸"其领军作用无疑将对中国女花冲击奥运、进而走出低谷产生积极影响"，这不能不说又是差强人意的。例（285）中，"吴作人的《熊猫图》""画幅很小"，但"画家使用的是清代的乾隆纸，因此极为珍贵"，这不能不说是一个意外的收获。例（286）商务部副部长张志刚表示，"中波相距遥远"就友好往来而言这确实略有些不如人意，但"两国人民之间有着传统友谊与长期合作"这又给人以欣慰，是一种补偿，差强人意。

2. 表美中不足

差反的另一个侧面是美中不足，让人觉得不完满或略显遗憾的意味，以下的例子是可以体现这方面意义的，例如：

（287）虽然皇马每年都会斥巨资购买一名世界级球星，但是他们的家底还是没有曼联厚实。

（288）赛后，男花主教练过鹰和董兆致本人都认为，虽然

第四章 条件关系范畴的整体意义

获得冠军，但是这还不是他的最佳状态。

（289）中国队虽然夺取了日本世界杯的冠军，但是从整体实力来看，中国女排和美国、俄罗斯、巴西、意大利等强队实力相当，并没有绝对取胜的把握。

例（287）中先说"皇马每年都会斥巨资购买一名世界级球星"，再说"但是他们的家底还是没有曼联厚实"，语义中带有美中不足的意味。例（288）、例（289）两例类似，董兆致虽然获得冠军，但是男花主教练过鹰和他本人都认为这还不是其最佳状态；中国队虽然夺取了日本世界杯的冠军，但是整体实力与美国、俄罗斯、巴西、意大利等强队实力相当，并没有绝对取胜的把握，这两句在语义上都有美中不足，略显遗憾的意味。

3. 表失控意义

差反的另一种可能是出现失控的情况，即虽有措施，但情况已经一定程度上失控，例如：

（290）虽然萨芬娜顺利赢得接下来的一局，但是胜利的天平已经开始向小威倾斜。

（291）虽然政府在首都市区设立了几十个路障，但是一些持枪分子已经开始强令汽车停开，公开索要钱包和手机等财物。

（292）希腊旅游研究所的总干事帕弗洛普洛斯19日对新华社记者说，虽然成本非常巨大，"但是我们已经开始，已没法停下来。"

例（290）略有失控的意味，因为萨芬娜顺利赢得接下来的一局，但是胜利的天平已经开始向小威倾斜，这一趋势已无法改变。例（291）政府在首都市区设立了几十个路障，但是这些举措仍然没能阻止一些持枪分子已经开始强令汽车停开，公开索要钱包和手机等财物这些状况的发生，显然也有失控的意味。例（292）则是说有关项目已经启动，没法停止了，也有失控意味。

4. 表出乎意料

这里的出乎意料当作较抽象的理解，意思是与一般的心理预期有所偏离，也就是说顺着"虽然"引出的部分推想应该怎样怎样，而"但是"引出的情况与推想的不同，甚至是逆反的，所以自然给人以出乎意料之感，例如：

（293）孩子的母亲对记者说，虽然孩子年纪还不大，但是作为父母有责任让他知道卫国战争胜利日是一个重要的日子，现在的和平生活并不是平白无故而来的。

（294）这些年大大小小的委屈太多了，虽然这次打击使我的心理和身体都受到很大伤害，但是我仍然会坚持把爱献给每一个病人。

（295）虽然国庆节当天南下的冷空气带来了大风降温，但是人们游兴不减，据杭州市旅游部门统计，全天有69万中外游客融入"水墨西湖"。

（296）虽然"十一"期间房价还在继续上涨，但是并没有因此而阻挡人们看楼的脚步。

（297）虽然只有两台机组，但是巴格达东电站已经与巴格达南部的朵拉大电站并驾齐驱，成为巴格达周边地区的供电主力。

上述诸例句都是有出乎意料意味的，如例（293）中在孩子的母亲看来，虽然孩子年纪还不大，但是作为父母有责任让他知道卫国战争胜利日是一个重要的日子，现在的和平生活并不是平白无故而来的，按照"虽然"引出的内容，孩子年纪小似乎卫国战争教育无关紧要，而"但是"引出的内容却是出乎意料的，孩子的母亲认为这种教育是责无旁贷的。例（294）说"这些年大大小小的委屈太多了"，"这次打击使我的心理和身体都受到很大伤害"，由此推测，

"我"不会再把爱献给每一个病人,"但是"所引出的状况出乎意料,与推测不同,即"我仍然会坚持把爱献给每一个病人"。例（295）说"国庆节当天南下的冷空气带来了大风降温",据此推测游客会没有兴致,而"但是"引出的状况出乎意料,"人们游兴不减"。例（296）、例（297）类似,"'十一'期间房价还在继续上涨"这一情况"并没有因此而阻挡人们看楼的脚步",这也是出乎意料的;"只有两台机组","但是巴格达东电站已经与巴格达南部的朵拉大电站并驾齐驱,成为巴格达周边地区的供电主力",这一状况也是出乎想象的,足见巴格达东电站的发展是飞跃式的。

（二）……不过……

如前所述"……不过……"的初始形式也是联言命题,命题形式可描写为 p∧¬q,或 A∧¬B,但经过分析可知其推理结构也如下所示:

¬（p→q）
P
―――――
¬q

因此"……不过……"表达的也是负命题意义,即¬（p→q）这一意义,同样可以概括为¬q。经语言化其整体意义为弱差反意义,与"虽然……但是……"相比较,"……不过……"的差反意义较弱,这种弱差反意义的产生也源于后续语句的状况或结果与前提相悖,当先陈述出来的情况往往引发人们不好的预想和猜测时,"不过"导出的是出乎意料或令人意外的结果,具体体现为差强人意、美中不足及出乎意料等意义,分述如下:

1. 表子话题切换

所谓子话题的切换*是指当前谈论的大的话题不变,只是对该

―――――

＊ 这里没有找到更合适的表达,就是说"不过"常用于表示一个大话题内的子话题转换,如谈论一个人的不同侧面的切换之类。

话题变换了角度或者说侧面，例如：

（298）好吧，我尊重你的选择，不过以后想通了，可以随时到我这儿来！

（299）刘斌也有这么一位崇拜者，不过那个女孩是有男朋友的，每次到刘斌那儿玩，都是由男朋友陪着来的。

（300）这是我的个性，不过与传统的谦卑观念不相吻合。

（301）海王星上也有四季变化，不过因为公转一周时间很长，因而四季变化十分缓慢。

上例中的"不过"均用作子话题的切换，如例（298）是对方拒绝了"我"的聘用，按往常"我"可能发火，但"不过"的语义一转，"我"仍然坚持说"以后想通了，可以随时到我这儿来"，给对方留有余地。例（299）的"不过"也是联结两个子话题，第一个子话题是关于"刘斌也有这么一位崇拜者"，由"不过"巧妙过渡到"那个女孩"，这是一种篇章联结方式。例（300）、例（301）类似，前一个"不过"对"我的个性"顺势做出说明；后一个"不过"对海王星上的四季变化顺势进行说明。

2. 表轻度遗憾、不满意

第二种情况是先陈述一种情况，这种情况可能让人觉得不错或者满意，马上由"不过"语义一转，引出轻度遗憾、不满意，例如：

（302）当然，我也会赶赶时髦，去网上体验一下"冲浪"的快感。不过上网太浪费时间，对眼睛也不太好，我对它始终保持着一种克制的态度。

（303）肉紧张了，有肉票；菜紧张了，有菜证，甚至小小的火柴紧张了，也可以凭本供应，虽然数量极少，但怎么也有用的……不过，这只维持了谁都不愿意长久保持的尚属贫穷范围的温饱。（语料库在线）

（304）小张这个人学业很好，不过脾气不太好。（自拟例句）

上面这三个例子皆是先述说一种情况，进而由"不过"引出轻度遗憾或不满之意，如例（302）中"我也会赶赶时髦，去网上体验一下'冲浪'的快感"是一个不错的情况，但"不过"马上说出其不利的一面，即"上网太浪费时间，对眼睛也不太好"，因此"我对它始终保持着一种克制的态度"。例（303）说的是对尚属贫穷范围的温饱状况的不满，语义也略显遗憾。例（304）中与"学业很好"相比，"脾气不太好"则略显遗憾和不足。

3. 表差强人意、失外有得

第三种语义是表差强人意或者失外有得，先述说一种不令人满意的情况，再由"不过"导出表差强人意或者是失外有得的另一个情况，再看先前举过的例子：

（305）当初我并不知道这些，如果知道了，我是不会给这个老色鬼当什么秘书的。不过，现在想来也应该"感谢"这个老色鬼，若不是他选中我做了秘书，那个月的房租我真不知道该到哪儿找去，恐怕早被房东赶到大街上去了。

（306）上初一时，马晓军又很"荣幸"地和我分到了一个班，不过并没和我坐一桌。

（307）这个统计的准确性且不去谈，而且即使准确也没有多大实用价值，不过它很可以说明音素字母的活泼性、创造性。

例（305）是很能体现失外有得这一语义的，因为正是给这个老色鬼当秘书，我"那个月的房租"才有了着落，这不能说不是意外收获。例（306）的"荣幸"显然是反语，因而"马晓军又很'荣幸'地和我分到了一个班"是"我"所不愿意的，所幸并没和我坐一桌，这让人有差强人意的感觉。例（307）"这个统计的"实用性不大，但"它很可以说明音素字母的活泼性、创造性"这也是可以差强人意的。

（三）即使……也……

基于前面的逻辑语义分析，"即使……也……"的整体意义是表违反常理，这主要体现为三个方面的意义：一是评估某事实或结论之必然；二是描述违反常理的现象；三是表明主观态度或观点。这三方面意义都是基于整个结构式的逻辑意义和推理结构的，因为从整个推理过程来看，~q 这一结论是必然的，而这种必然又是与常理的 q 相悖的，故又进一步衍生出很强的主观性，进而与说话人的主观选择和判定密切关联起来，具体分析如下文。

1. 评估某种必然

基于前述的逻辑意义和推理结构，~q 是一种必然的结论，所以"即使……也……"的整体意义之一是用以评估某种事实或结论的发生有必然性，这种必然性不受前提 p 的约束。例如：

（308）即使没有海外球员加入，他对这支队伍打预选赛的实力也深信不疑。

（309）即使成绩不好也不会对队员们的心理产生不良影响。

（310）即使参议院不表决，到 4 月 4 日零时也会自动生效。

（311）犯罪分子即使逃到天涯海角，也逃不出法律的严惩。

例（308）、例（309）、例（310）、例（311）是评述一种事实或结论是必然的，这种必然是说话人的一种评估，而这一评估是基于对初始前提"p→q"的否定进而在语义上凸显焦点"~q"而最终实现的。又因为事件尚未发生，所以只是对一种可能性做出断定，此时整个结构式伴有虚拟语气，表对事态的评估。

2. 描述违反常理的现象

按照常理有 p 条件出现就会有 q 结果伴随着出现，但是"即

使……也……"偏偏表达了与 q 相悖的结果,所以此时的整体意义为描述违反常理的现象。例如:

(312) 即使下了雪,昆明的最低气温也只在零度上下徘徊。

(313) 即使身边的人都反对,他也不放弃。(自拟例句)

(314) 即使父母离家出走他也不着急。(自拟例句)

此三例描述的则是一种违反常理的现象,如例(312)与表常理的初始前提"如果下雪那么最低气温会低于零度(即 p→q)"相悖;例(313)按常理身边的人都反对他就会放弃,但他偏不放弃;例(314)是极言这个人的冷酷无情,父母离家出走他也不着急,这些句子表达的显然都是异乎常理的"~q"。这里所说的常理经常是人们的日常生活经验,带有百科知识的性质,严格来讲并不是实质蕴含,但是为了简化表达在此就不引入可能世界的相关知识来深入讨论了。

3. 表明主观态度或观点

违反常理的现象往往给人以更深刻的印象,结合发话人的特定交际意图这常常是为了突出其主观用意,用来表明主观态度或观点。按照一般推断,当出现 p 情况的时候应该出现 q 结果,但是"即使……也……"所表示的意义恰恰是相反的"~q",就说话人的情感判断来讲他是要强调自己的主观意愿和选择,是在宣布自己的主观态度或观点。例如:

(315) 这次米卢也将来观看四国赛,我已经和他联系,到时候我们会见面,即使他不给我提建议,我也会主动去问的。

(316) 我说,咱们的钱是靠党的好政策挣来的,只要能让大家富,即使搞不通商品路,归了国家,我也情愿。

(317) 即使我能救自己一命,我也不会这样做。

(318) 即使地狱张开嘴来，叫我不要作声，我也一定要对它说话。

(319) 即使你每星期给我一百美元，我也不干。

(320) 酒真好哩，即使挨骂，我也不在乎。

(321) 他忽然咬牙切齿地说："你即使死在这岛上，化成了灰，我也不会让你离开。"

(322) 即使她来不了，我也完全谅解她。

以上这些句子都表达了说话人的主观态度或观点，这些态度和观点是带着浓厚的情感的，是说话人在宣布自己的选择和意愿，从言语行为的类型归属上看都属于表达类的言外行为。

4. 关于表极端情况

《现代汉语八百词》说"即使……也……"有时表示一种极端的情况，前后两部分只是一个主谓结构。前一部分是名词或介词短语（限于"在…，对…，跟…"）。但是，这里所说的表示一种极端的情况并不是单纯的分类，因为就整个结构式的意义来讲，表极端情况的时候仍然是存在三类可能的意义：评估必然、违反常理、主观态度。还是看《现代汉语八百词》的例子：

(323) 即使一口水也好。

(324) 即使在隆冬季节，大连港也从不结冰。

(325) 即使跟我没有直接关系，我也要过问。

一口水按常理并不算什么，但在特殊情形下就可能很重要，例(323)说的正是违反常理之事，但需要注意，从命题形式上看"即使一口水也好"包含的是直言命题的形式，相当于"有一口水也是好的"。例（324）强调大连港与一般港的不同；例（325）显然是一种主观态度。至于评估必然的也可以找到例子，如：

(326) 即使在北京,看一场他的戏怕也不是易事。

(327) 即使替补席位也没有米库的份儿。

(328) 即使对私营企业,也是不应该的。

上面选取的这些例子其部分信息是作为背景信息包含在语境中的,需要借助语境才能完整理解其意义。如例(326)是谈论出版高行健的剧作的事;例(327)是讲关于筛选法国中场球员的;例(328)则是以"比如运力投放过多造成的船舶实载率不高就是一种社会资源的浪费,这种浪费且不说对于国有企业"为语境的,是说社会资源浪费问题。需要指出的是,例(327)、例(328)也是直言命题形式,但这并不影响对"即使……也……"整体意义的把握。

(四)别以为……就……

如前所述,"别以为……就……"表达的是一个负命题,整个命题可以逻辑地表达为:¬($p \to q$),即其中的"以为……就……"相当于一个假言命题 $p \to q$,而"别"是否定算子。负命题"¬($p \to q$)"是对"$p \to q$"这一蕴含关系的否定,而"$p \to q$"是"以为……就……"所表达的意义,它是作为整个负命题的语义的一部分或者说是一个前提意义,于是"别以为……就……"涉及了一个复杂的推理过程,整个结构可描写为:

¬($p \to q$)

p
─────────
¬q

因此,¬q 是"别以为……就……"的语义内涵,这可以得到语言事实的证实,例如:

(329) 别以为你小我就不批评你。(自拟例句)

(330) 别以为你长得漂亮就了不起。（自拟例句）

(331) 别以为打个哈哈就能转移话题。

上面的句子表达的都是¬q的意义，例（329）是说"我会批评你"，例（330）是说"你没什么了不起"，例（331）则是说"打个哈哈不能转移话题"。

"别以为……就……"要表达的是"背离常理"，这是由否定算子"别以为"加在"……就……"上面最终实现的，这种背离常理的意义主要有如下表现：

1. 强调某种必然

"别以为"述说一种事实，"就"后面引出的另一事实，整个表达式则是对q这一事实或结论的否定，即¬q，例如：

(332) 别以为下雨就不开会了。（还是要开会的。）（自拟例句）

(333) 别以为委曲求全就可以免遭战火侵袭。（避免不了战火侵袭。）（自拟例句）

(334) 别以为是始发站火车就会等你。（火车不会等你。）（自拟例句）

(335) 别以为身体强壮的人就一定是健康的。（自拟例句）

(336) 别以为骑白马的就是王子，也可能是唐僧。（自拟例句）

(337) 别以为晴天就不会下雨。（自拟例句）

这类句子多是陈述某种事实或结论，只是说出背离常理的事实或结论，并不涉及说话人的主观态度和评价。就言语行为的类型归属而言属于表达类的言外行为。

2. 表明主观意愿或态度

这是在背离常理基础上的情感意义表达,因为整个结构式的意义是~q,由此也就表达了说话人强烈的否定态度或意愿,如:

(338) 别以为开个奥迪我就会嫁给你!(我不会嫁给你!)(自拟例句)

(339) 别以为离了你,我就嫁不了人。(离了你我一样会嫁人!)

(340) 别以为我年纪小就好欺负!(我不是好欺负的!)(自拟例句)

(341) 别以为你逼我,我就会去!(我是不会去的!)(自拟例句)

(342) 别以为你说狠话就能让我离开你!(我不会离开你的!)(自拟例句)

上面的句子明显宣布了说话人的主观意愿或态度,这是在"背离常理"的"必然"基础上衍生的,带有很强的感情色彩,说话人直接表明主观意愿或态度并希望所表达的在听者那里得到显映并最终实现说者和听者之间的相互显映,从言语行为的类型归属上来看属于表达类的言外行为。

3. 表示警示或提醒

这也是以第一种意义为基础衍生出来的意义,因为"背离常理"所以才予以警示或提醒,例如:

(343) 别以为考上大学就万事大吉了,在大学里不好好学习毕业一样找不到工作。(自拟例句)

(344) 总之,别以为人家对你彬彬有礼,就是对你心悦诚服。

第三种意义是对惯常思维的否定，进而予以警示或提醒，依据言语行为的类型此类表警示或提醒的意义属于表达类的言外行为。

通过上面的分析，"别以为……就……"主要有三种语言化意义，其中前一种意义是基础，第二和第三种意义是在第一种意义的基础上语言化的结果，所谓语言化是说话语意义在表达层面逻辑地扩张了。这从前面的分析中已经可以看出，"背离常理"的"必然"和"表明主观意愿或态度"以及"表示警示或提醒"之间存在着一个逻辑关联，即"必然"导致了语义强度的提升，那么以此来表达主观意愿或态度时也有强感情色彩，也正因为"必然"的语义强度高，所以相关的事实或结论往往更值得关注，从关联论的角度看，语义强度高容易被听者率先识解，因而也易于达到最大关联。这也就决定了整个结构式可以用来"表示警示或提醒"，说话人是通过强调这种事实或结论来提请听话人注意该状况。

（五）无论（不论）……都……

吕明臣、佟福奇（2011）已经详细分析了"不论……都……"的语义，这里仅列出其整体意义，不再详细分析其逻辑推理结构，其核心语义为"必然"，具体表现为：表示某种结论的必然；

1. 某种结论的必然

"不论……都……"用以强调某种结论或结果的必然性，此结论或结果事实上不受"不论"陈述的相关条件之影响，例如：

（345）欧洲联盟、联合国、北约、维和部队、五国联络小组，不论采取外交还是军事手段，都未能打破僵局。

（346）不论对初稿满意还是不满意，都必须进行的。

上例中的"不论……都……"都表示某种结果是必然的，确定无疑。

2. 无一例外

"不论……都……"的另一种意义是表无一例外，这是它以完

全归纳推理结构为其逻辑基础,表达在特定论域内的全部个体都具有某种属性,无一例外。例如:

(347) 但是,不论谁当选美国总统,要唱好经济这台大戏,都不是一件容易的事。

例(347)则通过任指代词"谁"实现周遍意义,这在逻辑上等值于假言前件为多项的形式,所以属于完全归纳推理一类,表达的意思是所述对象无一例外地具有某种属性。

3. 意志的坚决

说话人所陈述的语句作为假言选言前提无法改变结论,这就是结论变得坚定不移,联系人们说话的意图,此时的"不论……都……"句往往带有强烈的主观色彩,表达的是一种坚决的意志,例如:

(348) 不论李英如何辩解,她都赖不掉对这个家庭的毁灭负有的不可逃脱的责任。

此例带有很强的感情色彩,表达一种坚决的态度和意志,这是源于其表达全称判断的逻辑属性。

二 必要条件的负命题范畴

前面分析过必要条件假言命题的负命题推理,其结构形式为:
并非,只有 p,才 q。
符号形式是:¬(p←q)。
基于这一逻辑特性,必要条件假言命题的负命题相当于¬p∧q,这是否定前件对于后件的必要性作用,其意义可以概括为"否定、不赞同",语言中的具体例子如:

(349) 并非除非萨德尔的支持者放下武器,临时政府才有可能和萨德尔进行谈判。(自拟例句)

(350) 并不是只有通用公司能够提供确凿的证据证明,奇瑞公司通过什么样的非正当手段获取 SPARK 的资料,侵权说才能成立。(自拟例句)

(351) 除非萨德尔的支持者放下武器,否则临时政府不可能和萨德尔进行谈判,我看不是。(自拟例句)

(352) 除非通用公司能够提供确凿的证据证明,奇瑞公司通过什么样的非正当手段获取 SPARK 的资料,侵权说才能成立,我不觉得是这样。(自拟例句)

这四个例句中的"并非"、"并不是"、"我看不是"和"我不觉得是这样"是全句的否定词,作用是否定"只有"或"除非"联结的情况对于"才"或"否则"联结的必要性,由此,句子的整体意义为"否定、不赞同"某种关联。

三 充要条件的负命题范畴

充要条件假言命题的负命题推理,其结构形式为:
并非,当且仅当 p,才 q。
符号形式是:¬ (p↔q)。
再看前面的例子:

(353) 我不觉得你爱我我就爱你,你不爱我我也不爱你。(自拟例句)

(354) 我不认为当且仅当你去北京我也去北京。(自拟例句)

事实上,与前述的全句否定词一样,"并不是"、"我看不是"、"我不觉得是这样",还有"我不赞成"、"好像不是"之类从功能上讲是否定性的,但是从逻辑推理结构的层面看,它们显然是负命题推理的标记语，这是这些否定性话语提示了全句的整体意义，这一意义则是通过对负命题推理的激活而实现的。

第五节 模态条件范畴的整体语义

这部分的分析是对应于第三章"与模态有关的推理范畴"的，将进一步讨论涉及模态命题的相关条件关系表达格式的整体语义，主要是基于充分条件的"因为……所以……"、"既然……就……"、"如果……就……"；基于必要条件的"因为……所以……"、"除非……才……"、"只有……才……"、"除非……否则……"；基于充要条件的"当且仅当"、"……就……，……也……"；还有基于选言推理的"宁肯……也不……"、"既然……就……"、"要么……要么……"以及表负命题意义的"虽然……但是……"、"……不过……"和"即使……也……"，具体分析详见下文。

一 基于充分条件的

（一）因为……所以……

"因为……所以……"涉及的模态推理为 $\Diamond (A \to B) \to (\Box A \to \Diamond B)$，也可以描写为 $\Diamond (p \to q) \to (\Box p \to \Diamond q)$。以此逻辑结构为基础，整个表达格式的整体语义为据已陈述的情况作出推断，或引发了某种状况或行为，或表达某种愿望，或提出建议。再看前面提到的例子：

（355）因为古人类在第四纪时开始狩猎活动，并习惯把猎获的动物搬回洞穴里，所以这些动物化石可能和古人类狩猎活动有关系。

（356）因为禽流感病毒有可能使人类感染，所以马政府也采取了慎重的防范措施，一些州的医疗机构已处于高度戒备状态,以应付发生突发事件。

(357) 因为每一场比赛都有可能是我在国家队踢的最后一场比赛,所以我就更希望能为球队、国家和球迷多做奉献。

例(355)是由"古人类在第四纪时开始狩猎活动,并习惯把猎获的动物搬回洞穴里"推断"这些动物化石可能和古人类狩猎活动有关系",这是根据两者之间的相似和联系作出推断。例(356)则是由"禽流感病毒有可能使人类感染"引发了"马政府也采取了慎重的防范措施,一些州的医疗机构已处于高度戒备状态,以应付发生突发事件"这一行为。例(357)就是表达愿望的实例,由"每一场比赛都有可能是我在国家队踢的最后一场比赛"引出"我就更希望能为球队、国家和球迷多做奉献"这一愿望。

(二)既然……就……

涉及模态命题的"既然……就……"还是就已有情况作出可能性推断或建议,例如:

(358) 这一发现促使一些天文学家想到:既然宇宙在膨胀,那么就可能有一个膨胀的起点。

(359) 既然改革是利益的再调整,那就不可能会使所有部门的所有人都满意。

(360) 既然新技术不可能毫无风险,人们要考虑的就是什么水平的风险可以接受。

(361) 在飞机飞行时,如果通讯和导航系统受到干扰,就有可能造成飞行事故;……

例(358)的意思是由"宇宙在膨胀"推断"可能有一个膨胀的起点";例(359)后件为否定命题,意思是由"改革是利益的再调整"推断"不可能会使所有部门的所有人都满意";例(360)的前件是否定命题,据"新技术不可能毫无风险"作出"人们要考虑的就是什么水平的风险可以接受"这一建议。例（361）是由"如果通讯和导航系统受到干扰"作出"就有可能造成飞行事故"这一推断。

二 基于必要条件的

基于必要条件而包含模态命题的表达格式主要有"因为……所以……"、"除非……才……"、"只有……才……"、"除非……否则……"，具体例子如下：

(362) 因为没有什么系统训练，所以不可能把自己的各方面都调到最高。

(363) 除非是神智完全受到控制，人失去了自主的能力，这种事才可能发生。

(364) 欣赏者只有通过想象，才可能真正感受并丰富对象的美。

(365) 除非伊临时政府能够在确立权威和经济重建方面取得重大进展，否则伊境内的安全局势可能会继续恶化。

例（362）是"因为……所以……"的一种用法，意思相当于"只有经过系统训练，才可能把自己的各方面都调到最高"，也就是说没有"没有什么系统训练"，就"不可能把自己的各方面都调到最高"。这句显然是以必要条件为基础的，其推理结构可描写为：

$p \leftarrow \Diamond q$
$\neg p$
_____
$\neg \Diamond q$

基于这样的推理结构，此时表达格式的整体语义为强调 $\neg q$ 的必然性：$\Box \neg q$，即 $\neg \Diamond q$。也就是据先陈述的情况推断某种必然性。例（363）是关于"除非……才……"的，后件为模态命题，这个推理结构的前提为 p←◇q，这等值于¬p→¬◇q，这在语义上强调了 p 的重要性，即如果¬p 那么就¬◇q，由此该表达格式的整体语义为表强调某条件的必要性、推测和揣测可能性、许诺或宣告某种可能性等意义。例（364）、例（365）两例是"只有……才……"和"除非……否则……"的用例，依据其基本逻辑结构可概括出它们的整体语义，其中"只有……才……"和"除非……才……"意义接近，也是表强调某条件的必要性、推测和揣测可能性、许诺或宣告某种可能性等意义。而"除非……否则……"则表有条件地推断、评说某种可能性或宣告、许诺某种可能性。从这些语义中不难发现，这些表达格式的整体语义变化不大，只是关联到了某种可能性，而这一属性直接来自于模态命题的影响，可见底层逻辑结构对表达格式的整体语义有很大的影响。

三　基于充要条件的

基于充要条件并包含模态命题的推理结构所关联的语言表达格式主要是"当且仅当"和"……就……，……也……"*，先看语言实例：

（366）当且仅当竞争对手甲退出投标时，乙才可能会报一个较高的价位。（据百度百科之"充分必要条件"例子改造）

（367）为了防止圆管内流动的水发生结冰，则可能需要且只需要保持圆管内壁面的最低温度在某一温度以上。（据百度百科之"充分必要条件"例子改造）

（368）你去我就可能去，你不去我也可能不去。（自拟例句）

从这些例子不难看出，"可能"命题会改变充要条件的逻辑性

---

* 其他格式与"当且仅当"类似，此处从略。

质，使原来的双向蕴含变成了可能性蕴含，其整体语义也变成对某种严格对应条件的可能性做出推断。

四 表负命题意义的

包含模态命题而表达负命题意义的语言表达格式主要有"虽然……但是……"、"……不过……"和"即使……也……"，再看前面举过的例子：

(369) 虽然韩日世界杯取得了成功，但是这有可能成为最后一次两个国家联合举办世界杯。

(370) 2004年度的赤字水平可能会低于3月份估计的4770亿美元，不过仍很有可能超过去年创纪录的3740亿美元。

(371) 地球即使不被吞没，表面温度也可能高达1000摄氏度以上，地球上所有生命都将毁灭。

这三个例句涉及"虽然……但是……"、"……不过……"和"即使……也……"的具体用法，例 (369) 的后件是模态命题 $\Diamond q$，前面分析指出包含模态命题的"虽然……但是……"表示 $\neg(p \to \Diamond q)$ 这一负命题意义，而 $\neg(p \to \Diamond q) \equiv p \land \neg \Diamond q$，经合取消去运算，其逻辑语义还是 $\Diamond \neg q$，经语言化其整体语义为对某种可能性的情况作出推断。例 (370) 的前后件均为模态命题，以"……不过……"为参照其逻辑结构可描写为 $\neg(\Diamond p \to \Diamond q)$，而 $\neg(\Diamond p \to \Diamond q) \equiv \Diamond p \land \neg \Diamond q$，可简化为 $\Diamond \neg q$，该表达格式的整体语义为对某种可能性予以推断，该句的具体语义为"2004年度的赤字水平很有可能超过3740亿美元"。例 (371) 也是表负命题意义，其中"也"引出的是模态命题，其推理结构也可形式化为 $\neg(\Diamond p \to \Diamond q)$，而 $\neg(\Diamond p \to \Diamond q) \equiv \Diamond p \land \neg \Diamond q$，可简化为 $\Diamond \neg q$，整个格式表示对某种可能性作出推断，该句的具体意思是地球表面温度高达 1000 摄氏度以上是可能的。

以上是涉及模态推理的一些主要表达格式，从中可以概括出"可能"的逻辑意义，即◇q（或◇¬q）当且仅当，存在一个可能世界，在这个可能世界里 q（或¬q）是真的。那么，◇（p→q）→（□p→◇q）与¬（◇p→◇q）≡◇p∧◇¬q 也是成立的。由此可以推出包含模态命题的表达格式的整体语义为"可能性陈述或推断"，这与不含模态命题的表达格式相比，差别在于所述或所推断的是否包含可能含义。

第六节 条件关系范畴的语义关系网络图构拟

一 语义地图理论简说

张敏（2010）指出："'语义地图模型'是表征跨语言的语法形式—语法意义关联模式的差异与共性的一种强大的分析工具，近年来在类型学界备受关注，但尚未广泛应用于汉语研究"，"这一工具的用途并不限于跨语言比较，它也能有效地用于单个语言的内部比较"。[①] 张敏（2010）、吴福祥（2011）运用语义地图理论结合汉语的实际作出了很好的示范性研究，本研究在诸先生研究的基础上大胆尝试，运用语义地图来描写和解释条件关系范畴的内部联系和相互区别，旨在揭示汉语条件关系范畴的认知结构，从而更好地认识条件关系的语义及其在语言中的具体实现。

张敏（2010）指出："语义地图模型的研究对象，通俗地说，乃是语法领域例的'同形多义'。具有这一特征的语法形式在类型学界一般被称作'多功能语法形式'（multifunctional grams），其中的'功能'指的是表义功能或曰表达作用，不是语法分布，亦可

[①] 张敏：《"语义地图模型"：原理、操作及其在汉语多功能语法形式研究中的运用》，北京大学汉语语言学研究中心《语言学论丛》编委会编，《语言学论丛（第四十二辑）》，2010 年 12 月，第 3 页。

译作'用途、用法'或'语法意义、语法功用'等。具有两个或以上意义/用法/功能的语法形式主要包括虚词（功能词）和语法构造两大类"，"作为语法形式的句法格式，其常用者（如双宾式、处置式、重叠式、动补结构等）也常常负载多种相关的格式意义"。[1]这给我们以很大的启示，汉语条件范畴的语义也是一些具体表达格式的集合，是基于特定逻辑结构的次范畴的聚合。我们完全可以借助语义地图来描写这些表达格式，在不具备跨语言考察的前提下，先力争把汉语的条件关系范畴的语义地图描写出来，有条件时再做跨语言的深入研究。即便是做出汉语的条件范畴的语义地图，也能有助于深入理解和认知汉语条件关系范畴语义的概念结构及其语言实现。

二　条件关系范畴的语义网络图

需要特别说明的是，张敏（2010）开创可以汉语为本的语义地图研究的"自下而上"模式，该工作模式与类型学家在对世界语言广泛而均衡的取样基础上进行比较研究的惯常做法不同，"这是因为一般的汉语研究者并不具备进行大规模跨语言比较研究的客观条件（如大规模跨语言语料库、世界各地语言的参考语法等都不易取得），即使具备这些条件，这样的工作也与自身的工作性质不符。因此，对汉语研究者而言，最切实可行的做法乃是一种'自下而上'（bottom-up）、'由近及远'的比较方式：从单个方言的内部比较开始，逐步扩展到一片、一区的方言乃至全国的方言，若行有余力则再将汉藏系其他语言纳入考察范围，并逐步扩展到世界其他语言"，事实上，"在自下而上的每一个层面，通过比较

---

[1] 张敏：《"语义地图模型"：原理、操作及其在汉语多功能语法形式研究中的运用》，北京大学汉语语言学研究中心《语言学论丛》编委会编，《语言学论丛（第四十二辑）》2010年12月，第7页。

都有机会找到蕴含性的规律，并通过建构语义地图提出共性假设"。①

鉴于对条件关系范畴的现有研究并未深入到具体格式的语义功能，所以运用语义地图理论分析条件关系范畴的语义尚属尝试，本研究就打算先立足汉语构拟一个条件关系范畴的语义网络图，待以后研究更深入与广泛的时候就可以实现跨语言的比较，进而得出蕴含规律，从而更好地解释人类语言在条件关系范畴方面的共性和差异。虽然只是汉语条件关系范畴的语义草图，但仍能有助于深刻认识汉语条件关系范畴语义的深层次结构，这无疑有助于对条件关系范畴的逻辑特性及认知结构的深入理解，有着一定的理论意义和研究价值。

我们结合各个条件关系范畴的语言表达格式的实际意义，对条件关系范畴的语义做了进一步的抽象和概括，提取出语义节点，尝试着绘制出一幅语义网络图，该图可以大致反映汉语条件关系范畴语义的概念结构及不同意义之间的亲疏联系。其中"必然（含必然性）"，"必要（含必要性）"，"充要（必然并且必要）"等意义比较基本，处在核心区域，"评测（包括顺应现状、相关推论，推断，推测，评说，预测，揣测，评述不相容的事实、状况，筛选性评价、判断，筛选性预测、建议，反转性评价或预测等意义）"，"述说缘由"，"差反意义（包括补偿意义，遗憾、不足、不满意，差强人意、另有收获、失外有得，美中不足，出乎意料，违反常理等意义）"，"无法实施"，"失控"，"忌顾（顾忌、顾虑）"、"劝阻"、"主观倾陈（包括提出主张、主观意愿、态度、观点等意义）"，"宣诺（包括宣告、许诺等意义）"，"警惕（包括警示、威慑，警示、提醒等意义）"，"顺势发问"，"子话题切换"等处在非核心区域，它们与核心语义形成各种关系联结起来，构成汉语条

---

① 张敏：《"语义地图模型"：原理、操作及其在汉语多功能语法形式研究中的运用》，北京大学汉语语言学研究中心《语言学论丛》编委会编，《语言学论丛（第四十二辑）》2010年12月，第25—26页。

第四章 条件关系范畴的整体意义

件关系范畴的语义关系网络图，具体如下：

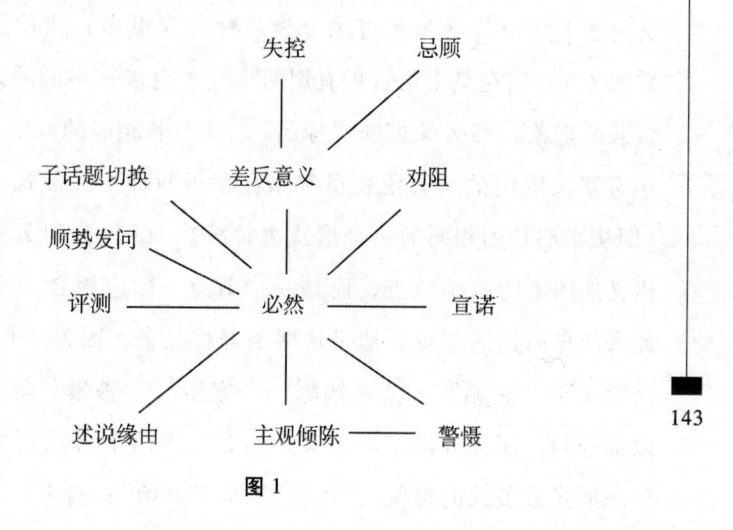

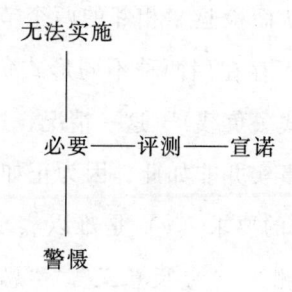

```
         失控    忌顾
           \    /
  子话题切换  差反意义  劝阻
      \      |      /
     顺势发问 |
        \    |    /
     评测 —— 必然 —— 宣诺
        /    |    \
           /  |  \
     述说缘由 主观倾陈 —— 警惕
```

图 1

```
无法实施
   |
必要 —— 评测 —— 宣诺
   |
警惕
```

图 2

宣诺——充要（必然并且必要）——警惕

图 3

上面是汉语条件关系范畴的语义关系网络图，为了必要的抽象和简便，我们把具体的语义又做了一定的概括和提升，最终获得了"必然"，"必要"，"充要"，"评测"，"述说缘由"，"差反意义"，"无法实施"，"失控"，"忌顾"，"劝阻"，"主观倾陈"，"宣诺"，"警惕"，"顺势发问"，"子话题切换"等意义，这些意义是说明和描写汉语汉语条件关系范畴语义的恰切节点。这一点似乎很容易被质疑，因为据 de Haan（2004）指出，"语义地图研究中需确保图上节点必须是'原始'（primitive）的，即不可继续分解为两种或更多不同的语法意义或用途。这一要求有两个方面：（a）若语义地图上某个节点 X 若可细分为两种（或更多）语法用途，例如 Y 和 Z，它们在某个语言里有用两个（或更多）不同的语法形式去负载的现象，那么 X 即非'原始'；（b）若相邻的两个节点 Y 和 Z 在考察范围内的所有语言里都不存在用两种不同形式负载的情形（即从来都是用相同的一个形式去负载），那么 Y 和 Z 就不应该是语义地图上的两个节点，而是一个节点，即应该合并为 X"。① 以此来衡量前述的节点，似乎这两条都难复合，因为"评测"、"差反意义"、"忌顾"、"主观倾陈"、"宣诺"、"警慑"等意义都是可以细分的，而且分出来的意义显然存在用两个（或更多）不同的语法形式去负载的现象，即它们并非"原始"；再者，本研究也没有做跨语言的验证，从而检验"相邻的两个节点 Y 和 Z 在考察范围内的所有语言里都不存在用两种不同形式负载的情形（即从来都是用相同的一个形式去负载）"这一情况，这样看来我们的工作似乎毫无意义，然而事实并非如此，因为正如张敏先生论证过的，de Haan（2004）界定的要求（a）是难以实现的，因为考察汉语条件关系范畴时"评测"、"差反意义"、"忌顾"、"主观倾陈"、"宣诺"、"警慑"之类意义显然是存在"潜在可分性"的，但是分合要视研究的需要，这里旨在先描绘出基于充分、必要、充要三种条件乃至逻辑推理结构的条件关系范畴语义关系网络的概貌，待日后占有的材料更丰富，考察的范围更广泛时再对每个表达格式在语义关系网络图中的分布情况加以详细描写，这自然需要更多跨语言材料的支撑。

综上述考察，由汉语条件关系范畴的语义关系网络图可以观察到："必然（含必然性）"、"必要（含必要性）"、"充要（必然并

---

① 张敏：《"语义地图模型"：原理、操作及其在汉语多功能语法形式研究中的运用》，北京大学汉语语言学研究中心《语言学论丛》编委会编，《语言学论丛（第四十二辑）》2010 年 12 月，第 17—18 页。

且必要)"等意义比较核心,"评测"、"述说缘由"、"差反意义"、"无法实施"、"失控"、"忌顾"、"劝阻"、"主观倾陈"、"警惕"及"顺势发问"、"子话题切换"等意义是在核心意义的基础上引申而来的,其中"评测"、"述说缘由"、"差反意义"、"无法实施"、"失控"、"忌顾"等与核心意义的关系较近,"劝阻"、"主观倾陈"、"警惕"及"顺势发问"、"子话题切换"等更接近言语之力的语用效果,而"顺势发问"、"子话题切换"则更接近篇章衔接的功能,这种由核心意义到边缘意义的渐变形成一个连续统。

就现有的考察来看,汉语条件关系范畴的语义以逻辑语义结构为其底层基础,经由语言化过程凝固为一个个具体的语言表达格式,这些表达格式便负载了特定的语义,而这些语义又是一个整体。在具体语言使用中,特定的表达格式是激活了与之相关联的逻辑语义结构,从而以此为基础表达出实际的语义内容。本研究所绘制的语义关系网络图大体可以反映汉语条件关系范畴语义的内在概念结构和语义之间的关联,这些发现是在逻辑规律和语言经验的共同支撑下推求出来的,至于其普遍性及与其他语言的差异,则需要更多的跨语言考察,希冀我们的研究会对后续工作有所启发。

小　结

本章讨论了条件关系范畴的整体意义问题,认为该意义是一个整体,是具体语言表达格式对底层的逻辑语义予以激活的结果。具体说,不同的语言表达格式往往激活了一个特定的逻辑推理结构,这些推理结构是条件关系及其相关推理的集合,人们通过这些推理结构加上主体的认知加工最终识解了语言形式的真正意义。与前一章相对应,分析了假言范畴、选言范畴、负命题范畴及模态条件范畴的整体语义,归纳出"必然(含必然性)","必要(含必要性)","充要(必然并且必要)"等核心意义,以及"评测","述说缘由","差反意义","无法实施","失控"、"忌顾"、"劝阻"、

"主观倾陈","宣诺","警惕","顺势发问","子话题切换"等一系列处在非核心区域的意义,它们与核心意义形成各种关系联结起来,构成汉语条件关系范畴的语义关系网络图。进而借鉴语义地图理论的操作程序,构拟汉语条件关系范畴的语义关系网络图,用以揭示该范畴的概念结构及相关意义间的心理表征。

第五章 条件关系范畴的语言表达

第一节 条件关系范畴语义的构成分析

一 条件关系范畴的语义次类

前面构拟条件关系范畴的语义关系网络图时已经给出了各个语言表达格式的种种具体语义，这些语义可以进一步抽象概括为一些小类，这些小类是条件关系范畴的语义次类，更是语言表达和句子生成的初始依据。因此，要想说清楚条件关系范畴的语言表达问题，必得先从这些语义次类入手，明确了这些次类也就抓住了话语意义建构的核心要素——交际意图，条件关系范畴的语义实现正是从这些交际意图出发的交际主体的认知加工过程。下面我们就从这些语义次类着眼，探求与之关联的交际意图和动因，这些关联交际意图的语义次类主要有必然类（含必然性、述说缘由，无法实施，推测，顺应现状、相关推论、筛选性预测、建议，反转性评价或预测，推断，评说，预测，补偿意义，遗憾、不足、顾忌、顾虑等语义），必要类（含必要性、推测、揣测、预测、推断等语义），充要类（必然并且必要），背反类（遗憾、不满意，差强人意、另有收获，差强人意、失外有得，美中不足，出乎意料，违反常理，失控等语义），意愿类（包括提出主张、意愿，表明主观态度、观点、意愿等语义），宣诺类（包括宣告、许诺等语义），劝警类（包括劝阻、警示、威慑，警示、提醒等语义），篇章功能类（包括顺势发问，子话题切换等语义）等一系列小类。

不难发现，上述语义次类的下位语义内容是有所交叉的，这不是划分不准确的结果，事实上是相类似的功能依据了不同的逻辑结构，因此用不同的表达格式来表达。例如，同样是推测、预测，"既然……就……"既可以表示筛选性预测、建议，也可以表示反转性评价或预测；同属于补偿意义，"要不是……就……"侧重补偿意义，遗憾、不足，而"虽然……但是……"则表示差强人意、另有收获，"……不过……"则强调差强人意、失外有得。所以，这些表达格式的语义是既有共性，又存在细微差别。

二 条件关系范畴语义的交际意图分析

如前面所说过的那样，条件关系范畴的语义实现正是从交际意图出发的交际主体的认知加工过程。吕明臣（2005）指出：交际意图是言语交际行为的目的，也是言语交际行为的动机，一般来讲，交际意图由两部分组成：意向和意向内容。根据意向的不同性质，交际意图可以分为各种具体的交际意图认知图式，主要有告知图式、请求图式、意愿图式、情态图式、宣告图式。[①] 结合这一分析，汉语条件关系范畴的语义通过和这些交际意图发生关联，进而成为言语交际的动机，具体交际过程中，交际主体可以根据交际的需要结合具体意图和动机来选择合适的语言表达格式，从而使交际意图与话语形式相契合，进而达到建构话语意义的目的和过程。

结合前面的逻辑语义和整体语义分析，可以对汉语条件关系范畴的语义与各类交际意图之间的可能关联做出归纳和预测，从而揭示这部分语义的建构过程，所以下文进一步概括出这种种关联。经过考察，依据汉语条件关系范畴的语义与告知图式、请求图式、意愿图式、情态图式、宣告图式等交际意图认知图式之间的可能关联可以得出如下的一些具体的交际意图认知图式：

[①] 吕明臣：《话语意义的建构》，东北师范大学出版社2005年版，第76—80页。

（一）告知图式

1. 告知缘由图式

该图式可以表示为：告知［缘由］，这是"因为……所以……"这一表达格式的语义之一，此时是把有因果关系的两个命题置于充分条件假言推理框架之内，即 p 是导致 q 的直接缘由，例如：

（372）因为我喜欢散文，所以设法出版了他的散文集。

（373）因为听说你妈会读个书写个字，才想见见谈谈。

上述例（372）是述说"我喜欢散文"是"设法出版了他的散文集"的缘由，而例（373）是说"听说你妈会读个书写个字"是"才想见见谈谈"的缘由。这均属于告知图式。

2. 告知判断图式

这类图式可概括为：告知［判断］，包含若干具体小类图式，具体如下：

（1）顺应现状、相关推论

可描写为告知［顺应现状、相关推论］，表达格式为"既然……就……"，具体语义为先给出某种状况，然后据此作出推论。

（2）推断

可描写为告知［推断、推测、揣测］，这类语义的表达格式较多，如"如果……就……"、"因为……所以……"、"如果说……那么……"、"除非……才……"、"只有……才……"、"除非……否则……"等，具体语义或为推测（如果……就……），或推断中有预测（如果说……那么……），或推断中伴有评说（除非……否则……）。

（3）评说

可描写为告知［评说］，表达格式为"如果说……那么……"，语义为评说某种状况或事件。

（4）评述不相容的事实、状况

可描写为告知［评述不相容的事实、状况］，是告知［评说］

的小类，因语义的差别明显特单独列出，表达格式为"要么……否则……"，表对不相容的事实、状况作出相关评述。

（5）筛选性评价、判断

可描写为告知［筛选性评价、判断］，涉及的表达格式有"与其……不如……"、"宁肯……也不……"，用以表达有筛选性的评价、判断。

（6）筛选性预测、建议

可描写为告知［筛选性预测、建议］，主要表达格式是"既然……就……"，表示经筛选而做出相关预测或建议。

（7）反转性评价或预测

可描写为告知［反转性评价或预测］，主要表达格式为"既然……就……"，用以表示反转性评价或预测。

3. 告知描写图式

差反意义一类都可归入告知描写图式，具体有如下一些小类：

（1）出乎意料

可以描写为告知［出乎意料］，涉及的表达格式为"虽然……但是……"，语义为告知一种出乎意料的状况。

（2）违反常理

可以描写为告知［违反常理］，涉及的表达格式为"即使……也……"，其语义为告知一种违反常理的状况。

（3）无法实施

可以描写为告知［无法实施］，涉及的表达格式为"因为……所以……"，表示的语义是告知某种行为或措施无法实施。

（4）失控

可以描写为告知［失控］，涉及的表达格式是"虽然……但是……"，表达的语义是虽然采取了一些举措，但仍然出现了失控的状况。

（二）请求图式

条件关系范畴中属于请求图式的是劝阻图式，可描写为请求

[某人做或不要做某事]，涉及的语言表达格式是"既然……就……"、"如果……就……"，用以表达劝阻这一言语行为。

（三）意愿图式

吕明臣（2005）概括了三种主要的意愿图式，分别为意志图式[我要X]、愿望图式[我希望X]和承诺图式[我保证X]，我们考察的许诺、承诺，主观倾诉和陈述（包括提出主张、主观意愿、态度、观点等意义）这类语义可以归入这类图式，具体如下：

（1）承诺图式[许诺、承诺]

该图式是进行许诺或承诺的言语行为，涉及的表达格式有"只要……就……"、"除非……才……"、"只有……才……"、"除非……否则……"、"当且仅当"等。

（2）愿望图式[我希望X]

该图式是提出主张或表达主观愿望、意愿、态度及观点的语义认知图式，涉及的表达格式有"与其……不如……"、"宁肯……也不……"、"即使……也……"、"别以为……就……"等。

（四）情态图式

情态图式是纯粹用来表现情态的，主要有如下类型：

（1）补偿意义

可描写为情态[补偿意义]，其语言表达格式为"要不是……就……"，表示多亏了某人或某事，否则会出现更糟糕的状况。

（2）遗憾、不足

可描写为情态[遗憾、不足]，其语言表达格式为"要不是……就……"，表示某种事件或状况存在遗憾、不足。

（3）顾忌、顾虑

可描写为情态[顾忌、顾虑]，其语言表达格式为"要不是……就……"，表示对某种事态或状况存在顾忌、顾虑。

（4）遗憾、不满意

可描写为情态[遗憾、不满意]，涉及的表达格式是"……不过……"，意思是对所述情况有所遗憾和不满意。

(5) 差强人意、另有收获

可描写为情态［差强人意、另有收获］，涉及的表达格式是"虽然……但是……"，意思是先述说的情况虽让人不满意，但后面的情况还算差强人意，有时还有另有收获的意思。

(6) 差强人意、失外有得

可描写为情态［差强人意、失外有得］，其语言表达格式为"……不过……"，表示某种事态或状况已经让人不满意，但后面的情况还算差强人意，有时还有失外有得的意思。

(7) 美中不足

可描写为情态［美中不足］，涉及的表达格式是"虽然……但是……"，意思是所述说的情况给人以美中不足的感觉。

（五）宣告图式

主要包括宣告、警示、威慑，警示、提醒等意义，可以分别具体做如下概括：宣告［X］、警示［X］、威慑［X］和提醒［X］，此类语义主要用于对事物状态或人物产生改变，属于以言成事或曰言后行为一类。

明确了上述交际意图认知图式和各个条件关系范畴表达格式的关联就可以进一步考察这些意图是如何被表达和理解的，从而解释条件关系范畴语义的生成过程。这一过程是交际主体围绕交际意图这一核心展开的认知建构过程，下文详析。

第二节　条件关系范畴的语言表达

一　主体的认知加工

吕明臣（2005）详细分析了话语意义建构的过程，我们认为条件关系范畴的语言表达正是条件关系范畴语义的认知建构过程，就说话人而言是由交际意图的形成开始，到话语形式标识的生成结束，这一过程的核心是如何将交际意图符号化为合适的话语形式标识。对听话人来说，其认知加工则始于接收话语形式，到寻求到交际意图结束，这一过程的核心是听话人如何从话语形式标识寻找到交际意图。同时，主体的认知加工过程是一个动态认知过程，是交际主体之间的一种互动行为。

"在话语意义建构的过程中，作为交际主体的说话人为了给交际意图选择合适的话语形式标识促使自己调动起各种相关知识，在这些相关知识的'参与'下说话人选择了话语形式标识。在这个过程中，那些'参与'选择的相关知识以某种方式组合起来成为说话人的话语意义，话语形式就'提示'了这种意义。作为交际另一主体的听话人，通过接收到的话语形式标识激活他认知背景中的相关知识，在这些相关知识的'参与'下寻求到交际意图。"①所以，"话语意义就是在言语交际主体的这两种认知加工的过程中产生的，它是主体认知背景中相关知识的激活、连接和重组。"②

二 条件关系范畴的语义生成模型

依据吕明臣（2005）的阐释构拟一个条件关系范畴的语义生成模型，旨在把条件关系范畴的语义和语言表达格式关联起来，从而展示该类范畴的语言表达过程。这一模型及过程如图4所示：

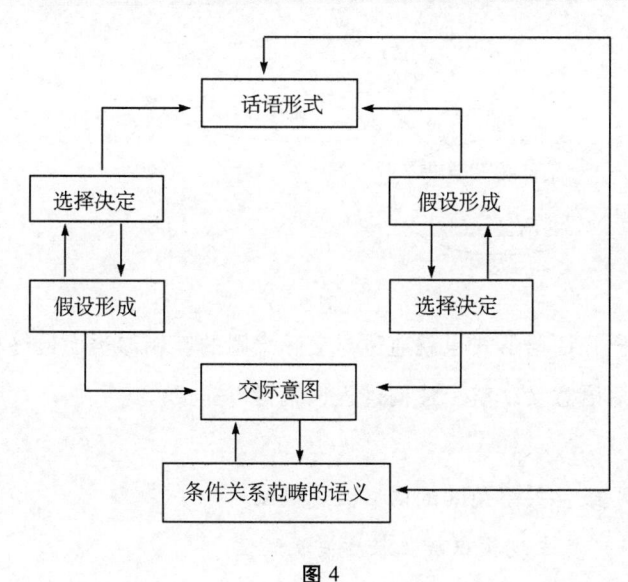

图4

---

① 吕明臣：《话语意义的建构》，东北师范大学出版社 2005 年版，第 143 页。
② 同上。

如图4所示，条件关系范畴的语义和交际意图紧密相连，彼此互动，在话语意义建构过程中为话语形式的选择提供基础和依据，其中条件关系范畴的种种语义既与交际意图相关联，又与话语形式相关联，因为特定的话语形式就承载了特定的语义，因此话语形式被采用并进入具体交际以后，它也就激活了相关的语义进而传递了特定的交际意图。联系话语意义建构的动态过程，主体在言语行为的认知加工过程中将其所具有的各种知识激活、连接和重组，具体到条件关系范畴的语义，它们通过话语形式被"提示"，进而被激活、连接和重组。作为话语形式的各个语言表达格式，由于其承载了特定的语义而与这些语义内容形成了相对固定的关联，而它们被用于何种交际意图则是主体加工选择的结果，具体如图5所示：

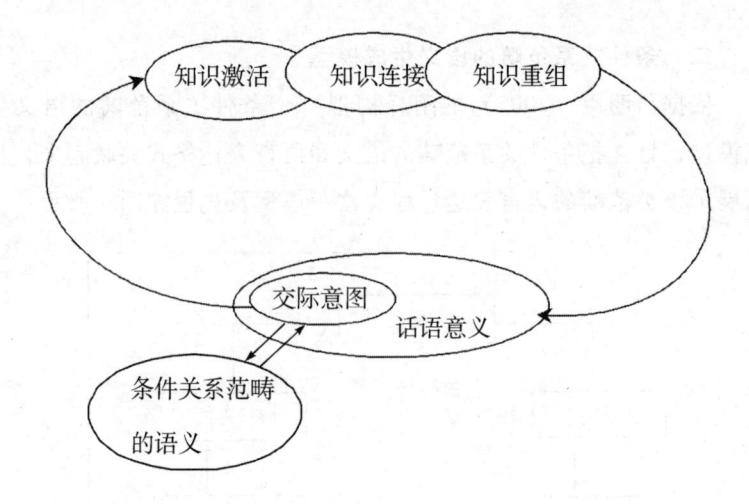

图 5

这样，话语形式也就通过与交际意图的互相渗透而最终标识或激活了话语意义，整个建构过程也就得以完成。

三 条件关系范畴的语义实现机制

（一）基本逻辑识解及深度关联假设

1. 充分条件假言范畴的假设方案

依据张韧弦（2008），我们提出充分条件关系范畴语义的基本逻辑识解及深度关联假设，其核心理念是把充分条件范畴（也适用于其他条件的推理范畴）的语义理解视为交际主体（特别是听话人）的动态认知推理过程，该过程有着心理学方面的证据，如余达祥（2008）。由这一核心理念出发，我们进而建立了一个充分条件范畴的语义识解推理模型，可形式化如下：

说话人 A 说出 S，S = {p→q, ¬（p→q），◇（p→q)}
听话人 B 理解 S，
第一步，识别逻辑语义结构，即：
a1. 如果 A 说了 p→q，那么他的意思可能是（p→q）∧p→q；
a2. 或者，如果 A 说了 ¬（p→q），那么他的意思可能是（¬（p→q）∧p）→¬ q；
a3. 或者，如果 A 说了 ◇（p→q），那么他的意思可能是 ◇（p→q）→（□p→◇q）。

第二步，对已确认的逻辑结构的语言意义进行识解和确认，即：
b1. 如果 A 说了 p→q，这意味着：他可能表达了"述说缘由，推测，顺应现状"等具体意义；
b2. 或者，如果 A 说了 ¬（p→q），这意味着：他可能表达了"必然，差强人意、另有收获，美中不足，失控，出乎意料，轻度遗憾、不满意，违反常理，无一例外"等具体意义；
b3. 或者，如果 A 说了 ◇（p→q），这意味着：他可能表达了"　　"等具体意义。

第三步，交际意图的确认，即：
c1. 如果 A 说了 p→q，依据 a1 和 b1，他的意图通常就是：告知［述说缘由，推测，顺应现状］；
c2. 或者，如果 A 说了 ¬（p→q），依据 a2 和 b2，他的意图通常就是：告知［必然，差强人意、另有收获，美中不足，失控，出乎意料，轻度遗憾、不满意，违反常理，无一例外］；
c3. 或者，如果 A 说了 ◇（p→q），依据 a3 和 b3，他的意图通常就是：告知［推断、期冀（表达某愿望）］；

c4. 或者，他的意图可能是：请求［某人做某事或不要做某事］；承诺图式［许诺、承诺］；愿望图式［我希望 X］；情态［差强人意、另有收获、差强人意、失外有得、美中不足］；宣告［X］、警示［X］、威慑［X］和提醒［X］*。

以上的三步推理过程期间均涉及缺省推理和回路判定**，为什么这么说呢，因为交际意图的确认往往就是由识别逻辑语义结构到对已确认的逻辑结构的语言意义进行识解和确认，再到交际意图的确认的复杂过程。而交际意图是话语意义识解和确认的终极标的，因为是终极标的，所以必得经过交际主体的反复确认。听话人依据语境知识和主体能力优先进行缺省推理，获得一个话语意义的备选项后与理想关联情境进行比对，如果发现有偏差，马上会进行回路判定，就是再次扩展缺省理论系统，直至达到最佳关联。张韧弦（2008）描写了条件句加强情况的缺省推理理论，转引如下***：

在 Δ 中，

W = {m→g}

D = {m→g: ¬ m→¬ g /m≡g}

含义推导过程为：

E_0 = W = {m→g}，

E_1 = Th（E_0）{ m≡g }

对于 i≥2，E_i = Th（E_1），再把 m→g 并入 m≡g 得到最后的结论 E = Th（E_1） = Th { m≡g }。

并进而提出如下理论公式：

---

* 这部分意图的识别更多涉及情态部分，涉及各种充分条件推理的情况，所以相对于其他意图识别可能需要更多的主体认知处理努力。

** "回路判定"是一个权宜的说法，意思是对缺省假设重新进行检验，这一过程需要保证单调性。

*** "条件句的强化"是另一个理论问题，不会实质性影响我们的假设，本研究不深入讨论。

$W = \{\Phi(I_{cp}a \to I_{cp}c)\}$

$D = \{\Phi(I_{cp}a \to I_{cp}c) : \Phi(\neg I_{cp}a \to \neg I_{cp}c) / \Phi(\neg I_{cp}a \to \neg I_{cp}c)\}$

模仿上面的缺省推理方案，可以建立一个充分条件假言命题及其推理的缺省推理方案，具体如下：

方案1：

在 Δ 中，

$W = \{\Phi(I_{cp}a \to I_{cp}c)\}$

$D = \{\Phi(I_{cp}a \to I_{cp}c) : \Phi((I_{cp}a \to I_{cp}c \wedge I_{cp}a) \to I_{cp}c) / \Phi((I_{cp}a \to I_{cp}c \wedge I_{cp}a) \to I_{cp}c)\}$

方案2：

在 Δ 中，

$W = \{\Phi\neg(I_{cp}a \to I_{cp}c)\}$

$D = \{\Phi\neg(I_{cp}a \to I_{cp}c) : \Phi(\neg(I_{cp}a \to I_{cp}c) \equiv I_{cp}a \wedge \neg I_{cp}c) / \Phi(\neg(I_{cp}a \to I_{cp}c) \equiv I_{cp}a \wedge \neg I_{cp}c)\}$

方案3：

在 Δ 中，

$W = \{\Phi\Diamond(I_{cp}a \to I_{cp}c)\}$

$D = \{\Phi\Diamond(I_{cp}a \to I_{cp}c) : \Phi(\Diamond(I_{cp}a \to I_{cp}c) \equiv \Box I_{cp}a \to \Diamond I_{cp}c) / \Phi(\Diamond(I_{cp}a \to I_{cp}c) \equiv \Box I_{cp}a \to \Diamond I_{cp}c)\}$

上面的推理结构具体含义是：方案1是对 $((p \to q) \wedge p) \to q$ 这一逻辑语义结构识别时的缺省推理过程；方案2是对 $\neg(p \to q) \wedge p) \to \neg q$ 这一逻辑语义结构识别时的缺省推理过程；方案3是对 $\Diamond(p \to q) \to (\Box p \to \Diamond q)$ 这一逻辑语义结构识别时的缺省推理过程。

2. 必要条件假言范畴的假设方案

依据张韧弦（2008）等，可以进而建立一个必要条件范畴的语义识解推理模型，可形式化如下：

说话人 A 说出 S，S = {p←q, ◇ (p←q)}

听话人 B 理解 S，

第一步，识别逻辑语义结构，即：

a1. 如果 A 说了 p←q，那么他的意思可能是（p←q）∧¬p→¬q；

a2. 或者，如果 A 说了 ◇ (p←q)，那么他的意思可能是 ◇ (p←q) → (□¬p→◇¬q)。

第二步，对已确认的逻辑结构的语言意义进行识解和确认，即：

b1. 如果 A 说了 p←q，这意味着：他可能表达了"强调必要性，推测、揣测，推断、评说，评述不相容的事实、状况"等具体意义；

b2. 或者，如果 A 说了 ◇ (p←q)，这意味着：他可能表达了对"强调必要性，推测、揣测，推断、评说，评述不相容的事实、状况"等具体意义可能性的断定。

第三步，交际意图的确认，即：

c1. 如果 A 说了 p←q，依据 a1 和 b1，他的意图通常就是：告知［必要性，推测、揣测，推断、评说，评述不相容的事实、状况］；

c2. 或者，如果 A 说了 ◇ (p←q)，依据 a2 和 b2，他的意图通常就是：告知［"必要性，推测、揣测，推断、评说，评述不相容的事实、状况"等的可能性］；

c3. 或者，他的意图可能是：承诺图式［宣告、许诺］；宣告［X］、警示［X］。

以上的三步推理过程期间均涉及缺省推理和回路判定，为什么这么说呢，因为交际意图的确认往往就是由识别逻辑语义结构到对已确认的逻辑结构的语言意义进行识解和确认，再到交际意图的确认的复杂过程。而交际意图是话语意义识解和确认的终极标的，因为是终极标的，所以必得经过交际主体的反复确认。听话人依据语境知识和主体能力优先进行缺省推理，获得一个话语意义的备选项后与理想关联情境进行比对，如果发现有偏差，马上会进行回路判定，就是再次扩展缺省理论系统，直至达到最佳关联。张韧弦（2008）描写了条件句加强情况的缺省推理理论，转引如下[*]：

在 Δ 中，

$W = \{m \to g\}$

$D = \{m \to g : \neg\ m \to \neg\ g / m \equiv g\}$

含义推导过程为：

$E_0 = W = \{m \to g\}$，

$E_1 = Th(E_0)\{m \equiv g\}$

对于 $i \geq 2$，$E_i = Th(E_1)$，再把 $m \to g$ 并入 $m \equiv g$ 得到最后的结论 $E = Th(E_1) = Th\{m \equiv g\}$。

并进而提出如下理论公式：

$W = \{\Phi(I_{cp}a \to I_{cp}c)\}$

$D = \{\Phi(I_{cp}a \to I_{cp}c) : \Phi(\neg\ I_{cp}a \to \neg\ I_{cp}c) / \Phi(\neg\ I_{cp}a \to \neg\ I_{cp}c)\}$

模仿上面的缺省推理方案，可以建立一个必要条件假言命题及其推理方案，具体如下：

方案1：

在 Δ 中，

$W = \{\Phi(I_{cp}a \leftarrow I_{cp}c)\}$

$D = \{\Phi(I_{cp}a \leftarrow I_{cp}c) : \Phi((I_{cp}a \leftarrow I_{cp}c \wedge \neg\ I_{cp}a) \to \neg\ I_{cp}c) / \Phi((I_{cp}a \leftarrow I_{cp}c \wedge \neg\ I_{cp}a) \to \neg\ I_{cp}c)\}$

方案2：

在 Δ 中，

$W = \{\Phi \Diamond (I_{cp}a \leftarrow I_{cp}c)\}$

---

[*] "条件句的强化"是另一个理论问题，不会实质性影响我们的假设，本研究不深入讨论。

$D = \{\Phi \Diamond \ (I_{cp}a \leftarrow I_{cp}c): \Phi \ (\Diamond \ (I_{cp}a \leftarrow I_{cp}c) \equiv \Box \ I_{cp}a \rightarrow \Diamond \ I_{cp}c) / \Phi \ (\Diamond \neg \ (I_{cp}a \leftarrow I_{cp}c) \equiv \Box \neg \ I_{cp}a \rightarrow \Diamond \ I_{cp}c)\}$

上面的推理结构具体含义是：方案1是对（(p←q) ∧¬p)→¬q 这一逻辑语义结构识别时的缺省推理过程；方案2是对◇(p←q)→(□¬p→◇¬q) 这一逻辑语义结构识别时的缺省推理过程。

3. 负命题推理范畴的假设方案

负命题推理范畴的语义识解推理模型，可形式化如下：

说话人 A 说出 S，S = {¬ (p→q)}

听话人 B 理解 S,

第一步，识别逻辑语义结构，即：

a1. 如果 A 说了¬ (p→q)，那么他的意思可能是 (¬ (p→q) ∧p)→¬q；

a2. 或者，如果 A 说了¬◇(p→q)，那么他的意思可能是¬◇(p→q)→(¬□p→◇q)≡□p∧¬q。

第二步，对已确认的逻辑结构的语言意义进行识解和确认，即：

b1. 如果 A 说了¬ (p→q)，这意味着：他可能表达了"必然，差强人意、另有收获，美中不足，失控，出乎意料，轻度遗憾、不满意，违反常理，无一例外"等具体意义；

b2. 或者，如果 A 说了¬◇(p→q)，这意味着：他可能表达了"不可能怎样"的具体意义。

第三步，交际意图的确认，即：

c1. 如果 A 说了¬ (p→q)，依据 a2 和 b2，他的意图通常就是：告知［必然，差强人意、另有收获，美中不足，失控，出乎意料，轻度遗憾、不满意，违反常理，无一例外］

c2. 或者，如果 A 说了¬◇(p→q)，依据 a3 和 b3，他的意图通常就是：告知［推断、期冀（表达某愿望）］

c3. 或者，他的意图可能是：请求［某人做某事或不要做某事］；承诺图式［许诺、承诺］；愿望图式［我希望 X］；情态［差强人意、另有收获，差强人意、失外有得，美中不足]；宣告[X]、警示[X]、威慑[X]和提醒[X]。

以上的三步推理过程期间均涉及缺省推理和回路判定，为什么这么说呢，因为交际意图的确认往往就是由识别逻辑语义结构到对已确认的逻辑结构的语言意义进行识解和确认，再到交际意图的确认的复杂过程。而交际意图是话语意义识解和确认的终极标的，因为是终极标的，所以必得经过交际主体的反复确认。听话人依据语境知识和主体能力优先进行缺省推理，获得一个话语意义的备选项后与理想关联情境进行比对，如果发现有偏差，马上会进行回路判定，就是再次扩展缺省理论系统，直至达到最佳关联。张韧弦（2008）描写了条件句加强情况的缺省推理理论，转引如下[*]：

在 Δ 中，

W = {m→g}

D = {m→g: ¬ m→¬ g /m≡g}

含义推导过程为：

E_0 = W = {m→g}，

E_1 = Th (E_0) {m≡g}

对于 i≥2，E_i = Th (E_1)，再把 m→g 并入 m≡g 得到最后的结论 E = Th (E_1) = Th {m≡g}。

并进而提出如下理论公式：

W = {Φ (I_{cp}a→I_{cp}c)}

D = {Φ (I_{cp}a→I_{cp}c): Φ (¬ I_{cp}a→¬ I_{cp}c) /Φ (¬ I_{cp}a→¬ I_{cp}c)}

模仿上面的缺省推理方案，可以建立一个负命题推理范畴语义理解的缺省推理方案，具体如下：

---

[*] "条件句的强化"是另一个理论问题，不会实质性影响我们的假设，本研究不深入讨论。

方案1：

在 Δ 中，

W = {Φ¬（$I_{cp}a \rightarrow I_{cp}c$）}

D = {Φ¬（$I_{cp}a \rightarrow I_{cp}c$）：Φ（¬（$I_{cp}a \rightarrow I_{cp}c$）≡ $I_{cp}a \wedge \neg I_{cp}c$）/Φ（¬（$I_{cp}a \rightarrow I_{cp}c$）≡ $I_{cp}a \wedge \neg I_{cp}c$）}

方案2：

在 Δ 中，

W = {Φ◇¬（$I_{cp}a \rightarrow I_{cp}c$）}

D = {Φ◇¬（$I_{cp}a \rightarrow I_{cp}c$）：Φ（◇¬（$I_{cp}a \rightarrow I_{cp}c$）≡ □$I_{cp}a \rightarrow$ ◇¬ $I_{cp}c$）/Φ（◇¬（$I_{cp}a \rightarrow I_{cp}c$）≡ □$I_{cp}a \rightarrow$ ◇¬ $I_{cp}c$）}

上面的推理结构具体含义是：方案1是对（¬（p→q）∧p）→¬q这一逻辑语义结构识别时的缺省推理过程；方案2是对◇（p→q）→（□p→◇q）这一逻辑语义结构识别时的缺省推理过程。

4. 涉及模态命题推理范畴的假设方案

模仿上面的缺省推理方案，可以建立一个涉及模态命题的条件范畴缺省推理方案，具体如下：

方案1：

在 Δ 中，

W = {Φ◇（$I_{cp}a \rightarrow I_{cp}c$）}

D = {Φ◇（$I_{cp}a \rightarrow I_{cp}c$）：Φ（◇（$I_{cp}a \rightarrow I_{cp}c$）≡ □$I_{cp}a \rightarrow$ ◇$I_{cp}c$）/Φ（◇（$I_{cp}a \rightarrow I_{cp}c$）≡ □$I_{cp}a \rightarrow$ ◇$I_{cp}c$）}

方案2：

在 Δ 中，

W = {Φ◇（$I_{cp}a \leftarrow I_{cp}c$）}

D = {Φ◇（$I_{cp}a \leftarrow I_{cp}c$）：Φ（◇（$I_{cp}a \leftarrow I_{cp}c$）≡ □¬ $I_{cp}a \rightarrow$ ◇¬ $I_{cp}c$）/Φ（◇（$I_{cp}a \leftarrow I_{cp}c$）≡ □¬ $I_{cp}a \rightarrow$ ◇¬ $I_{cp}c$）}

方案3：

在 Δ 中，

第五章 条件关系范畴的语言表达

W = {Φ◇¬（I$_{cp}$a→I$_{cp}$c）}

D = {Φ◇¬（I$_{cp}$a→I$_{cp}$c）：Φ（◇¬（I$_{cp}$a→I$_{cp}$c）≡□I$_{cp}$a→◇¬I$_{cp}$c）/Φ（◇¬（I$_{cp}$a→I$_{cp}$c）≡□I$_{cp}$a→◇¬I$_{cp}$c）}

上面的推理结构具体含义是：方案1是对涉及模态命题的充分条件假言推理逻辑语义结构识别时的缺省推理过程；方案2是对涉及模态命题的必要条件假言推理逻辑语义结构识别时的缺省推理过程；方案3则是涉及模态命题的负命题推理逻辑语义结构识别时的缺省推理过程。

虚拟条件句的研究已有很多成果，这里重点不是对虚拟条件句的理论分析，而是侧重观察包含模态命题形式的条件关系范畴的语义问题，特别是其整体意义的实现和互动过程及机制问题。我们的研究仍处在尝试阶段，旨在建立一种语义研究的思路和框架，期望对语义学，特别是以句义为研究对象的语义学研究提供一些参考，做出绵薄建议，权作引玉之砖。

（二）条件关系范畴语义的语义实现问题

语义实现问题是语义学和语用学的交叉领域，也是学术难点，我们认为条件关系类的自然语句，其意义是由底层的逻辑语义结构经由语言化而来，并在表达层面被激活而实现表达的。相关形式方案在今后还会继续深入发掘和探索。佟福奇（2015）进一步给出了语义实现过程的多因素驱动模型，具体如图6所示：

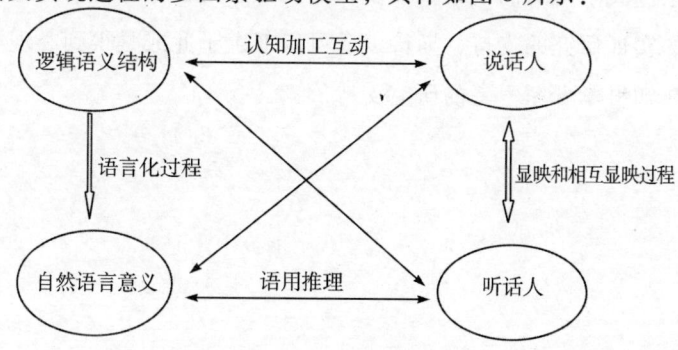

图6

这些都是对汉语条件关系范畴语义实现的大胆假设，当然这些解释还处在假设阶段，不过这些假设都是基于语用学和话语意义理论的进一步推演，并非完全空想，待日后条件成熟定会努力做出实证性的研究来予以检验。

小　结

本章讨论了条件关系范畴的语言表达问题，认为各个语言表达格式的种种具体语义可以进一步抽象概括为条件关系范畴的语义次类，从这些次类入手可以探求与之相关联的交际意图，这些意图正是话语意义建构的起点。经考察，依据汉语条件关系范畴的语义与交际意图认知图式之间的可能关联总结出告知图式、请求图式、意愿图式、情态图式、情态图式等所包含的具体认知图式。条件关系范畴的语义和交际意图紧密相连，彼此互动，在话语意义建构过程中为话语形式的选择提供基础和依据，其中条件关系范畴的种种语义既与交际意图相关联，又与话语形式相关联，话语形式被采用并进入具体交际以后，也就激活了相关的语义进而传递了特定的交际意图。并提出基本逻辑识解及深度关联的缺省推理假设，用以解释其语义互动过程，是对复句研究的新进展，是侧重语言学视角的语言逻辑研究范式，对条件句及相关句族的语义研究有重要参考价值。条件关系范畴的语义生成模型的构拟还处在猜想阶段，还需要大量的实证研究的支持，期待以后可以躬亲于此或是得到心理学特别是认知科学专家学者的研究支持。

第六章 研究展望

条件关系范畴的语言表达问题是非常值得关注的语言学问题，也是语言逻辑和形式语义学所关注的问题，但是语言学界对条件关系范畴的语义研究仅限于复句范围的讨论，而对复句的研究也多停留在语言经验层面的直观描写。语言逻辑虽能对条件句的语义做深入的探究，但只研究条件句逻辑并不考虑推理，而语言事实告诉我们，很多时候语言表达格式所激活或者真正表达的却往往是基于特定推理的种种语义，这些语义是在逻辑语义基础上经语言化而最终获得的整体语义。研究中结合了命题逻辑、谓词逻辑、模态逻辑等经典和现代逻辑理论，以话语意义建构理论、关联理论等理论为背景，借鉴类型学中新近兴起的"自下而上"工作方式，对条件关系范畴的底层逻辑语义和整体语义及其最终实现层层深入地进行分析和解释。

一 研究结论

第一，条件关系范畴的语义是以条件关系及其相关推理为基础的，主要是假言推理、选言推理、负命题推理及与模态相关推理；

第二，条件关系范畴的语言表达式可以形式刻画为一个部分语句系统 CC_P，这一系统是对 C_P 的细化和补充；

第三，在逻辑语义分析的基础上，考察语言表达式的语言化意义可确定其整体语义，这是逻辑语义在自然语言中的凝结和固化，是思维抽象和语言使用的结果；

第四，条件关系范畴的语言表达是围绕交际意图展开的主体的认知加工过程，建构过程中条件关系范畴的种种语义既与交际意图相关联，又与话语形式相关联，因为特定的话语形式就承载了特定的语义，因此话语形式被采用并进入具体交际以后，它也就激活了相关的语义进而传递了特定的交际意图；

第五，提出基本逻辑识解和深度关联假设，建立条件关系范畴语义识解的缺省推理方案，认为其语义实现是一个缺省推理过程。

二 进一步研究设想

与条件关系相关的推理类型还有一些，限于时间和篇幅本研究并未论及，例如对当关系推理、二难推理、三段论推理等。自然语言非常复杂，同一个语言表达格式往往可以激活或者说表现不同的推理结构，如"因为……所以……"除了表现充分条件假言推理的肯定前件式以外，它还可以激活必要条件假言推理的否定前件式推理，这在前面已论述过。有时还表现三段论推理，例如：

1. 因为轻原子核需要在极高的温度下才能发生聚变反应，所以，氢弹又叫热核武器。
2. 因为莫桑比克海峡既宽又深，所以能通巨型轮船。
3. 因为它是地层断裂陷落后形成的，所以特别深，最深处达1620米，平均深度也有730米，是世界上最深的湖泊。

上面的例句表达的是三段论推理：

$$M—P$$
$$S—M$$
$$\overline{}$$
$$S—P$$

前述三个例子的完整推理过程分别是：

第六章 研究展望

一种需要高温条件的武器叫热武器；
氢弹需要高温条件，
─────────────────────
所以氢弹叫热核武器。
....

既宽又深的海峡能通巨型轮船；
莫桑比克海峡既宽又深，
─────────────────────
所以莫桑比克海峡能通巨型轮船。
....

地层断裂陷落后形成的湖泊特别深；
它是地层断裂陷落后形成的，
─────────────────────
所以它特别深，……，是世界上最深的湖泊。

显然，上述这些例子都是以三段论推理为其逻辑语义基础的。

至于对当关系推理、二难推理等甚至更多的其他推理类型，我们会在日后的研究中继续研讨，这里就不再赘述了。

此外，当代形式语义学突飞猛进，我们可以进一步借鉴道义逻辑、模态逻辑等全新的手段来深入挖掘条件关系范畴的语义问题，这些都有待日后的进一步研究和探索。

参考文献

1. Croft, W. & E. J. Wood. Construal operations in linguistics and artificial intelligence. A. L. Albertazzi. Meaning and Cognition: A Multi-disciplinary Approach. C. Amsterdam & Philadelphia: John Benjamins, 2000. 51—78.

2. Devidson, D. (1967) Truth and meaning, Synthese, 17, 304—323. Reprinted in D. Davidson. 1984. Inquiry into Truth and Interpretation. Oxford: Basil Blackwell.

3. Epstein, R. Role. frames and definiteness. A. van Hoek et al. Discourse Studies in Cognitive Linguistics. C. John Benjamins B. V. , 1999. 53—74.

4. Epstein, R. The definite article, accessibility, and the construction of discourse referent. J. Cognitive Linguistics, 2002, 12 (4): 333—378.

5. Eysenck, Michael W. Principles of Cognitive Psychology. C. UK, East Sussex: Psychology Press Ltd. , 2001.

6. Fuconnier, G. Mappings in Thought and Language, Cambridge: Cambridge University Press, 1997.

7. Frege, G. (1892) On sense and reference, in Geach, Peter and Black, Max, (Eds), 1960. Translations from the Philosophical Writings of Gottlob Frege. Oxford: Blackwell.

8. Gail Mckoon and Roger Ratcliff: Memory – Based Languagu

Processing: Psycholinguistic Research in the 1990s, Aunu. Rev. Psychol. 1998.49: 25—42.

9. Langacker, Ronald W. Grammar and Conceptualization, Berlin and New York: Mouton de Gruyter, 2000.

10. Langacker, Ronald W. Foundations of Cognitive Grammar Descriptive Application (2nd edition), Stanford: Stanford University Press, 2002.

11. Lakoff, G. & M. Johnson. Metaphor We Live By, Chicago: the University of Chicago Press, 1980.

12. Teppo Varttalo. Hedging in Scientifically Oriented Discourse, Exploring Variation According to Discipline and Intended Audience. D. Doctoral Dissertation. English Philology, University of Tampere, 2001。

13. ［美］Adele E. Goldberg：《构式：论元结构的构式语法研究》，吴海波译，北京大学出版社2007年版。

14. 北京大学汉语语言学研究中心《语言学论丛》编委会：《语言学论丛（第四十二辑）》，商务印书馆2010年版。

15. ［美］伯纳德·科姆里：《语言共性和语言类型》，沈家煊译，华夏出版社1989年版。

16. 曹国权：《论条件句》，《中国俄语教学》，1996年第4期。

17. 曹其升：《现代汉语中的反叙实范畴》，河南大学硕士学位论文，2008年第5期。

18. 曹砚辉：《现代汉语条件句的逻辑分析》，华南师范大学硕士学位论文，2002年第6期。

19. 陈恩渠：《古汉语假设复句三议》，《西藏民族学院学报》，1982年第1期。

20. 陈国华：《英汉假设条件句比较》，《外语教学与研究》，1988年第1期。

21. 陈晓华：《不同形式假言易位之差异》，《重庆工学院学报》

（社会科学版），2009年第9期。

22. 陈信德：《现代日语的句法》，《日语学习与研究》，1980年第1期。

23. 程跃珍：《"PARAPHRASING"策略探讨》，《广州大学学报》（综合版），1995年第2期。

24. 崔佩筠：《条件复句的逻辑分析》，《齐齐哈尔师范学院学报》（哲学社会科学版），1996年第1期。

25. 崔永华：《不带前提句的"也"字句》，《中国语文》，1997年第1期。

26. ［法］丹·斯珀波、［英］迪埃珏·威尔逊：《关联：交际与认知》，蒋严译，中国社会科学出版社2008年版。

27. 邸红：《"する"的意义和用法》，《日语学习与研究》，1981年第1期。

28. 冯棉：《条件句与相干逻辑》，《华东师范大学学报》（哲学社会科学版），1999年第1期。

29. 高华：《条件推理双重加工的发展性研究》，南京师范大学博士学位论文，2007年第5期。

30. 郭丽辉：《And用法方方面面》，《赤峰教育学院学报》，2001年第5期。

31. 郭勇：《日语条件表现中的"ト"和"タテ"的比较》，《宁波大学学报》（教育科学版），2003年第4期。

32. 郭岳文：《论"if"分句中含Will/Would的动词短语》，《岳阳大学学报》，1998年第1期。

33. 郭钟庆：《试论"If"条件句中动词一般现在时表将来的语义》，《南京航空航天大学学报》（社会科学版），2005年第3期。

34. 何向东：《逻辑学教程》，高等教育出版社1999年版。

35. 何兆熊：《新编语用学概要》，上海外语教育出版社2000年版。

36. 何自然：《语言形式的语用分析》，《外国语》（上海外国语学院学报），1988年第1期。

37. 何自然、陈新仁：《当代语用学》，外语教学与研究出版社2004年版。

38. 胡怀亮、王加良：《概率逻辑及其带来的逻辑哲学问题》，《毕节学院学报》，2008年第1期。

39. 胡怀亮：《含意理论与蕴涵怪论（上）——会话含意能消解"蕴涵怪论"吗》，《内蒙古社会科学》（汉文版），2009年第3期。

40. 胡怀亮：《当代条件句逻辑研究的起点——Ramsey测验初探》，《浙江社会科学》，2009年第6期。

41. 胡怀亮：《含意理论与蕴涵怪论（下）——规约含意能消解"蕴涵怪论"吗》，《云南师范大学学报》（哲学社会科学版），2010年第1期。

42. 胡裕树：《现代汉语》，上海教育出版社1995年版。

43. 黄伯荣、廖序东：《现代汉语》，高等教育出版社2002年版。

44. 耶夫·维索尔伦：《语用学诠释》，钱冠连、霍永寿译，清华大学出版社2003年版。

45. 金彤：《无条件句和二难推理简单构成式》，《温州师专学报》（社会科学版），1986年第1期。

46. 金岳霖主编：《形式逻辑》，人民出版社1979年版。

47. 金哲会：《谈林四郎的句子结构学说》，《日语学习与研究》，1990年第1期。

48. 蒋严、潘海华：《形式语义学引论》，中国社会科学出版社1998年版。

49. 蒋严：《走近形式语义学》，上海教育出版社2011年版。

50. ［英］杰弗里·利奇：《语义学》，李瑞华等译，上海外语教育出版社1987年版。

51. 孔红：《罗斯悖论与标准道义逻辑的语义理论》，《晋阳学刊》，2005年第4期。

52. 孔力雅：《"如果"类假设关联词语的多角度研究》，湘潭大学硕士学位论文，2007年第5期。

53. 雷志敏：《试析情态助动词will/would在if条件句中的运用》，《外语学刊》，2001年第2期。

54. 冷铁铮：《表现条件关系的句式》，《日语学习与研究》，1984年第4期。

55. 李勤：《俄语条件主从复合句》，《中国俄语教学》，1996年第1期。

56. 李晓霞：《浅析"if…will"》，《临沂师专学报》，1998年第1期。

57. 李小五：《条件句逻辑》，人民出版社2003年版。

58. 李小五：《极小条件句逻辑》，《湖南科技大学学报》（社会科学版），2005年第3期。

59. 李小五：《一个匹配生成更新语义的条件句系统》，《逻辑学研究》，2009年第3期。

60. 廖雪辉：《日语关于"条件"的表达方式》，《科教文汇》（下旬刊），2007年第11期。

61. 林正弘：《论波普尔的基本陈述句》，《自然辩证法通讯》，1989年第1期。

62. 刘桂芳：《条件句浅谈》，《松辽学刊》，1992年第1期。

63. 刘汉民：《自然语言充分条件句的逻辑分析》，《重庆工学院学报》（社会科学版），2009年第6期。

64. 刘红英：《论"if…will+v"分句》，《湖南教育学院学报》，1999年第6期。

65. 刘永红：《现代汉语转折复句的逻辑语义分析》，广西师范大学硕士学位论文，2003年第4期。

66. 龙献平：《论be going to用于条件句的主句》，《湛江师范学院学报》，1996 年第 1 期。

67. 娄永强、蒋春丽：《情景语义学对条件句的语义刻画》，《重庆工学院学报》（社会科学版），2008 年第 6 期。

68. 吕明臣：《汉语"应对句"说略》，《汉语学习》，1992 年第 6 期。

69. 吕明臣：《言语中称谓视点与社交指示》，《现代交际》，1994 年第 2 期。

70. 吕明臣：《汉语的情感指向和感叹句》，《汉语学习》，1998 年第 6 期。

71. 吕明臣：《走出"句类"的误区》，《吉林师范学院学报》，1999 年第 2 期。

72. 吕明臣：《现代汉语话语指示功能分析》，《东疆学刊》，1999 年第 3 期。

73. 吕明臣：《言语的建构》，《社会科学战线》，2000 年第 5 期。

74. 吕明臣：《现代汉语应对句的功能》，《汉语学习》，2000 年第 6 期。

75. 吕明臣：《网络交际中自然语言的属性》，《吉林大学社会科学学报》，2004 年第 2 期。

76. 吕明臣：《话语意义研究的理论演进》，《社会科学战线》，2005 年第 4 期。

77. 吕明臣：《话语意义的性质和来源》，《汉语学习》，2005 年第 5 期。

78. 吕明臣：《话语意义的建构》，东北师范大学出版社 2005 年版。

79. 吕明臣：《"不然"格式的语义分析》，《郑州大学学报》（哲学社会科学版），2010 年第 5 期。

80. 吕明臣、佟福奇：《"吃"的语义解释》，《通化师范学院学报》，2010 年第 7 期。

81. 吕明臣、佟福奇：《"不论……都……"的语义分析》，《社会科学战线》，2011 年第 7 期。

82. 吕明臣、佟福奇：《"即使……也……"的语义分析》，《求索》，2012 年第 3 期。

83. 吕映：《无条件句的语义特征》，《杭州师范学院学报》，1992 年第 1 期。

84. 吕叔湘：《现代汉语八百词》，商务印书馆 1999 年版。

85. 罗集：《追求思想的明晰性（上）——中国社科院哲学所逻辑室研究成果概况》，《哲学动态》，2000 年第 6 期。

86. 罗凌萍：《英语"If"条件句原型研究》，湖南师范大学硕士学位论文，2007 年第 10 期。

87. 罗凌萍：《浅析"If"条件句范畴的扩展》，《时代文学》（下半月），2009 年第 3 期。

88. 罗凌萍：《浅析"If"条件句非原型产生的表现及机制》，《湖南医科大学学报》（社会科学版），2009 年第 3 期。

89. 罗晓英：《现代汉语假设性虚拟范畴研究》，暨南大学博士学位论文，2006 年第 10 期。

90. 潘建：《浅谈英语隐含条件》，《云梦学刊》，1997 年第 1 期。

91. 庞莉萍：《汉语条件句的构成类型及其英译》，《遵义师范学院学报》，2007 年第 1 期。

92. 秦毅：《汉语条件句的构成类型及其英译》，《重庆科技学院学报》，2009 年第 5 期。

93. 邱桂萍：《at all 的译法种种》，《濮阳教育学院学报》，1999 年第 1 期。

94. 任晓明、胡怀亮：《亚当斯概率逻辑的思想来源、影响和意义》，《自然辩证法研究》，2008 年第 4 期。

95. 邵彤彤：《无条件条件句中的"管"字句研究》，吉林大学硕士学位论文，2002 年第 5 期。

96. 沈剑英：《论假言命题的特殊表述形式》，《社会科学战线》，1984 年第 2 期。

97. 宋桂芳：《试论"倒装"在英语中的运用》，《沈阳大学学报》，1997 年第 4 期。

98. 宋文坚、郭世铭：《逻辑学》，人民出版社 1998 年版。

99. 索振羽：《语用学教程》，北京大学出版社 2000 年版。

100. 邰晓：《谈谈虚拟语气在条件句中的多种运用》，《大学英语》（学术版），2005 年第 6 期。

101. 童世骏：《普遍必然的科学知识何以可能——从洛克到金岳霖》，《哲学研究》，1992 年第 3 期。

102. 汪梦翔：《因果关系关联词语套用现象研究》，华中师范大学硕士学位论文，2009 年第 5 期。

103. 汪先锋：《也谈隐含条件的虚拟语气》，《惠州学院学报》，2005 年第 2 期。

104. 王重沧：《"Be going to"能用在条件句的主句中吗》，《外国语》，1982 年第 2 期。

105. 王传礼：《と、ば、たら、なら的异同》，《日语学习与研究》，2001 年第 2 期。

106. 王广成：《两种条件句式的语义、句法解释》，《语言科学》，2006 年第 6 期。

107. 王还：《关于怎么教"不、没、了、过"》，《世界汉语教学》，1988 年第 4 期。

108. 王健平：《弗雷格的实质蕴涵思想与现代逻辑的选择》，《学术研究》，2008 年第 1 期。

109. 王洁：《"居然"、"竟然"补议》，《郧阳师范高等专科学校学报》，2006 年第 2 期。

110. 王青梅、张莉：《When 的多种译法》，《齐齐哈尔大学学报》（哲学社会科学版），2001 年第 2 期。

111. 王淑云、许桂珍：《谈英语中连词"如果"的表达》，

《山东教育学院学报》,1998 年第 5 期。

112. 王维贤、张学成、卢曼云、程怀友:《现代汉语复句新解》,华东师范大学出版社 1994 年版。

113. 王晓侠:《法译汉中法语某些时态的特殊语意表达》,《法语学习》,2004 年第 2 期。

114. 危东亚:《AT ALL 用于肯定句》,《外语教学与研究》,1965 年第 2 期。

115. 温宾利:《英语的"驴句"与汉语的"什么……什么句"》,《现代外语》,1997 年第 3 期。

116. 文炼:《关于分类的依据和标准》,《中国语文》,1995 年第 4 期。

117. 文卫平、方立:《汉语"驴句"研究——兼谈英语相关句式》,《外语教学与研究》,2008 年第 5 期。

118. 文卫平、方立:《动态意义理论》,中国社会科学出版社 2008 年版。

119. 吴炳章:《If—条件句的内涵语义分析——兼论 if—条件句式和 when—句式的相似性》,《现代外语》,2005 年第 4 期。

120. 吴世全:《道义条件推理研究综述》,《科教文汇》(中旬刊),2009 年第 4 期。

121. 伍雅清:《特殊疑问句研究》,《现代外语》,1999 年第 1 期。

122. 肖唐金:《条件句的研究方法论》,《贵州民族学院学报》(哲学社会科学版),2010 年第 1 期。

123. 邢滔滔:《数理逻辑》,北京大学出版社 2008 年版。

124. 邢福义:《复句与关系词语》,黑龙江人民出版社 1985 年版。

125. 邢福义:《汉语复句研究》,商务印书馆 2001 年版。

126. 熊晓建:《可能世界中反事实条件句的逻辑分析》,《毕节学院学报》,2008 年第 1 期。

127. 熊学亮、张韧弦：《试论条件句和结论句之间的逻辑规约》，《外国语》，2005 年第 2 期。

128. 熊学亮、杨子：《If 条件句的认知辐射研究》，《中国外语》，2009 年第 2 期。

129. 徐李洁：《If—条件句分类再研究》，《四川外语学院学报》，2005 年第 2 期。

130. 徐李洁：《英语 If 条件句主观化模式的建构》，《外国语》，2008 年第 1 期。

131. 徐盛桓：《充分条件的语用嬗变——语言运用视角下的逻辑关系》，《外国语》，2004 年第 3 期。

132. 徐盛桓：《逻辑与实据——英语 IF 条件句研究的一种理论框架》，《现代外语》，2004 年第 4 期。

133. 许余龙：《对比语言学》，上海外语教育出版社 2002 年版。

134. 杨青菊：《浅谈 ever 的用法》，《青海师专学报》，1997 年第 1 期。

135. 易仲良：《论将来时性的 if 条件分句中限定动词短语》，《现代外语》，1994 年第 4 期。

136. 余澄清：《英语修辞条件句表否定的逻辑分析》，《中南民族学院学报》，1999 年第 2 期。

137. 余达祥：《条件推理机制的心理学研究》，江西师范大学博士学位论文，2008 年第 6 期。

138. 臧艳雨：《论蕴涵》，《中山大学研究生学刊》（社会科学版），2005 年第 1 期。

139. ［瑞典］詹斯·奥尔伍德、拉斯·冈纳尔·安德森、奥斯坦·达尔：《语言学中的逻辑》，王维贤、李先焜、蔡希杰译，北京大学出版社 2009 年版。

140. 张桂芬：《"虚拟语气"的特用》，《内蒙古电大学刊》，2005 年第 2 期。

141. 张立英：《概称句的语义解释及形式化比较研究》，《哲学动态》，2006 年第 8 期。

142. 张立英：《条件句逻辑完全性问题探微初步》，《湖南科技大学学报》，2007 年第 4 期。

143. 张清宇：《弱条件句逻辑 W 的自然推理系统》，《哲学动态》，1994 年增刊。

144. 张权：《试论指示词语的先用现象》，《现代外语》，1994 年第 2 期。

145. 张韧弦：《形式语用学导论》，复旦大学出版社 2008 年版。

146. 张文熊：《几种表示条件判断的复句》，《西北师大学报》（社会科学版），1964 年第 Z1 期。

147. 张文熊：《汉语条件句式探源》，《西北师大学报》，1986 年第 1 期。

148. 张艳凤：《对实质蕴涵怪论的思考》，《中山大学研究生学刊》（社会科学版），2003 年第 2 期。

149. 张志毅、张庆云：《词汇语义学》，商务印书馆 2001 年版。

150. 郑子敏：《浅议法律文书中条件句的英译》，《龙岩学院学报》，2008 年第 4 期。

151. 钟美端：《英语条件状语之我见》，《广州航海高等专科学校学报》，1997 年第 1 期。

152. 周礼全：《逻辑——正确思维和成功交际的理论》，人民出版社 1994 年版。

153. 朱小安：《浅谈德语非现实缩短条件句》，《教学研究》，1983 年第 4 期。

154. 邹崇理：《自然语言逻辑研究》，北京大学出版社 2000 年版。

155. 邹崇理：《逻辑、语言和信息——逻辑语法研究》，人民出版社 2002 年版。

156. 中国人民大学哲学系逻辑教研室：《逻辑学》，中国人民大学出版社 2002 年版。

附录 1

表 1　　　　条件关系范畴语言表达格式的语义功能类别

语法表达格式 \ 语义功能	不同语言表达格式的各项具体意义			
因为……所以……	述说缘由	无法实施	推测	
既然……就……	顺应现状、相关推论	筛选性预测、建议	劝阻	反转性评价或预测
如果……就……	推断	劝阻	警示、威慑	
如果……那么……	评说	推断、预测	顺势发问	
要不是……就……	补偿意义	遗憾、不足	顾忌、顾虑	
只要……就……	必然	许诺	宣告	
除非……才……	必要性	推测、揣测	宣告、许诺	
只有……才……	必要性	预测、推断	许诺、宣告	
除非……否则……	推断、评说	许诺、宣告	警示	
要么……否则……	评述不相容的事实、状况	宣告	警示	
当且仅当	必然并且必要	宣诺	警惕	
与其……不如……	筛选性评价、判断	提出主张、意愿		
宁肯……也不……	筛选性评价、判断	提出主张、意愿		

附录1

续表

语法表达格式 \ 语义功能	不同语言表达格式的各项具体意义			
虽然……但是……	差强人意、另有收获	美中不足	出乎意料	失控
……不过……	子话题切换	遗憾、不满意	差强人意、失外有得	
即使……也……	必然	违反常理	主观态度、观点	
别以为……就……	必然	主观态度、意愿	警示、提醒	

附录2 相关研究成果

"吃"的语义解释[*]

吕明臣[1] 佟福奇[2]

(1. 吉林大学文学院,吉林长春,130012;
2. 吉林大学文学院,吉林长春,130012)

摘要:结合"语义分割"和"使用论"解释"吃"的意义,讨论限于"把食物等放到嘴里经过咀嚼咽下去,即进食"这一义项。以"吃"的意义解释为例,考察"词的意义即其使用条件"这一语言哲学思想在语言中的具体体现。"使用论"关系到对意义的理解,对意义的理解关系到语言的各个分相研究,因而其学术意义较为深远。

关键词:"吃";语义分割;使用条件;使用论

○ 引言

现代汉语中的"吃"是一个多义项动词,围绕"把食物等放到嘴里经过咀嚼咽下去,即进食"这一义项展开讨论,对"吃"的语义做出解释。具体分析时把"吃"放在"进食语义场"中,通过场内成员间的对比来确定"吃"的词汇条件,运用形式语义学的语义模型描写"吃"的语义条件,结合话语意义的建构理论

---

[*] 本文发表在《通化师范学院学报》,2010年第7期,附录收录的是原稿,发表时有所修改,余下文章皆同。

解释"吃"的语用条件。最后讨论"使用论"对"吃"的理论解释力。

一 进食语义场

现代汉语中的"吃"、"喝"、"吸"同属进食语义场,这一义场的成员因研究的需要不同可以做出不同的划定,如牛世建(2007)把"吃""食""茹""啖""喝""啜""饮""吸""吮""嘬"看作一组同义词,分析它们之间的差别,① 本文的讨论仅限于"吃、喝、吸、饮、吮"这个范围,把考察重点放在与"吃"处在同一语义场内的几个单音动词身上,因此不涉及"下馆子"、"品尝"、"吃点"、"大吃大喝"这一类复杂形式。

二 语义分割的解释

马清华(2000)指出,"语义分类(或叫'语义分割')是语言对连续而无界限的经验领域进行分割和范畴化,如全体分成部分,音味色等感觉经验分划成可归的类"。② 刘玉屏(2002):"语义分割是近年来学术界提出来的一个关于语义研究的新概念,指语言对连续而无界限的经验领域所进行的分割和范畴化。"③ 佟福奇(2005)也指出语义分割策略的不同主要体现为词化的过程和结果不同,词化的过程是一个历时过程,涉及语言的发展;词化的结果是语义凝结在词中,语义被词化的成员分割了。④ 语义分割可以解释"吃"的意义是如何被确定的,这是一个词化和分工的过程:"吃"处在进食语义场内,它分得了"把食物等放到嘴里经过咀嚼

---

① 牛世建:《表动作行为"吃"的同义词的词义分析》,《现代语文》,2007年第1期。
② 马清华:《文化语义学》,江西人民出版社2000年版,第21页。
③ 刘玉屏:《文化准则制约下的语义分割》,《宁夏社会科学》,2002年第2期。
④ 佟福奇:《俄汉语"运动语义"的分割策略对比兼谈语义分割的本质》,硕士学位论文,吉林大学,2005年,第5页。

咽下去，即进食"这部分语义，获得了一个系统值，这个值就是"吃"的意义①。同时，语义分割也能解释跨语言的对应语义范畴的意义差别，那是分割策略的不同所致。如汉语中的"吃"具有[＋动作，＋对象为固体，－对象为液体，±用容器，＋使事物消失，……]的语义特征②，故有"吃饭"、"吃馒头"这些合法的结构体，却没有"吃汤"的说法。而俄语当中的"есть суп"直译成汉语就是"吃汤"，两种语言在"吃"用法上的对立鲜明地证实了汉俄语语义分割策略差异所带来的词化差异及句法影响。

但是，语义分割只是看到了词的意义在词化过程中的分割策略及其句法影响，没有揭示词的逻辑意义、语用条件，这显然没有对词的意义做出全面的描写，本文将尝试对"吃"的这些使用条件做出全面的分析。

三 "吃"的使用条件

"吃"的意义就是其在所处语言系统内的使用条件，下面将描写出这些条件并论证所提出的观点。

（一）词汇条件

所谓的词汇条件是指"吃"要获得交际价值即能够被使用，首先要具备词汇条件，这便是它在所属语义场内的系统值，也就是"吃"的词汇意义，这部分意义是作为整个"吃"的交际价值即最终被使用时的意义的一个前提或基础而必需的。举例来说，反义语义场"好——坏"中"好"的意义是在与"坏"的关系及对立中确立的，如果把这个具体语义场看作一个集合，那么"好"和"坏"正好分割了整个集合，各自互为补集，如下页图。

---

① 参阅张志毅、张庆云：《词汇语义学》，商务印书馆2001年版，第74页。
② 陆俭明、沈阳：《汉语和汉语研究十五讲》，北京大学出版社2003年版，第113页。

附录2 相关研究成果

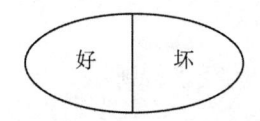

```
┌─────────────┐
│  好  │  坏  │
└─────────────┘
```

当然,"好"和"坏"的比例需要对具体语言予以统计才能确定,未必是相同比例。同理,"吃"在其所处的语义场内也是凭借其他成员而确定自己的词汇意义的,如汉语普通话的"吃"是与"喝"、"吸"、"饮"、"呛"相对立的,依据陆俭明、沈阳(2003)"吃"与"喝"在语义特征上有如下对立:吃〔+对象为固体,-对象为液体,±用容器,……〕←→喝〔-对象为固体,+对象为液体,+用容器,……〕;"吃"与"吸"也存在着语义特征的对立:吃〔+对象为固体,-对象为液体,±用容器,……〕←→吸〔-对象为固体,+对象为液体,-用容器,……〕,此外,"吸"有时还要求〔+对象为气体〕,即〔-对象为固体,-对象为液体〕,那么"吃"与"吸"的对立可归并为:吃〔+对象为固体,-对象为液体,±用容器,……〕←→吸〔-对象为固体,±对象为液体,-用容器,……〕。至于"饮"、"呛"都包含〔-对象为固体,+对象为液体〕义素,"饮"还要求〔+用容器〕,所以,"吃"与"饮"、"呛"的对立为:吃〔+对象为固体,-对象为液体,±用容器,……〕←→〔-对象为固体,+对象为液体,±用容器,……〕。至此,我们基本可以确定汉语普通话中"吃"的词汇条件:吃〔+对象为固体,-对象为液体,±用容器,……〕,这一条件的确定是依赖于语义场内其他成员的,"吃"在与其他成员的关系中确立了自己的词汇层面的意义。

(二)语义条件

语义条件是逻辑语义层面的规定性,形式语义学用集合论来描述动词的语义,我们可以借此方法来描写"吃"的语义:

设有模型 M<D, F>

D = {NP1、NP2、……;NP′1、NP′2、……}。

令 NP 为施事，NP′为受事，则：

〖Chi′（吃）〗M = { < NP1，NP′1 > , < NP2，NP′2 > , < NP3 , NP′3 > , …… }

又有：

常量 = ren′, xiaowang′, mianbao′, pingguo′. *
赋值函项 F1
F^1（ren′）= 人；F^1（xiaowang′）= 小王；
F^1（mianbao′）= 面包；F1（pingguo）= 苹果.
F^1（Chi′）= { < 人、面包 > , < 人、苹果 > , < 小王、面包 > , < 小王、苹果 > }。

运用上面的模型我们可以解释"吃"的语义，但是要保证 F^1（Chi′）成立还需要很多条件，如对 NP 的限制必须有 [+ HUMAN] 义素，NP′有 [±HUMAN] 义素，同时 NP 和 NP′要能组成二元有序组 < NP，NP′ > 等。**

这样，借助上述模型我们可以刻画"吃"的语义条件，即以 NP 和 NP′的集合为论域的函项，所有使 F^1（Chi′）为真的二元有序组 < NP，NP′ > 的集合就是"吃"的语义。

（三）语用条件

"吃"除了具备词汇条件和语义条件外，还需要语用条件才能进入具体交际而实现它的意义。语用条件是与词汇条件和语义条件

---

* 事实上，能做 NP 的常量是相当多的，这里只是简单例示。
** 这些限制条件需要复杂的技术支持，涉及词汇背景、词性标注等，本文暂不讨论，拟另文详述。

相对应并不可或缺的，主要是指与交际主体、语境等有关的条件。语用条件是具体交际中最终激活意义的哪些条件，包括交际主体的认知加工和策略选择，包括语境的动态更新等。吕明臣（2005）采取整体主义的视角详尽地解释了话语意义的建构过程，认为话语意义是以交际意图为核心的认知建构过程，其间涉及相关要素、选择原则和实现途径三个方面，其中选择原则是主体选择的认知策略，这些策略会受到交际意图类型、交际主体自身的认知状况、背景知识、交际情境、话语形式及主体的认知能力和经验等要素的制约，主体的认知策略又决定了话语意义认知加工过程中相关要素的取舍和平衡。言语交际主体根据选择原则对相关要素的选择和平衡最终是通过一定的途径实现的，这些途径规定了话语形式标识和交际意图的连接关系。① 以此为依据我们可以把"吃"的意义的实现过程解释为主体的认知加工过程，在具体建构话语意义时，主体会把自身所具有的各种知识激活、连接和重组。② 这些知识就包含前面提到的词汇条件、语义条件以及语境知识等。

我们所说的语用条件主要是指以词汇和语义条件为基础的，在交际过程中主体进行认知建构时不可缺少的其他条件，如交际意图类型、主体的认知状况、背景知识、交际情境、话语形式及主体的认知能力和经验等。那么"吃"的语用条件就至少可以从以下方面来描写：

1. 交际意图

交际意图是话语意义的核心，"吃"的意义也是依据特定的意图才实现的，请看下面的例子：

甲：今天晚上吃什么？

---

① 参阅吕明臣：《话语意义的建构》，东北师范大学出版社2005年版，第88—119页。

② 同上书，第139—148页。

乙：吃你！

在零语境的条件下，这句话是难于理解的，因为"吃"的词汇和语义条件都无法保证"吃你"的可接受性，但在伴随特定交际意图的情况下上述对话是可以理解的，乙的意图显然提示了甲说话的不合时宜或者对吃饭的建议充满了厌倦或否定，乙通过"吃你"激活了甲的经验：吃你→人是不能当作食物被吃的→对吃的行为的否定或厌倦，所以甲会依据"吃你"这一话语形式找到乙的发话意图，对这一意图的识解使甲最终理解了乙的话语意义。这是一个凸显语用条件的例子，不言而喻，在以词汇和语义条件为基础的情况下，"吃"的意义的建构将更加自然和轻松，如：

甲：晚上吃什么？
乙：吃面条吧。

这一话轮乙的回答是直截了当的，答句直接指向甲的疑点[①]，依据词汇和语义条件甲可以轻松识解乙的意图，这也是甲把相关知识激活、连接和重组的过程：想吃面条→晚上煮面条/可以煮面条/去煮面条吧……

2. 语境

语境是交际主体的背景知识及主体对交际时空环境的认知状况，背景知识"专指储存在主体记忆中的社会政治、经济、科学、文化等知识"，这些知识影响着话语意义的建构。主体对交际时空状况的认知也是话语意义的一部分，也参与了话语意义的建构过程。"吃"的意义当然也与语境密切关联，离开具体语境很多时候其意义将无法实现。

---

① 吕明臣：《汉语答句的意义》，《语法求索》，华中师范大学出版社1989年版。

3. 话语形式

话语形式是言语交际凭借的手段，是交际意图（从而也是话语意义）的外在标识。① 离开了话语形式言语交际就失去了物质外壳，话语意义也就无从建构了。比如堵住某人的嘴，无论你如何问他"想吃什么"，他由于没有话语形式而不能回答，因为他根本无法发话。

4. 主体的状况

主体的状况包括交际主体的认知能力和经验，从认知心理学和认知语言学的观点看言语交际行为是个认知，在言语交际行为过程中主体的认知能力和经验极为重要。主体的认知能力包括知觉能力和推理能力，知觉能力包括对交际主体状况及主体间关系的知觉和对交际背景、情境、话语形式的知觉等。② 主体认知能力和经验的缺乏将导致主体无法传递和理解话语意义，那么话语意义也就无从建构了。"吃"的意义的实现当然必须依赖于交际主体的状况，否则"吃"的使用将是空谈。例如下面的会话：

（夫妻在一起进餐）
妻子：你在干吗？
丈夫：吃饭啊！
妻子：就知道吃！
丈夫：不吃饭干吗？
妻子：吃吧！
（丈夫低头继续吃饭）

这段话中的妻子显然是有情绪的，她很可能是希望丈夫和她说点什么或者讲个笑话，但是丈夫显然没有领会妻子的意图，也就无

---

① 吕明臣：《话语意义的建构》，东北师范大学出版社 2005 年版，第 96 页。
② 桂诗春：《应用语言学》，湖南教育出版社 1988 年版，第 152—153 页。

法真正理解"你在干吗?"和"吃吧!"的真正含义。从交际主体的状况角度看,丈夫显然没能对当前的情境做出足够的感知,可见即便是夫妻,有时也会出现对话语意义不能完全识别的情况。因此,即使是"不解风情"也会影响主体的认知状况,进而影响意义的建构。

四 进一步讨论

前面分析了"吃"的使用条件,包括词汇层面的语义系统值、语义层面的符合特征函项的集合、语用层面的认知建构条件,这是这些条件的共同作用使得"吃"的意义得以实现。维特根斯坦提出了著名的"使用论",认为"一个词的意义就是它在语言中的使用"[1]。桂诗春(1988)分析说:"维特根斯坦所强调的不仅是某一表达方式在语言中的作用,而且是语言在人类生活中的作用。语言紧密地与我们的行为、我们与别人的交往融为一体。……要去描写语言的使用条件却是件十分困难的事。"[2]

---

[1] 桂诗春:《应用语言学》,湖南教育出版社1988年版,第152页。
[2] 同上书,第152—153页。

"即使……也……"的语义分析[*]

吕明臣[1]　佟福奇[2]

(1. 吉林大学文学院，吉林长春，130012；
2. 吉林大学文学院，吉林长春，130012)

摘要：现有的研究认为"即使……也……"的意义是表让步关系，这没有完全揭示出其真正的语义内容。从逻辑意义出发，分析推理结构进而得出此格式的整体意义，这体现为三种意义：评估某事实或结论之必然；描述违反常理的现象；表明主观态度或观点。故"表极端情况"不是单纯分类，"极端情况"可并入前述三种意义之内。最后对该结构式的语义做出形式刻画，解释其语义的生成机理。

关键词："即使……也……"；逻辑意义；整体意义

"即使……也……"是现代汉语中的一类重要表达格式，一般的现代汉语教材把它分析为表让步关系的复句[1]，黄伯荣、廖序东则把它归入"假设复句"[2]168—169。《现代汉语八百词》说"表示假设兼让步；就是"，或者"表示一种极端的情况"。[3]289 邢福义对"即使……也……"也做了较为详细的分析，认为它表示让步转折关系，并细分做一般性的假言让步、极言其甚的让步和退一步估量的让步三种情况，还指出此格式有时有非复句用法，用来联结主语和谓语。[4]157—165 我们认为，让步关系虽简洁清楚，但对"即使……

---

[*] 本文发表在《求索》，2012年第1期，发表时较原稿有所修改。

也……"的语义解释似乎并未完全和充分，本文从逻辑意义出发，分析其语义的逻辑基础进而推求出"即使……也……"格式的整体意义，并对该格式的语义生成做出形式刻画。

一 逻辑意义分析

王维贤认为"即使……也……"的语义是在以"$A \rightarrow M_1 \sim B$"为预设的基础上构成的纵予句，并有"转折"的性质，[5]182这使对"即使……也……"的语义分析深入了一步，但与我们的设想并不相同，下文也将分析此格式的逻辑意义和逻辑结构，进而归纳其整体意义。

1.1 逻辑意义的基础——联言命题

关于"即使……也……"的逻辑意义请先看下面的例子[3]289：

(1) 即使下雨也去。

(2) 即使下雨也不会太大。

(3) 即使在隆冬季节，大连港也从不结冰。

按照《现代汉语八百词》的归纳，例（1）、例（2）表假设兼让步，例（3）表示一种极端的情况。[3]289王维贤则认为"即使A，也B"是以"$A \rightarrow M1 \sim B$"为预设的纵予句，[5]182这种从预设入手分析语义的思路是准确的，比如例（1）的意思是说一般地讲，要去某处如果下雨人们就会选择不去，而由"即使……也……"联结的格式恰恰表达的是与一般情况即预设相反——去；例（2）、例（3）同理，就是说"下雨但是不大"和"隆冬季节大连港从不结冰"的语义是与各自的预设密切关联的。但是这样的分析不免让人觉得突兀，会追问这一预设是从何而来呢？我们觉得先给出这一格式的逻辑表达式，再分析其逻辑意义并进而求得整个格式的整体意义，这样似乎更能给人以直观的感觉，下文就进一步提出我们的设想。

首先,"即使……也……"这一格式的逻辑表达式是联言命题,或者说该格式表达了一个联言命题 p∧~q,也就是同时断言了 p 和~q 的存在。如例(1)是断言了"下雨"和"去"的同时存在;例(2)断言"下雨"并且"不会太大";例(3)是对"在隆冬季节"和"大连港从不结冰"同时存在的断言。而在逻辑上"p∧~q≡~(p→q)"显然是个等值式[6]62,或者说"p∧~q"又与"~(p→q)"等值,那么就意味着"即使……也……"这一格式逻辑地表达了"~(p→q)"这一涵义,而这一涵义又是以"p→q"这一语句为前提的,这一前提往往直接联系着人们的日常经验,这一点可以得到自然语言意义的证实,例如:

(4) 人说错了话是要紧的。(前提)
即使你说错了也不要紧。
(5) 条件好,就不要靠自己努力。(前提)
即使条件再好,也还要靠自己努力。
(6) 跟我没有直接关系,我不过问。(前提)
即使跟我没有直接关系,我也要过问。[3]289

按照前提的推断,有了 p 就应该有 q,但是我们所讨论的格式其表达的意义恰恰相反,是断定了"p∧~q"。如例(4)一般"说错了话是要紧的",但是进入此格式表达的却是不要紧;例(5)、例(6)所说的意思也与前提相反,本来"条件好了自己就不用努力","跟我没有直接关系我就可以不过问"但所述的恰好相反,是并非如前提那样,即"~(p→q)"。

1.2 逻辑推理结构分析

"即使……也……"的逻辑意义是建立在复杂的复合推理结构基础之上的,首先它的逻辑表达式是联言命题 p∧~q,而这一联言命题又等值于一个负命题"~(p→q)",也就是说它的意义可视为对"p→q"这一蕴含关系的否定,而"p→q"又是"即

使……也……"格式的初始前提,整个推理结构可描写为:

p→q	初始前提
p&~q	联言命题
p&~q≡~(p→q)	等值意义
~(p→q)	负命题意义
p&~q/~q	联言推理的分解式[7]192
~q	实际意义

由此,整个格式的意义就是表达虽有 p 却没有 q,而是有"~q",那么,"~q"这一逻辑意义是否符合语言事实呢,答案是肯定的。人们在使用"即使……也……"格式时就是要表达这种意思,这可以从信息结构中获得证明,此格式的焦点信息就是在"也"所联结的部分上,例如:

(7) 平原地区即使积雪很厚,也不致有雪崩出现。[8]
(8) 即使有一些病菌从外部侵入体内,也会被杀死。
(9) 即使像唐太宗这样的英明君主,他也知道自己的命运最终还得由人民群众来决定。

例(7)的核心信息是"不会出现雪崩";例(8)主要表达"病菌会被杀死";例(9)则是"君主的命运最终还得由人民群众来决定"。

Pollock 在其[1976](p.40)认为,"即使 A 也会 B"条件句可以用 B∧(A>B)来表示。Nute 在其[1984](p.428)指出,Pollock 的这种观点取决于我们对条件句逻辑的选择,特别取决于我们是否接受下列模式:

(CS) (A∧B) → (A>B)。

若我们接受 CS 和 Pollock 的观点,则当 A 和 B 皆真时"即使

A 也会 B" 也为真。Gardenförs 在其 [1979a] 中提出了另一种分析"即使……也会……"条件句的方法。Nute 在其 [1984] (p. 428) 指出, Gardenförs 反对 Pollock 的观点的理由似乎是, 一个知道 A 和 B 皆真的人可以不接受"即使 A 也会 B"。因为 Gardenförs 认为, 在正常情况下, 当人们知道 A 为真后不会再断定"即使 A 也会 B", 即"即使 A 也会 B"的断定预设 A 为假且 B 为真。Gardenförs 论证道：即使"A 为假"的预设最终不正确, 也会存在一个预设：A 的假不会妨碍 B 的真。因此 Gardenförs 认为"即使 A 也会 B"应该分析为 (A→B) ∧ (~A→B)。[9]17—18 我们认为 Gardenförs 的论证是准确的, 因为"即使……也……"所要表达的正是后件的必然性, 即 q 的必然性不受前件 p 的影响。所以相对于 p→q 这一预设, "~q" 才是"即使……也……"的逻辑意义。下文以此为基础进一步讨论"即使……也……"语言化以后的整体意义。

二 整体意义

"即使……也……"作为一个结构式其核心意义是表违反常理, 这主要体现为三个方面的意义：一是评估某事实或结论之必然；二是描述违反常理的现象；三是表明主观态度或观点。这三方面意义都是基于整个结构式的逻辑意义和推理结构的, 因为从整个推理过程来看, "~q" 这一结论是必然的, 而这种必然又是与常理的 q 相悖的, 故又进一步衍生出很强的主观性, 进而与说话人的主观选择和判定密切关联起来, 整体意义是逻辑意义和相关推理结构语言化的结果。

2.1 评估某种必然

基于前述的逻辑意义和推理结构, "~q" 是一种必然的结论, 所以"即使……也……"的整体意义之一是用以评估某种事实或结论的发生有必然性, 这种必然性不受前提 p 的约束。例如：

(10) 即使没有海外球员加入, 他对这支队伍打预选赛的实力也深信不疑。

(11) 即使成绩不好也不会对队员们的心理产生不良影响。

(12) 即使参议院不表决,到4月4日零时也会自动生效。

(13) 犯罪分子即使逃到天涯海角,也逃不出法律的严惩。

例(10)、例(11)、例(12)、例(13)是评述一种事实或结论是必然的,这种必然是说话人的一种评估,而这一评估是基于对初始前提"p→q"的否定进而在语义上凸显焦点"~q"而最终实现的。又因为事件尚未发生,所以只是对一种可能性做出断定,此时整个结构式伴有虚拟语气,表对事态的评估。

2.2 描述违反常理的现象

按照常理有p条件出现就会有q结果伴随着出现,但是"即使……也……"偏偏表达了与q相悖的结果,所以此时的整体意义为描述违反常理的现象。例如:

(14) 即使下了雪,昆明的最低气温也只在零度上下徘徊。

(15) 即使过了十二点他也不睡觉。(自拟例句)

(16) 即使父母过世他也不难过。(自拟例句)

例(14)、例(15)、例(16)描述的是一种违反常理的现象,例(14)与表常理的初始前提"如果下雪那么最低气温会低于零度(即p→q)"相悖;例(15)按常理过了十二点就该睡觉了,但他偏不睡;例(16)是极言这个人的冷酷无情,父母过世也不难过,这些句子表达的显然都是异乎常理的"~q"。这里所说的常理经常是人们的日常生活经验,带有百科知识的性质,严格来讲并不是实质蕴含,但是为了简化表达在此就不引入可能世界的相关知识来深入讨论了。

2.3 表明主观态度或观点

违反常理的现象往往给人以更深刻的印象,结合发话人的特定交际意图这常常是为了突出其主观用意,用来表明主观态度或观点。按照一般推断,当出现 p 情况的时候应该出现 q 结果,但是"即使……也……"所表示的意义恰恰是相反的"~q",就说话人的情感判断来讲他是要强调自己的主观意愿和选择,是在宣布自己的主观态度或观点。例如:

(17) 这次米卢也将来观看四国赛,我已经和他联系,到时候我们会见面,即使他不给我提建议,我也会主动去问的。

(18) 我说,咱们的钱是靠党的好政策挣来的,只要能让大家富,即使搞不通商品路,归了国家,我也情愿。

(19) 即使我能救自己一命,我也不会这样做。

(20) 即使地狱张开嘴来,叫我不要作声,我也一定要对它说话。

(21) 即使你每星期给我一百美元,我也不干。

(22) "即使这样我也要救她。"

(23) 酒真好哩,即使挨骂,我也不在乎。

(24) 他忽然咬牙切齿地说:"你即使死在这岛上,化成了灰,我也不会让你离开。"

(25) 即使她来不了,我也完全谅解她。

以上这些句子都表达了说话人的主观态度或观点,这些态度和观点是带着浓厚的情感的,是说话人在宣布自己的选择和意愿,从言语行为的类型归属上看都属于表达类的言外行为。[9]105—108

2.4 关于表极端情况

《现代汉语八百词》说"即使……也……"有时表示一种极端的情况,前后两部分只是一个主谓结构。前一部分是名词或介词短语(限于"在…,对…,跟…")。[3]289但是,这里所说的表示一种极端的情况并不是单纯的分类，因为就整个结构式的意义来讲，表极端情况的时候仍然是存在三类可能的意义：评估必然、违反常理、主观态度。还是看《现代汉语八百词》的例子[3]289：

(26) 即使一口水也好。

(27) 即使在隆冬季节，大连港也从不结冰。

(28) 即使跟我没有直接关系，我也要过问。

一口水按常理并不算什么，但在特殊情形下就可能很重要，例(26)说的正是违反常理之事；例(27)与例(26)同理，强调大连港与一般港的不同；例(28)显然是一种主观态度。至于评估必然的也可以找到例子，如：

(29) 即使在北京，看一场他的戏怕也不是易事。

(30) 即使替补席位也没有米库的份儿。

(31) 即使对私营企业，也是不应该的。

应当指出，此时的句子是语言层面上的缺省形式，其表意所依据的整个推理过程常常有所省略，这些省略的部分地转而作为背景信息包含在语境中。如例（29）是谈论出版高行健的剧作的事；例（30）是讲关于筛选法国中场球员的；例（31）则是以"比如运力投放过多造成的船舶实载率不高就是一种社会资源的浪费，这种浪费且不说对于国有企业"为语境的，是说社会资源浪费问题。

三 整体语义的形式刻画

"即使……也……"作为一个结构式，其具体语形有两种类型，一是联结的 A、B 两部分构成复句形式，内部可嵌套其他连接词语形成更复杂的逻辑语义结构，表达更复杂的语义内容，限于篇幅本文不多更深探讨。二是联结的 A、B 两部分构成一个单句，A、

B互为单句成分,但总体的语义仍是基于以"p→q"为初始前提的复合推理的。对于这种语形上的差别已有的研究一般把它归入非复句用法,如邢福义指出"即使……也……"可以用来联结主语和谓语或者用来联结状语和谓语。[4]165事实上,这种语形上的差别不影响语义结构和表达,故可以对整个结构式的语义做出统一的描写,下面我们就依据C_P系统尝试着对"即使……也……"的生成规则和语义解释做出形式刻画[10],具体如下:

A. 句法规则 GC_P

1a. GC_P S → Cond.$_{<a>}$ S_1S_2 < Cond.$_{<b>}$ >/ S_2 = NP[11] Cond.$_{<b>}$ …/.

1b. GC_P Cond. → {即使……也……}

2a. GC_P S → Cond.$_{<a>}$ s_1s_2 < Cond.$_{<b>}$ >/ s_2 = NP[12] Cond.$_{<b>}$ …/

2b. GC_P s_1→N[13]

2c. GC_P Cond. → {即使……也……}

B. 翻译规则 TGC_P

1a. TGC_P S′ → (S_1′→S_2′)[14]

1b. TGC_P S_1′→p

1c. TGC_P S_2′→ ~ q

2TGC_P S′→ ~ q

这样,我们给出了"即使……也……"整体语义的生成规则和语义解释规则,这还是基于谓词逻辑的部分C_P系统,结合可能世界语义学还可以加深对本课题的探讨,我们拟另文论述。本文只是从逻辑意义及推理结构的角度对"即使……也……"的逻辑语义和整体语义做出尝试性分析,希望能对该结构式的研究起到些许作用。

参考文献:

[1]胡裕树:《现代汉语》,上海教育出版社 1995 年版,第 370 页;张

斌:《新编现代汉语》,复旦大学出版社 2002 年版,第 492—493 页;齐沪扬:《现代汉语》,商务印书馆 2007 年版,第 446—447 页。

[2]黄伯荣、廖序东:《现代汉语》,高等教育出版社 2002 年第 3 版。

[3]吕叔湘:《现代汉语八百词》,商务印书馆 1999 年增订版。

[4]邢福义:《复句与关系词语》,黑龙江人民出版社 1985 年版。

[5]王维贤、张学成、卢曼云、程怀友:《现代汉语复句新解》,华东师范大学出版社 1994 年版。

[6][瑞典]詹斯·奥尔伍德、拉斯·冈纳尔安德森、奥斯坦·达尔:《语言学中的逻辑》,王维贤、李先焜、蔡希杰译,北京大学出版社 2009 年版。

[7]金岳霖主编:《形式逻辑》,人民出版社 1979 年版。

[8]以下例句除做了标注的以外均来自北京大学汉语语言学研究中心语料库。

[9]李小五:《条件句逻辑》,人民出版社 2003 年版。

[10]何兆熊:《新编语用学概要》,上海外语教育出版社 2000 年版。

[11]蒋严、潘海华:《形式语义学引论》,中国社会科学出版社 1998 年版。

[12]NP 代表"也"前可能出现的句法成分,可出现 NP、Adv、PP 等,也可能是零形式。

[13]NP 代表"也"前可能出现的句法成分,可出现 NP、Adv、PP 等,也可能是零形式。

[14]N 代表"即使"后的句法成分,多为 NP、VP、Adv、PP 等。

[15]这样翻译是为了与句法规则一致,事实上表达的是 ~ q,由 ~（p→q）推得。

"不论……都……"的语义分析[*]

吕明臣[1]　佟福奇[2]

（1. 吉林大学文学院，吉林长春，130012；
2. 吉林大学文学院，吉林长春，130012）

摘要：现有的观点把"不论……都……"的意义解释为无条件关系，没有揭示出其真正语义内涵且有失笼统。从逻辑意义出发，给出推理结构进而得出该结构式的构式意义，这表现为三个方面：某种结果的确定无疑；无一例外；意志的坚决。最后对"不论……都……"的语义做出形式刻画，解释其语义的生成机理。

关键词："不论……都……"；逻辑意义；构式意义

○ 引言

"不论……都……"是现代汉语常用的一种表达格式，用现在流行的说法是一种构式①。"不论……都……"的意义体现在下面几种用法之中：

（1）不论小李去，还是小张去，都要在明天中午回来。

---

[*] 本文发表在《社会科学战线》，2011 年第 7 期，发表时较原稿有所修改。

① ［美］Adele E. Goldberg：《论元结构的构式语法研究》，吴海波译，北京大学出版社 2007 年版。

（2）不论你去不去，我都会去的。

（3）不论怎么样，大家都不会说什么。

（4）不论谁，都必须遵守规则。

目前汉语语法界倾向于把"不论……都……"的意义解释为无条件关系，即前面分句表示一种无条件的条件，后面的分句表示一种结果。也就是说，后面的结果在任何条件下都成立[1]。这样的解释看起来清楚明白，但总不免笼统，没有揭示出"不论……都……"的真正语义内涵。一般来说，条件和结果的关系应该是，从一定的条件出发，能够合乎逻辑地推出结果，条件和结果之间有内在的逻辑关系。用这样的观点审视上面的例子，很难看出前后分句之间的逻辑关系。例（1）中的"小李去还是小张去"和"都要明天中午回来"不具有逻辑的必然关系；例（2）中的"你去不去"和"我会去"也并没有逻辑上的语义关系；例（3）中的"大家不会说什么"看起来也不是以"（你）怎么样"为条件的；例（4）中的条件和结果的逻辑关系也很难成立。

要解释清楚"不论……都……"的语义需要首先揭示它所表达的逻辑意义，汤贤均（1987）[2] 和王忠良（1990）[3] 注意到了"无论……都……"的逻辑意义，但是分析的尚不够深入。王维贤（1994）[4] 对"不管 A，都 B"的语义做了较详尽的分析，但把其

---

[1] 如胡裕树：《现代汉语》，上海教育出版社 1995 年版，第 369—370 页；黄伯荣、廖序东：《现代汉语》，高等教育出版社 2002 年第 3 版，第 167 页；张斌：《新编现代汉语》，复旦大学出版社 2002 年版，第 490 页；齐沪扬：《现代汉语》，商务印书馆 2007 年版，第 446 页；周建设：《汉语教程》，人民教育出版社 2002 年版，第 359 页；周一民：《现代汉语》，北京师范大学出版社 2006 年第 2 版，第 410 页。

[2] 汤贤均：《"无论 P 都 q"句式的表述问题》，《鄂西大学学报》，1987 年第 1、2 期合刊。

[3] 王忠良：《"无论……都"复句及其承载的逻辑意义》，《东疆学刊》（社会科学版），1990 年第 3 期。

[4] 王维贤、张学成、卢曼云、程怀友：《现代汉语复句新解》，华东师范大学出版社 1994 年版，第 111—116 页。

"不论……都……"的语义分析

逻辑形式处理为条件关系，没有完全揭示出它的逻辑结构，我们将在分析"不论……都……"的逻辑意义的基础上进一步概括其在语言层面上的构式意义。

一 逻辑意义分析

1.1 逻辑含义一：假言选言推理

"不论……都……"的经常用法实际上表达的是一个逻辑的假言选言推理结构[①]。

前面例（1）表达的逻辑推理是下面的样子：

如果小李去，那么要在明天中午回来…………前提1
如果小张去，那么要在明天中午回来…………前提2
小李去或者小张去，………………………………前提3
………………………………………………………………
……
所以，都要在明天中午回来…………结论

例（2）所表达的是下面的逻辑推理：

如果你去，那么我会去…………………前提1
如果你不去，那么我会去………………前提2
你去或者不去……………………………前提3
………………………………………………………………
……
所以，我会去…………结论

假言选言推理是由两个假言前提和一个选言前提加上一个

[①] 严乐儿、黄弋生、徐长斌：《逻辑学导论》，上海交通大学出版社2007年版。

结论构成的。假言选言推理有四种格式,"不论……都……"表达的是"简单构成式",其推理结构是:前提为两个充分条件的假言命题和一个包含有这两个假言前提不同的前件构成选言命题,结论是一个直言命题,也就是那两个假言前提共同的后件,即:

((p→q) ∧ (w→q) ∧ (p∨w)) →q

上面的例(2)可以视为一个特例,两个假言前提的前件是矛盾命题,表示为:

((p→q) ∧ (¬p→q) ∧ (p∨¬p)) →q

上面举的例(3)和例(1)例(2)不同,其中的假言前提可能不止两个,假定有三个相应的推理就可以表示为:

((p→q) ∧ (w→q) ∧ (s→q) ∧ (p∨w∨s)) →q

实际上,无论是两项还是三项,假言选言推理的假言前提必须是能够表明所有的条件和唯一的结果的关系。

根据假言选言的逻辑推理结构可以看出,"不论……都……"表达出的只是假言选言推理结构中的那个选言前提和结论。但在完整的推理结构中,结论的成立是以假言命题和一个由假言前提的前件构成的选言命题为前提条件的,单独的选言命题并不能成为结论的充分前提条件。因此,我们不能说"不论……都……"表达的是前提和结论的关系,至少其条件是不完备的。

1.2 逻辑含义二:完全归纳推理

上面的例(4)和前几例不同,虽然也用了"不论……都……"的表达格式,但表达的却不再是假言选言推理,而更像是一种完全归纳推理。所谓完全归纳推理是说,被考察对象的全部都具有某种属性,由此推出所有的对象都具有某种属性。它一般的推理形式如下:

"不论……都……"的语义分析

S1 是 P

S2 是 P

S3 是 P

Sn 是 P

S1…Sn 是所有对象

……………………………………………………

所以，所有 S 都是 P

"不论……都……"表达的就是这种完全归纳推理："不论"部分表达的是所有对象，"都"这个部分表达的是对象所具有的属性。上述例（4）应该理解为：

张三必须遵守规则

李四必须遵守规则

王五必须遵守规则

……

张三、李四、王五……是所有对象

……………………………………………………

所以，所有人都必须遵守规则

当然，这是逻辑表达式，而不是自然语言的表达。在自然语言的表达中，用"不论……都……"格式表达了这样一个完全归纳推理的逻辑结构。在这个意义上，似乎也可以说，被"不论"和"都"连接的是条件和结果的关系，只是其中的条件是"某个论域范围内的所有个别对象具有某种属性"，结果是"所有对象具有某种属性"。

1.3 逻辑含义三：全称命题

把例（4）那样使用的"不论……都……"解释为条件和结果的关系其实并不充分，因为大家都承认，它有"任何……都……""所有的……都……"的意义，这个意义在逻辑上就不是条件和结果的关系，而是一种全称命题了。因此，我们也可以将这样使用的"不论……都……"看作是表达了逻辑上的全称命题，即：

$$SAP \text{ 或者 } SEP$$

也可以表示为：

$$x \in M, p(x),$$

读作"对任意 x 属于 M，有 p(x) 成立"。

完全归纳推理的结论是用全称命题表达的，或者说，完全归纳推理得出的结论就是一个全称命题。或许因为这一点，我们可以看到"不论……都……"联系着两种逻辑结构：一个是完全归纳推理，一个是全称命题。

二 构式意义

以上我们是从逻辑的角度分析"不论……都……"的含义，但逻辑是逻辑，不是语言，逻辑的含义不能代替语言的意义，尽管逻辑含义是其基础。那么，什么才是"不论……都……"的语义呢？《现代汉语八百词》说"不论……都……""表示在任何条件下结果或结论都不会改变"[①]，可以视为是对"不论……都……"语义的一种概括。很明显，这样的概括是着眼于条件和结果关系。

我们前面已经说明，"不论……都……"实际表现了三种不同的逻辑结构：假言选言推理、完全归纳推理、全称命题。因此，只用条件和结论出发说明"不论……都……"的语义恐怕未能尽意，而且即便是概括为条件和结果的关系，"不论"所表现的条件也是不充分的。

从逻辑角度看，无论是假言选言推理还是完全归纳推理，前提到结论的关系都是必然的，前提蕴含结论。逻辑的全称命题也在于

[①] 吕叔湘：《现代汉语八百词》，商务印书馆1999年增订版，第560页。

表明，所有的对象都具有某种属性，对于全体对象中的某个对象而言，具有某种属性也是必然的。由此看来，我们可以在语言层面上把"不论……都……"的语义概括为"表示必然"。

"确定无疑"是"不论……都……"格式的整体意义，即构式意义①，具体体现为三个意义：某种结论的必然；无一例外；意志的坚决。

2.1 某种结论的必然

"不论……都……"可以表示某种结论的必然，此时已假言选言推理结构为其逻辑基础，用以强调某种结论或结果的必然性，此结论或结果事实上不受"不论"陈述的相关条件之影响，例（1）所表达的就属于这种意义，再如：

（5）欧洲联盟、联合国、北约、维和部队、五国联络小组，不论采取外交还是军事手段，都未能打破僵局。②
（6）不论北洋军阀还是"文革"人士，把皇城根改为不伦不类的"黄城根"都毫无道理。
（7）不论对初稿满意还是不满意，都必须进行的。
（8）不论咱们愿意还是不愿意，都得在这里待上六个月。

例（5）、例（6）中假言前提的两个前件是 p 和 w，例（7）、例（8）的前件是 p 和 ¬p，因为逻辑结构中隐含的选言前提的存在，保证了 q 必然为真，也就是说此时"不论……都……"表示的意思就是某种结果是必然的，确定无疑，这些具体构式的逻辑特征是建立在假言选言前提基础上的复合推理。从时体特征上看，例（5）是已然事件，例（7）、例（8）无特殊语境应是未然的；例

---

① [美] Adele E. Goldberg：《论元结构的构式语法研究》，吴海波译，北京大学出版社 2007 年版。
② 以下例句均来自北京大学汉语语言学研究中心语料库。

(6) 到底表已然还是未然对语境有较强依赖。无论是对已然事件的陈述还是对未然事件的评说，此类的"不论……都……"句均表某种结论或结果之必然。

2.2 无一例外

"不论……都……"的第二个构式意义是表无一例外，这是它以完全归纳推理结构为其逻辑基础，表达在特定论域内的全部个体都具有某种属性，无一例外。例如：

(9) 在中国，不论是信仰藏传佛教的藏、蒙古、土、裕固、门巴等民族的群众，还是信仰伊斯兰教的回、维吾尔、哈萨克、东乡、撒拉、保安、柯尔克孜、塔吉克、乌孜别克、塔塔尔等民族的群众，以及部分信仰基督教的苗、瑶等民族的群众，他们正常的宗教活动都受到法律的保护。

(10) 但是，不论谁当选美国总统，要唱好经济这台大戏，都不是一件容易的事。

例 (9) 属于多个前件 p、w1、w2…wn 形式，所列举的各项形成一个特定论域，跟例 (3) 属相同情况，例 (10) 则通过任指代词"谁"实现周遍意义，这在逻辑上等值于假言前件为多项的形式，所以例 (9)、例 (10) 都属于完全归纳推理一类，表达的意思是所述对象无一例外地具有某种属性。

2.3 意志的坚决

说话人所陈述的语句作为假言选言前提无法改变结论，这就使结论变得坚定不移，联系人们说话的意图，此时的"不论……都……"句往往带有强烈的主观色彩，表达的是一种坚决的意志，例如：

(11) 不论李英如何辩解，她都赖不掉对这个家庭的毁灭负有的不可逃脱的责任。

（12）对钻改革开放空子，破坏社会主义市场经济秩序，侵害国家利益的，不论以什么形式出现，都要坚决查处。

（13）我说："我就不信党会改变改革开放的政策，会改变建设有中国特色的社会主义路线，不论谁说啥，我都要干到底！"

上述句子都带有很强的感情色彩，表达一种坚决的态度和意志，这一构式意义同样是因为它以完全归纳推理为逻辑基础，表达了全称判断。

三 进一步讨论

前面分析了"不论……都……"的逻辑意义和构式意义，主要是从命题逻辑的角度切入来讨论的，联系到句法层面我们不难注意到，由"不论……都……"联结的句子有的是单句，有的是复句。也就是说，"不论"引出的假言前提有的是命题形式，对应于分句，有的不是命题形式，对应于单句成分。为了进一步说明这类单句或者说是简单全称命题的内部语义内容，我们基于谓词逻辑建立一个 GC_P 规则并给出对应的 TGC_P 翻译规则①：

1aGC_P S→Cond $_{<a>}$ s②$_1$s$_2$ < Cond $_{<b>}$ >．／s$_2$ = NPCond$_{<b>}$ …／

1bGC_P s$_1$→N③

1TGC_P S′→□xP（x）

把上面的规则与"不论……都……"连结的基于复合推理的复句的规则合并，就可得到下列规则：

A. 句法规则 GC_P

---

① 蒋严、潘海华：《形式语义学引论》，中国社会科学出版社 1998 年版。
② 这里用小写的 s 是区别于对应于命题形式的分句，即 s 是单句成分，此时"不论……都……"联结单句。
③ 这里只是用 N 来代表句法成分，可以是 NP、Adv、PP 等。

1a. GC_P $S \rightarrow Cond_{<a>}$ $S_1 S_2 <Cond_{<b>}>./ S_2 = NP①Cond_{<b>} \cdots /$

1b. GC_P $Cond \rightarrow \{不论……都……\}$

2a. GC_P $S \rightarrow Cond_{<a>}$ $s_1 s_2 <Cond_{<b>}>./ S_2 = NPCond_{<b>} \cdots /$

2b. GC_P $s_1 \rightarrow N$

2c. GC_P $Cond \rightarrow \{不论……都……\}$

B. 翻译规则 TGC_P

1a. TGC_P $S' \rightarrow (S_1' \rightarrow S_2')$

1b. TGC_P $S_1' \rightarrow ((p \rightarrow q) \wedge (w_1 \rightarrow q) \wedge (w_2 \rightarrow q) \wedge \cdots) \wedge (p \vee w_1 \vee w_2 \vee \cdots)$

1c. TGC_P $S_2' \rightarrow q$

2 TGC_P $S' \rightarrow \Box x P(x)$

  这样，我们就给出了一个部分语句系统，该系统可以生成和解释汉语中的"不论……都……"构式。该构式的核心意义是"表示必然"，某种结果的确定无疑、无一例外、意志的坚决是核心意义的例示。

  现代汉语中的复句，特别是带有关联词语"不论……都……"一类的复句，现有的研究概括了句义，但失于笼统。本文以逻辑意义为出发点，详尽考察了"不论……都……"句所依据的逻辑推理结构，进而归纳出该句式的构式意义，并对"不论……都……"句的生成和语义解释做了较细致的形式刻画。此研究范式我们也属尝试，希望对丰富汉语复句及相关研究有所补益。

---

① 这里也可出现 Adv、PP 等，或者是零形式，即没有句法成分，这只是句法表层的表征，不影响整个句子的生成和语义分析。

话语意义建构视域下的汉语条件句语义新探[*]

佟福奇[1]

(1. 安庆师范学院文学院，安徽安庆，246011)

摘要：本文将汉语条件句集合指称为条件关系范畴，并指出该范畴可抽象出各个语义次类，从这些次类入手探求与之相关联的交际意图，这些意图正是话语意义建构的起点。条件关系范畴的语义和交际意图紧密相连，彼此互动，在话语意义建构过程中为话语形式的选择提供基础和依据，其中条件关系范畴的种种语义既与交际意图相关联，又与话语形式相关联，话语形式被采用并进入具体交际以后，也就激活了相关的语义进而传递了特定的交际意图。

关键词：条件关系范畴；语义次类；交际意图；整体意义

一 条件关系范畴的语义次类

佟福奇（2012）指出：条件关系范畴是指以条件关系及有关推理特别是推理结构为语义基础的语义范畴，是以充分条件、必要条件、充要条件、负命题及其相关推理等底层逻辑语义为基础，经过语言化实现为整体意义，这些整体意义往往由特定的语言表达格

---

[*] 本文系在作者博士论文的一部分之基础上提升而来，发表在《外文研究》，2014年第1期，发表时较原稿有所修改。

式来负载,或者说这些特定的语言表达格式激活了条件范畴的相关推理结构,进而以底层逻辑语义为基础,经过语言化投射到表达层面,实现为一种整体意义。① 并且对条件关系范畴的语义次类及其关联的相关语言表达格式做了归纳,本文做了进一步概括,详见下表:

语义次类	语言格式
推断评说	既然……就…… 如果……就…… 如果说……那么…… 因为……所以…… 除非……否则…… 要么……否则……
筛选性评断	与其……不如…… 宁肯……也不……
表出乎意料	虽然……但是…… ……不过…… 要不是……就……
表某种必然	只要……就…… 即使……也…… 别以为……就……
强调必要性	除非……才…… 只有……才……
必然并且必要	当且仅当
表宣诺	只要……就…… 除非……才…… 只有……才…… 除非……否则…… 要么……否则…… 当且仅当

---

① 佟福奇:《条件关系范畴的语言表达》,博士学位论文,吉林大学,2012年。

续表

语义次类	语言格式
表警惕	如果……就…… 要么……否则…… 当且仅当 别以为……就……

要想说清楚条件关系范畴的语言表达问题，必得先从这些语义次类入手，明确了这些次类也就抓住了话语意义建构的核心要素——交际意图，条件关系范畴的语义实现正是从这些交际意图出发的交际主体的认知加工过程。下面我们就从这些语义次类着眼，探求与之关联的交际意图和动因。

二　条件关系范畴语义的交际意图分析

条件关系范畴的语义实现是从交际意图出发的交际主体的认知加工过程。吕明臣（2005）指出："交际意图是言语交际行为的目的，也是言语交际行为的动机，一般来讲，交际意图由两部分组成：意向和意向内容。根据意向的不同性质，交际意图可以分为各种具体的交际意图认知图式，主要有告知图式、请求图式、意愿图式、情态图式、宣告图式。"[①] 结合这一分析，汉语条件关系范畴的语义通过和这些交际意图发生关联，进而成为言语交际的动机，具体交际过程中，交际主体可以根据交际的需要结合具体意图和动机来选择合适的语言表达格式，从而使交际意图与话语形式相契合，进而达到建构话语意义的目的和过程。

结合对语言表达格式逻辑语义和整体语义分析，可以对汉语条件关系范畴的语义与各类交际意图之间的可能关联做出归纳和预测，从而揭示这部分语义的建构过程，所以下文进一步概括出这种

[①] 吕明臣：《话语意义的建构》，东北师范大学出版社2005年版，第76—80页。

种关联。经过考察，依据汉语条件关系范畴的语义与告知图式、请求图式、意愿图式、情态图式、宣告图式等交际意图认知图式之间的可能关联可以得出如下的一些具体的交际意图认知图式：

1. 告知图式

1）告知推断评说图式

这类图式可概括为：告知［推断评说］，包含若干具体小类图式，具体如下：

（1）顺应现状、相关推论

可描写为告知［顺应现状、相关推论］，表达格式为"既然……就……"，具体语义为先给出某种状况，然后据此作出推论。

（2）推断

可描写为告知［推断、推测、揣测］，这类语义的表达格式较多，如"如果……就……"、"因为……所以……"、"如果说……那么……"、"除非……否则……"等，具体语义或为推测（如果……就……），或推断中有预测（如果说……那么……），或推断中伴有评说（除非……否则……）。

（3）评说

可描写为告知［评说］，表达格式为"如果说……那么……"，语义为评说某种状况或事件。

（4）评述不相容的事实、状况

可描写为告知［评述不相容的事实、状况］，是告知［评说］的小类，因语义的差别明显特单独列出，表达格式为"要么……否则……"，表对不相容的事实、状况做出相关评述。

（5）筛选性评价、判断

可描写为告知［筛选性评价、判断］，涉及的表达格式有"与其……不如……"、"宁肯……也不……"，用以表达有筛选性的评价、判断。

（6）筛选性预测、建议

可描写为告知［筛选性预测、建议］，主要表达格式是"既然……就……",表示经筛选而做出相关预测或建议。

（7）反转性评价或预测

可描写为告知［反转性评价或预测］,主要表达格式为"既然……就……",用以表示反转性评价或预测。

2）告知描写图式

表某种必然性、强调必要性以及必然并且必要一类都可归入告知描写图式,具体有如下一些小类：

（1）出乎意料

可以描写为告知［出乎意料］,涉及的表达格式为"虽然……但是……",语义为告知一种出乎意料的状况。

（2）违反常理

可以描写为告知［违反常理］,涉及的表达格式为"即使……也……",其语义为告知一种违反常理的状况。

（3）无法实施

可以描写为告知［无法实施］,涉及的表达格式为"因为……所以……",表示的语义是告知某种行为或措施无法实施。

（4）失控

可以描写为告知［失控］,涉及的表达格式是"虽然……但是……",表达的语义是虽然采取了一些举措,但仍然出现了失控的状况。

（5）某种必然

可以描写为告知［某种必然］,涉及的表达格式是"只要……就……"、"即使……也……"、"别以为……就……",表达的语义是某种情况或结论的必然性。

（6）必要性

可以描写为告知［必要性］,涉及的表达格式是"除非……才……"、"只有……才……",表达的语义是强调某种必要性。

（7）必然并且必要

可以描写为告知［必然并且必要］,涉及的表达格式是"当且仅当",表达的语义是强调某种条件必然并且必要。

2. 请求图式

条件关系范畴中属于请求图式的是劝阻图式，可描写为请求［某人做或不要做某事］，涉及的语言表达格式是"既然……就……"、"如果……就……"，用以表达劝阻这一言语行为。

3. 意愿图式

吕明臣（2005）概括了三种主要的意愿图式，分别为意志图式［我要X］、愿望图式［我希望X］和承诺图式［我保证X］，我们考察的许诺、承诺，主观倾陈（包括提出主张、主观意愿、态度、观点等意义）这类语义可以归入这类图式，具体如下：

1）承诺图式［许诺、承诺］

该图式是进行许诺或承诺的言语行为，表达格式有"只要……就……"、"除非……才……"、"只有……才……"、"除非……否则……"、"当且仅当"等。

2）愿望图式［我希望X］

该图式是提出主张或表达主观愿望、意愿、态度及观点的语义认知图式，涉及的表达格式有"与其……不如……"、"宁肯……也不……"、"即使……也……"、"别以为……就……"等。

4. 情态图式

情态图式是纯粹用来表现情态的，主要有如下类型：

（1）补偿意义

可描写为情态［补偿意义］，其语言表达格式为"要不是……就……"，表示多亏了某人或某事，否则会出现更糟糕的状况。

（2）遗憾、不足

可描写为情态［遗憾、不足］，其语言表达格式为"要不是……就……"，表示某种事件或状况存在遗憾、不足。

（3）顾忌、顾虑

可描写为情态［顾忌、顾虑］，其语言表达格式为"要不是……就……"，表示对某种事态或状况存在顾忌、顾虑。

（4）遗憾、不满意

可描写为情态［遗憾、不满意］，涉及的表达格式是"……不过……",意思是对所述情况有所遗憾和不满意。

(5) 差强人意、另有收获

可描写为情态[差强人意、另有收获],表达格式是"虽然……但是……",意思是先述说的情况虽让人不满意,但后面的情况还算差强人意,有时还有另有收获的意思。

(6) 差强人意、失外有得

可描写为情态[差强人意、失外有得],其语言表达格式为"……不过……",表示某种事态或状况已经让人不满意,但后面的情况还算差强人意,有时还有失外有得的意思。

(7) 美中不足

可描写为情态[美中不足],涉及的表达格式是"虽然……但是……",意思是所述说的情况给人以美中不足的感觉。

5. 宣告图式

可概括为宣诺、警惕类,主要包括宣告、警示、威慑、提醒等意义,可以分别具体做如下概括:宣告[X]、警示[X]、威慑[X]和提醒[X],宣诺类的表达格式有"只要……就……"、"除非……才……"、"只有……才……"、"除非……否则……"、"要么……否则……"、"当且仅当"等,警惕类的表达格式有"如果……就……"、"要么……否则……"、"当且仅当"、"别以为……就……"等。此类语义主要用于对事物状态或人物产生改变,属于以言成事或曰言后行为一类。

明确了上述交际意图认知图式和各个条件关系范畴表达格式的关联就可以进一步考察这些意图是如何被表达和理解的,从而解释条件关系范畴语义的生成过程。这一过程是交际主体围绕交际意图这一核心展开的认知建构过程,下文详析。

三 条件关系范畴的语言表达

1. 主体的认知加工

吕明臣(2005)详细分析了话语意义建构的过程,我们认为条件关系范畴的语言表达正是条件关系范畴语义的认知建构过程,就说话人而言是由交际意图的形成开始，到话语形式标识的生成结束，这一过程的核心是如何将交际意图符号化为合适的话语形式标识。对听话人来说，其认知加工则始于接收话语形式，到寻求到交际意图结束，这一过程的核心是听话人如何从话语形式标识寻找到交际意图。同时，主体的认知加工过程是一个动态认知过程，是交际主体之间的一种互动行为。

"在话语意义建构的过程中，作为交际主体的说话人为了给交际意图选择合适的话语形式标识促使自己调动起各种相关知识，在这些相关知识的'参与'下说话人选择了话语形式标识。在这个过程中，那些'参与'选择的相关知识以某种方式组合起来成为说话人的话语意义，话语形式就'提示'了这种意义。作为交际另一主体的听话人，通过接收到的话语形式标识激活他认知背景中的相关知识，在这些相关知识的'参与'下寻求到交际意图。"① 所以，"话语意义就是在言语交际主体的这两种认知加工的过程中产生的，它是主体认知背景中相关知识的激活、连接和重组"②。

2. 条件关系范畴的语义生成模型

依据吕明臣（2005）的分析，结合汉语条件关系范畴的语义内容和特性，我们构拟了一个生成模型，该模型可以大致反映汉语条件关系范畴的语义生成过程和原理，具体生成过程是特定交际意图及动机通过交际意图输入→假设形成→选择决策→话语形式生成这一加工系列，特定的交际意图促动说话人选择了某种话语形式，这种话语形式以其所具有的底层的逻辑语义推理结构为基础，这一逻辑语义经语言化获得一个整体语义，这种整体语义又由特定的语言表达格式所负载。这样，交际意图就和话语形式实质性的连接起来，交际意图就通过话语形式被激活了。听话人则经由话语形式输

---

① 吕明臣：《话语意义的建构》，东北师范大学出版社 2005 年版，第 143 页。
② 同上。

入→假设形成→选择决定→形成交际意图这一加工系列，最终理解了话语意义，听话人根据话语形式寻找说话人的交际意图，调动其背景知识对话语形式所关联的语义进行识解，从而进一步捕捉说话人的交际意图。这里的话语形式就是各个语言表达格式，这些具体格式由于负载了相关的语义，而这些语义又是以特定的逻辑语义推理结构为基础的，所以表达格式所表达的整体语义就在听话人这里被激活、连接和重组，这样，交际意图也就自然明了了。[①]

　　由于各个语言表达格式所激活的语义同中有异，差别细微，又往往有所交叉，所以在模型中各种交际意图和动机与具体的语言表达格式之间的关联就十分复杂，再加上主体的认知加工是一个动态建构过程，这就使得话语意义的建构变得更加错综复杂。但是仍有理由相信其核心部分是可以得到较为清晰的描写的，这是因为其底层的逻辑语义基础是相对有限和清楚的。下面我们就依据吕明臣（2005）的阐释构拟一个条件关系范畴的语义生成模型，旨在把条件关系范畴的语义和语言表达格式关联起来，从而展示该类范畴的语言表达过程。这一模型及过程如图4。

　　如图4所示，条件关系范畴的语义和交际意图紧密相连，彼此互动，在话语意义建构过程中为话语形式的选择提供基础和依据，其中条件关系范畴的种种语义既与交际意图相关联，又与话语形式相关联，因为特定的话语形式就承载了特定的语义，因此话语形式被采用并进入具体交际以后，它也就激活了相关的语义进而传递了特定的交际意图。联系话语意义建构的动态过程，主体在言语行为的认知加工过程中将其所具有的各种知识激活、连接和重组，具体到条件关系范畴的语义，它们通过话语形式被"提示"，进而被激活、连接和重组。作为话语形式的各个语言表达格式，由于其承载了特定的语义而与这些语义内容形成了相对固定的关联，而它们被

[①] 吕明臣：《话语意义的建构》，东北师范大学出版社2005年版，第122—136页。

图 4

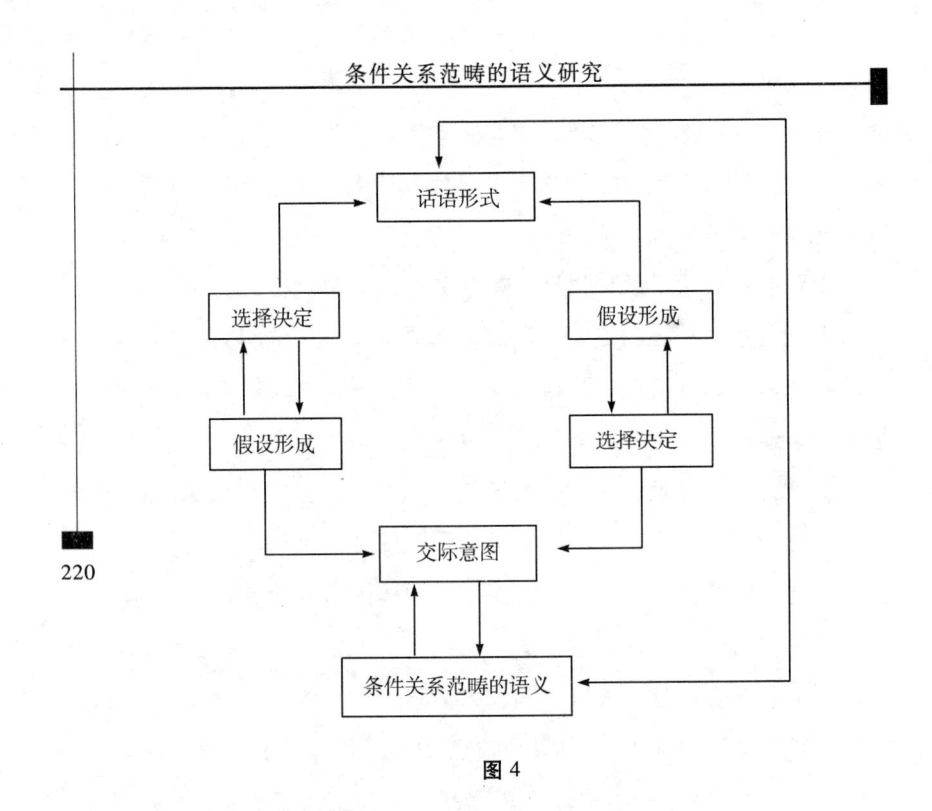

用于何种交际意图则是主体加工选择的结果，具体如图 5 所示：

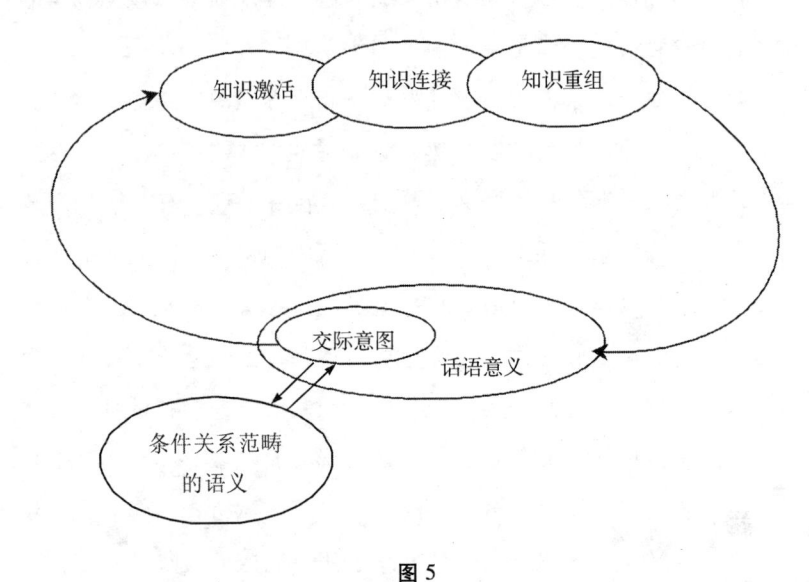

图 5

这样，话语形式也就通过与交际意图的互相渗透而最终标识或激活了话语意义，整个建构过程也就得以完成。

条件关系范畴的语言表达自然也是以交际意图为起点的,而交际意图包含意向和意向内容两部分,意向决定了交际意图的性质,意向内容是某种性质意向的具体对象。比如"既然……就……"的意向图示是:告知[顺应现状、相关推论],其中"顺应现状、相关推论"是意向的内容,而告知这一内容才是交际意图的实际性质。再如"虽然……但是……"的意向图示可描写为:告知[出乎意料],语义为告知一种出乎意料的状况,因为"虽然……但是……"表达的意思相当于"如果……就……"这一条件命题的负命题,即并非"如果……就……",当说出"虽然……但是……"的时候,人们逻辑经验中的"¬(p→q)"就会被激活,并进而推出p∧¬q即¬q的结论,而按照常理应该是p→q,那么¬q的结论自然给人"出乎意料"之感,具体为:

¬(p→q)

p

———————

¬q

从上面的推理不难发现,该推理的结论是¬q,这与(p→q)∧p→q中的q是截然相反的,所以自然会衍生出"出乎意料"的含义,语言表达的正是这一整体意义。以往对"即使……也……"的看法也是有问题的,一般的现代汉语教材把它分析为表让步关系的复句,黄伯荣、廖序东则把它归入"假设复句"。《现代汉语八百词》说"表示假设兼让步;就是",或者"表示一种极端的情况"。邢福义对"即使……也……"也做了较为详细的分析,认为它表示让步转折关系,并细分做一般性的假言让步、极言其甚的让步和退一步估量的让步三种情况,还指出此格式有时有非复句用法,用来联结主语和谓语。让步关系虽简洁清楚,但对"即使……也……"的语义解释似乎并未完全和充分,实际上"即使……也……"的整体意义是表违反常理,也是对条件命题"如果……那么……"的否定,推理结构也是:

$$\frac{\begin{array}{c}\neg\,(p\rightarrow q)\\ p\end{array}}{\neg\,q}$$

从推理中可知"违反常理及必然性"是"即使……也……"的整体意义，语言表达时"违反常理及必然性"是作为意向的内容的，"告知"这种"违反常理及必然性"才是意向的属性，这样条件关系范畴的语义就被融入了特定的交际意图之中。警示和情态类的交际意图的表达就更突出，如"如果……就……"、"除非……否则……"、"要么……否则……"、"别以为……就……"等之所以可以用以表达"警示、提醒"的意义，是因为它们被融入了警示［X］图式中，同理"要不是……就……"、"……不过……"、"虽然……但是……"等有"补偿意义，遗憾、不满意，差强人意、失外有得"等意义则是被融入情态［X］的缘故。

当然，对条件关系范畴的语义生成模型的构拟还处在猜想阶段，还需要大量的实证研究的支持，吕明臣（2005）指出："客观上，通过实验的方法对话语意义建构做出分析会面临一个主要的困难：无法在实验的环境下重建自然状态下的言语交际行为，实验者的任何提示都将影响被试的话语意义建构过程。话语意义研究不同于词语句子的产生和理解的研究，篇章阅读的研究方法也不完全适合于研究话语意义。话语意义研究应该有新的实验方法，找到一种适宜的实验方法肯定会推进话语意义建构的研究。"[1] 限于学术背景和个人能力，我们还无法直接做相关的实证研究，期望日后能够致力于此或是得到心理学特别是认知科学专家学者的研究支持。

参考文献：

［1］Adele E. Goldberg：《构式：论元结构的构式语法研究》，吴海波译，北京大学出版社 2007 年版。

［2］［法］丹·斯珀波、［英］迪埃珏·威尔逊：《关联：交际与认知》，

---

① 吕明臣：《话语意义的建构》，东北师范大学出版社 2005 年版，第 150 页。

蒋严译，中国社会科学出版社 2008 年版。

［3］何兆熊：《新编语用学概要》，上海外语教育出版社 2000 年版。

［4］耶夫·维索尔伦：《语用学诠释》，钱冠连、霍永寿译，清华大学出版社 2003 年版。

［5］［英］杰弗里·利奇：《语义学》，李瑞华等译，上海外语教育出版社 1987 年版。

［6］李小五：《条件句逻辑》，人民出版社 2003 年版。

［7］吕明臣：《话语意义的建构》，东北师范大学出版社 2005 年版。

［8］吕明臣、佟福奇：《"吃"的语义解释》，《通化师范学院学报》，2010 年第 7 期。

［9］吕明臣、佟福奇：《"不论……都……"的语义分析》，《社会科学战线》，2011 年第 7 期。

［10］吕明臣、佟福奇：《"即使……也……"的语义分析》，《求索》，2012 年第 3 期。

［11］佟福奇：《条件关系范畴的语言表达》，吉林大学博士学位论文，2012 年。

［12］王维贤、张学成、卢曼云、程怀友：《现代汉语复句新解》，华东师范大学出版社 1994 年版。

［13］邢福义：《复句与关系词语》，黑龙江人民出版社 1985 年版。

［14］邢福义：《汉语复句研究》，商务印书馆 2001 年版。

语义地图模型在条件句范畴中的运用初探[*]

佟福奇[1]

(1. 安庆师范学院文学院，安徽安庆，246011)

摘要：依据语义地图理论对汉语条件句（本文称之为"条件关系范畴"）的语义进行共时描画，给出三个地图模型，这些模型是汉语条件句的语义关系缩影。文章分析了假言范畴、选言范畴、负命题范畴及模态条件范畴的整体语义，归纳出核心意义及非核心区域的意义。借鉴语义地图理论的操作程序，构拟汉语条件关系范畴的语义关系网络图，用以揭示该范畴的概念结构及相关意义间的心理表征。

关键词：语义地图模型；条件关系范畴；语言化；语义地图层级性

一 语义地图理论简说

张敏（2010）指出：" '语义地图模型'是表征跨语言的语法形式—语法意义关联模式的差异与共性的一种强大的分析工具，近年来在类型学界备受关注，但尚未广泛应用于汉语研究"，"这一工具的用途并不限于跨语言比较，它也能有效地用于单个语言的内

---

[*] 本文发表在《长春理工大学学报》（社会科学版），2014年第5期，发表时较原稿有所改动。

部比较"。① 张敏（2010）、吴福祥（2011）运用语义地图理论结合汉语的实际作出了很好的示范性研究，本文在诸先生研究的基础上大胆尝试，运用语义地图来描写和解释条件关系范畴的内部联系和相互区别，旨在揭示汉语条件关系范畴的认知结构，从而更好地认识条件关系的语义及其在语言中的具体实现。

张敏（2010）指出："语义地图模型的研究对象，通俗地说，乃是语法领域例的'同形多义'。具有这一特征的语法形式在类型学界一般被称作'多功能语法形式'（multifunctional grams），其中的'功能'指的是表义功能或曰表达作用，不是语法分布，亦可译作'用途、用法'或'语法意义、语法功用'等。具有两个或以上意义/用法/功能的语法形式主要包括虚词（功能词）和语法构造两大类"，"作为语法形式的句法格式，其常用者（如双宾式、处置式、重叠式、动补结构等）也常常负载多种相关的格式意义"。② 这给我们以很大的启示，汉语条件句在佟福奇（2012）中被界定为"条件关系范畴"，即"这个条件关系范畴的确立，应该是全新概念的，是从整体上考虑到了语言表现形式所能激活的一种内在的、整体的逻辑推理结构。换句话说，把整体的逻辑推理结构浓缩到表层语言表达，可以概括为一种条件关系范畴"。③ 其语义也是一些具体表达格式的集合，是基于特定逻辑结构的次范畴的聚合。我们完全可以借助语义地图来描写这些表达格式，在不具备跨语言考察的前提下，先力争把汉语的条件关系范畴的语义地图描写出来，有条件时再做跨语言的深入研究。即便是做出汉语的条件范畴的语义地图，也能有助于深入理解和认知汉语条件关系范畴语义的概念结构。

---

① 张敏：《"语义地图模型"：原理、操作及其在汉语多功能语法形式研究中的运用》，北京大学汉语语言学研究中心《语言学论丛》编委会编，《语言学论丛（第四十二辑）》，2010年12月，第3页。

② 同上书，第7页。

③ 佟福奇：《条件关系范畴的语言表达》，博士学位论文，吉林大学，2012年。

二 条件关系范畴的语义网络图

需要特别说明的是,张敏(2010)开创可以汉语为本的语义地图研究的"自下而上"模式,该工作模式与类型学家在对世界语言广泛而均衡的取样基础上进行比较研究的惯常做法不同,"这是因为一般的汉语研究者并不具备进行大规模跨语言比较研究的客观条件(如大规模跨语言语料库、世界各地语言的参考语法等都不易取得),即使具备这些条件,这样的工作也与自身的工作性质不符。因此,对汉语研究者而言,最切实可行的做法乃是一种'自下而上'(bottom-up)、'由近及远'的比较方式:从单个方言的内部比较开始,逐步扩展到一片、一区的方言乃至全国的方言,若行有余力则再将汉藏系其他语言纳入考察范围,并逐步扩展到世界其他语言",事实上,"在自下而上的每一个层面,通过比较都有机会找到蕴含性的规律,并通过建构语义地图提出共性假设"。[①]

鉴于对条件关系范畴的现有研究并未深入到具体格式的语义功能,所以运用语义地图理论分析条件关系范畴的语义尚属尝试,本文就打算先立足汉语构拟一个条件关系范畴的语义网络图,待以后研究更深入与广泛的时候就可以实现跨语言的比较,进而得出蕴含规律,从而更好地解释人类语言在条件关系范畴方面的共性和差异。虽然只是汉语条件关系范畴的语义草图,但仍能有助于深刻认识汉语条件关系范畴语义的深层次结构,这无疑有助于对条件关系范畴的逻辑特性及认知结构的深入理解,有着一定的理论意义和研究价值。

结合各个条件关系范畴的语言表达格式的实际意义,对条件关系范畴的语义做了进一步的抽象和概括,提取出语义节点,尝试着绘制出一幅语义网络图,该图可以大致反映汉语条件关系范畴语义的概念结构及不同意义之间的亲疏联系。其中"必然(含必然

[①] 张敏:《"语义地图模型":原理、操作及其在汉语多功能语法形式研究中的运用》,北京大学汉语语言学研究中心《语言学论丛》编委会编,《语言学论丛(第四十二辑)》,2010年12月,第25—26页。

性）"，"必要（含必要性）"，"充要（必然并且必要）"等意义比较基本，处在核心区域，"评测（包括顺应现状、相关推论，推断，推测，评说，预测，揣测，评述不相容的事实、状况，筛选性评价、判断，筛选性预测、建议，反转性评价或预测等意义）"，"述说缘由"，"差反意义（包括补偿意义，遗憾、不足、不满意，差强人意、另有收获、失外有得，美中不足，出乎意料，违反常理等意义）"，"无法实施"，"失控"，"忌顾（顾忌、顾虑）"、"劝阻"、"主观倾陈（包括提出主张、主观意愿、态度、观点等意义）"，"宣诺（包括宣告、许诺等意义）"，"警慑（包括警示、威慑，警示、提醒等意义）"，"顺势发问"，"子话题切换"等处在非核心区域，它们与核心语义形成各种关系联结起来，构成汉语条件关系范畴的语义关系网络图，具体如下：

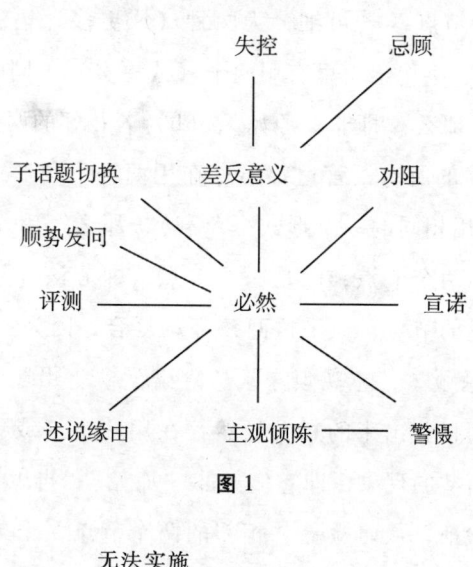

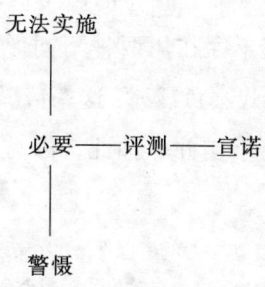

图1

图2

宣诺——充要（必然并且必要）——警慑

图 3

　　上面是汉语条件关系范畴的语义关系网络图，为了必要的抽象和简便，我们把具体的语义又做了一定的概括和提升，最终获得了"必然"、"必要"、"充要"、"评测"、"述说缘由"、"差反意义"、"无法实施"、"失控"、"忌顾"、"劝阻"、"主观倾陈"、"宣诺"、"警慑"、"顺势发问"、"子话题切换"等意义，这些意义是说明和描写汉语汉语条件关系范畴语义的恰切节点。这一点似乎很容易被质疑，因为据 de Haan（2004）指出，"语义地图研究中需确保图上节点必须是'原始'（primitive）的，即不可继续分解为两种或更多不同的语法意义或用途。这一要求有两个方面：（a）若语义地图上某个节点 X 若可细分为两种（或更多）语法用途，例如 Y 和 Z，它们在某个语言里有用两个（或更多）不同的语法形式去负载的现象，那么 X 即非'原始'；（b）若相邻的两个节点 Y 和 Z 在考察范围内的所有语言里都不存在用两种不同形式负载的情形（即从来都是用相同的一个形式去负载），那么 Y 和 Z 就不应该是语义地图上的两个节点，而是一个节点，即应该合并为 X"。① 以此来衡量前述的节点，似乎这两条都难复合，因为"评测"、"差反意义"、"忌顾"、"主观倾陈"、"宣诺"、"警慑"等意义都是可以细分的，而且分出来的意义显然存在用两个（或更多）不同的语法形式去负载的现象，即它们并非"原始"；再者，本文也没有做跨语言的验证，从而检验"相邻的两个节点 Y 和节点 Z 在考察范围内的所有语言里都不存在用两种不同形式负载的情形（即从来都是用相同的一个形式去负载）"这一情况，这样看来我们的工作似乎毫无意义，然而事实并非如此，因为正如张敏先生论证过

---

① 张敏：《"语义地图模型"：原理、操作及其在汉语多功能语法形式研究中的运用》，北京大学汉语语言学研究中心《语言学论丛》编委会编，《语言学论丛（第四十二辑）》，2010 年 12 月，第 17—18 页。

的，de Haan（2004）界定的要求（a）是难以实现的，因为考察汉语条件关系范畴时"评测"、"差反意义"、"忌顾"、"主观倾陈"、"宣诺"、"警惕"之类意义显然是存在"潜在可分性"的，但是分合要视研究的需要，这里旨在先描绘出基于充分、必要、充要三种条件乃至逻辑推理结构的条件关系范畴语义关系网络的概貌，待日后占有的材料更丰富，考察的范围更广泛时再对每个表达格式在语义关系网络图中的分布情况加以详细描写，这自然需要更多跨语言材料的支撑。

三　进一步讨论

综上述考察，由汉语条件关系范畴的语义关系网络图可以观察到："必然（含必然性）"、"必要（含必要性）"、"充要（必然并且必要）"等意义比较核心，"评测"、"述说缘由"、"差反意义"、"无法实施"、"失控"、"忌顾"、"劝阻"、"主观倾陈"、"警惕"及"顺势发问"、"子话题切换"等意义是在核心意义的基础上引申而来的，其中"评测"、"述说缘由"、"差反意义"、"无法实施"、"失控"、"忌顾"等与核心意义的关系较近，"劝阻"、"主观倾陈"、"警惕"及"顺势发问"、"子话题切换"等更接近言语之力的语用效果，而"顺势发问"、"子话题切换"则更接近篇章衔接的功能，这种由核心意义到边缘意义的渐变形成一个连续统。

就现有的考察来看，汉语条件关系范畴的语义以逻辑语义结构为其底层基础，经由语言化过程凝固为一个个具体的语言表达格式，这些表达格式便负载了特定的语义，而这些语义又是一个整体。在具体语言使用中，特定的表达格式是激活了与之相关联的逻辑语义结构，从而以此为基础表达出实际的语义内容。本文所绘制的语义关系网络图大体可以反映汉语条件关系范畴语义的内在概念结构和语义之间的关联，这些发现是在逻辑规律和语言经验的共同支撑下推求出来的，至于其普遍性及与其他语言的差异，则需要更多的跨语言考察，希冀我们的研究会对后续工作有所启发。

本文分析了假言范畴、选言范畴、负命题范畴及模态条件范畴的整体语义，归纳出核心意义和非核心区域的意义，它们联结起来构成汉语条件关系范畴的语义网络。进而借鉴语义地图理论的操作程序，构拟汉语条件关系范畴的语义关系网络图，用以揭示该范畴的概念结构及相关意义间的心理表征。我们认为语义地图模型的应用是有层级性的，不关适用于词汇范畴，也可以拓展到条件句范畴，这可以概括为"语义地图层级性"。本文的研究是对语义地图理论的尝试性拓展，是否科学合理还有待进一步检验和论证，作为晚辈后学着实是不揣固陋，如有错误和不当还请前辈和同人多多批评指正！

参考文献：

[1] Adele E. Goldberg：《构式：论元结构的构式语法研究》，吴海波译，北京大学出版社 2007 年版。

[2][美] 伯纳德·科姆里：《语言共性和语言类型》，沈家煊译，华夏出版社 1989 年版。

[3][法] 丹·斯珀波、[英] 迪埃珏·威尔逊：《关联：交际与认知》，蒋严译，中国社会科学出版社 2008 年版。

[4] 胡怀亮：《NTV 观点与实质蕴涵怪论》，《云南师范大学学报》（对外汉语教学研究版）。

[5][英] 杰弗里·利奇：《语义学》，李瑞华等译，上海外语教育出版社 1987 年版。

[6] 李小五：《条件句逻辑》，人民出版社 2003 年版。

[7] 吕明臣：《话语意义的建构》，东北师范大学出版社 2005 年版。

[8] 吕明臣、佟福奇：《"吃"的语义解释》，《通化师范学院学报》，2010 年第 7 期。

[9] 吕明臣、佟福奇：《"不论……都……"的语义分析》，《社会科学战线》，2011 年第 7 期。

[10] 吕明臣、佟福奇：《"即使……也……"的语义分析》，《求索》，2012 年第 1 期。

[11] 佟福奇：《条件关系范畴的语言表达》，吉林大学博士学位论文，2012 年。

［12］王维贤、张学成、卢曼云、程怀友：《现代汉语复句新解》，华东师范大学出版社1994年版。

［13］邢福义：《复句与关系词语》，黑龙江人民出版社1985年版。

［14］邢福义：《汉语复句研究》，商务印书馆2001年版。

［15］高华：《条件推理双重加工的发展性研究》，南京师范大学博士学位论文，2007年第5期。

［16］余达祥：《条件推理机制的心理学研究》，江西师范大学博士学位论文，2008年第6期。

基于形式语言学的"别以为……就……"分析[*]

佟福奇

(安庆师范学院,安徽安庆,246011)

摘要:基于形式语义学、语用学理论从底层的逻辑语义开始,分析"别以为……就……"的逻辑语义结构进而归纳其语言化意义,这一意义是以底层的逻辑语义为基础在表达层面被激活的,是逻辑语义和语言化共同促动的结果。文章还用形式化手段描写了该结构式的语义生成规则,结合话语意义的建构及形式语用学理论提出"别以为……就……"语义的逻辑识解及深度关联假设,并建立了语义理解的缺省逻辑方案。

关键词:别以为……就……;逻辑语义;共同促动;逻辑识解及深度关联假设;缺省方案

邢福义(1985)是较早的复句方面的研究专著,对复句和关系词语做了详尽的考察,而邢福义(2001)是汉语复句研究的标志性成果,这些研究都是开创性的,已经对条件句有了很深刻的认识。但是对条件句的观察主要还是依赖于语言经验,因此尚停留在

---

[*] 本文发表在《乐山师范学院学报》,2015年第1期,发表时较原稿有所改动。曾在黑龙江大学俄罗斯语言文学与文化研究中心、中俄人文合作协同创新中心与黑龙江大学俄语学院主办的第七届全国语义学学术研讨会上宣读,得到与会专家学者的好评。感谢审稿专家的重要修改建议!

相对表层的视角，未能真正深入开掘汉语条件句及相关句族的实际语义，尤其对是条件句的语义生成和理解过程还有待深入。本文将开创一种新的研究思路，以现代汉语中的"别以为……就……"为例，首先从它的底层逻辑语义入手分析其语义结构，这才是它所表达的语义的基础，在分析出逻辑语义结构的基础上进一步归纳出"别以为……就……"在语言中所表达的实际意义，这种意义是在底层的逻辑语义和交际主体以及语境共同促动的结果。

一 逻辑语义分析

从底层的逻辑语义结构来看"别以为……就……"表达的是一个负命题，可以逻辑地表达为：~（p→q），即其中的"以为……就……"相当于一个假言命题 p→q，而"别"是否定算子。负命题"~（p→q）"是对"p→q"这一蕴含关系的否定，而"p→q"是"以为……就……"所表达的逻辑意义，它是作为整个负命题语义的一部分或者说是一个前提意义，因此"别以为……就……"实际表达的是一个复杂的推理结构，我们可以这样来描写这一结构：

    p→q   前提意义

    ~（p→q）   负命题意义

    ~（p→q）≡ p&~q   等值意义

    p&~q/~q   联言推理的分解式

    ~q   实际意义

从上面的推理过程可知：~q 才是"别以为……就……"的真正语义内涵，自然语言中的实例可资为证：

（1）别以为你漂亮我就不严格要求你。（自拟例句）[1]

（2）别以为你有几个臭钱就可以耀武扬威。（自拟例句）

(3) 别以为生病了就可以什么都不管。(自拟例句)

(4) 别以为人到中年，就算完事。

以上例子表达的都是~q的意义，句(1)是说"我会严格要求你"；句(2)是说"你不可以耀武扬威"；句(3)是说"生病了也要做事"；句(4)则是"人到中年还不算完事"的意思。

二 语言化意义

在逻辑语义结构的基础上，语言结构式在实际语言运用中获得了语言化意义，于"别以为……就……"来说则是表达"背离常理"，这是由否定算子"别"加在"以为……就……"上面最终实现的，这种背离常理的意义主要有如下表现：

第一，强调某种必然的事实或结论，这一事实或结论是对q的否定，即~q，如：

(5) 别以为阴天了就不用下地干活了。(还是要下地干活的。)(自拟例句)

(6) 别以为装糊涂就可以蒙混过关。(不能蒙混过关。)(自拟例句)

(7) 别以为是你是VIP飞机就会等你起飞。(飞机不会等你起飞。)(自拟例句)

这类句子多是陈述某种事实或结论，只是说出背离常理的事实或结论，并不涉及说话人的主观态度和评价。就言语行为的类型归属而言属于表达类的言外行为。

第二，表明主观意愿或态度，是在背离常理这一语义基础上的情感意义表达，因为整个结构式的意义是~q，由此也就表达了说话人强烈的否定态度或意愿，实际用例如下：

(8) 别以为开个悍马我就会对你低三下四！（我不会低三下四！）（自拟例句）

(9) 别以为你把自己说的很坏我就会抛弃你！（我不会抛弃你！）（自拟例句）

(10) 0对9说："别以为装大尾巴狼就能吓唬人。"（装大尾巴狼也吓唬不了人！）

(11) 9对0说："别以为剪掉尾巴你就是个人物了。"（剪掉尾巴你也不是个人物）

上述例句明显是表明了说话人的主观意愿或态度，这是在"背离常理"的"必然"这一基础性语义的基础上衍生出来的，带有很强的感情色彩，说话人直接表明主观意愿或态度并希望所表达的在听者那里得到显映并最终实现说者和听者之间的相互显映，从言语行为的类型归属上来看属于表达类的言外行为。

第三，表示警示或提醒，同理也是以"背离常理"的"必然"为基础语义衍生出来的，因为"背离常理"需要格外注意，因之才予以警示或提醒，语言中的实际用例如：

(12) 别以为上了大学就一劳永逸了，在大学里不钻研知识培养能力毕业了很容易立即失业。（自拟例句）

(13) 总之，别以为人家对你彬彬有礼，就是对你心悦诚服。

第三种意义是对惯常思维的否定，进而予以警示或提醒，依据言语行为的类型此类表警示或提醒的意义属于表达类的言外行为。

通过上面的分析，"别以为……就……"主要有三种语言化意义，其中前一种意义是基础性语义，第二种和第三种意义是在第一种意义的基础上语言化的结果，所谓语言化是说话语意义在表达层面逻辑地扩张了。这从前面的分析中已经可以看出，"背离常理"

的"必然"和"表明主观意愿或态度"以及"表示警示或提醒"之间存在着一个逻辑关联，即"必然"导致了语义强度的提升，那么以此来表达主观意愿或态度时也有强感情色彩，也正因为"必然"的语义强度高，所以相关的事实或结论往往更值得关注，从关联论的角度看，语义强度高容易被听者率先识解，因而也易于达到最大关联。这也就决定了整个结构式可以用来"表示警示或提醒"，说话人是通过强调这种事实或结论来提请听话人注意该状况。

三 语义生成规则

"别以为……就……"的语义是以负命题为基础表达了～q的意义，经过语言化实现为三种意义：即"背离常理"的"必然"，"表明主观意愿或态度"以及"表示警示或提醒"。借助形式语义学的手段可以对这一结构式的语义生成基础进行描写，下面就主要依据C_P系统对"别以为……就……"的生成规则和语义解释做出形式刻画[2]，方案如下：

A. 句法规则 GC_P

1a. GC_P S→ Neg. （Cond.$_{[1]<a>}$ S_1S_2 < Cond.$_{[1]<b>}$ > ）/ S2 = NP[3] Cond.$_{<b>}$ …/.

1b. GC_P Neg. → {别}

1c. GC_P Cond. → {以为……就……}

2a. GC_P S→ Neg. S_i

2b. GC_P S_i → （Cond.$_{<a>}$ s_1s_2 < Cond.$_{<b>}$ > ）/ s_2 = NP[4] Cond.$_{<b>}$ …/

2c. GC_P s_1→N[5]

2d. GC_P Neg. → {别}

2e. GCP   Cond. → {以为……就……}

B. 翻译规则 TGC_P

1a. TGC_P $S' \to \sim (S_1' \to S_2')$ [6]
1b. TGC_P Neg. $\to \sim$
2a. TGC_P $S' \to \sim S_i$
2b. TGC_P Neg. $\to \sim$

从上面的语义生成规则不难看出,"别以为……就……"表达了一个负命题意义,而"别"是否定算子。吕明臣、佟福奇(2012)已经揭示"即使……也……"也表达 $\sim q$ 的意义,而且底层逻辑结构相似,那么两者的语义是否相同呢?下文将对这两个结构式的语义做一个比较分析。

四 与"即使……也……"语义的比较

依据吕明臣、佟福奇(2012)"即使……也……"表达的推理过程可以形式地刻画为:

$p \to q$ 初始前提
$p \& \sim q$ 联言命题
$p \& \sim q \equiv \sim (p \to q)$ 等值意义
$\sim (p \to q)$ 负命题意义
$p \& \sim q / \sim q$ 联言推理的分解式
$\sim q$ 实际意义

与前述"别以为……就……"的推理结构进行比较即可发现,两个结构式的语义很相似,但是具体结构又有细微不同。相似之处在于二者都以 $p \to q$ 为初始前提,结构式整体均表负命题意义;区别在于两个结构式的表层逻辑形式不同,"即使……也……"的表层逻辑形式是联言命题 $p \land \sim q$,而"别以为……就……"的表层逻辑形式是负命题 $\sim (p \to q)$。正是因为这些共性和差异,导致两个结构式在语言化意义上也既有共性又有区别。如"即使……也……"表示三种意义:一是评估某事实或结论之必然;二是描述违反常理的现象；三是表明主观态度或观点。"别以为……就……"也表示三种意义：一是强调某种必然的事实或结论；二是表明主观意愿或态度；三是表示警示或提醒。两个结构式其实只有一个意义不同，即"即使……也……"用于描述违反常理的现象，"别以为……就……"表示警示或提醒，剩下的两个意义是基本相同的。有两个意义相同并不奇怪，这是因为它们有着共同的逻辑语义基础：~q，而为什么两者语言化的意义又有不同，这涉及它们基本的逻辑形式、语言化机制等因素，又是在交际主体及语境共同促动下最终实现的。语言化机制需要做历时考察提供相关证据，本文暂不讨论。交际主体和语境的促动是话语意义建构层面的问题，是交际主体借助逻辑知识和语言知识把"别以为……就……"的意义激活重组的动态建构过程，关于这一过程可参考吕明臣（2005），此处不赘。本文拟提出一种新的方案，以便重新解释"别以为……就……"的语义实现问题。

五 基本逻辑识解及深度关联假设

在佟福奇（2012）的基础上，我们继续思考，尝试性提出"逻辑识解及深度关联假设"这一假设，把"别以为……就……"的语义理解视为交际主体（特别是听话人）的动态认知推理过程，由此进而可以建立了一个语义识解推理模型，可形式化如下：

说话人 A 说出 S，S = {¬（p→q）}

听话人 B 理解 S，

第一步，识别逻辑语义结构，即：

a1. A 说了 p→q，那么他的意思可能是（p→q）∧p→q；

第二步，对已确认的逻辑结构的语言意义进行识解和确认，即：

b1. A 说了¬（p→q），这意味着：他可能表达了"必然的事实或结论、主观意愿或态度、警示或提醒"等具体意义；

第三步，交际意图的确认，即在上一步基础上搜寻具体交际意图：

c1. A 说了¬（p→q），依据 a1 和 b1，他的意图通常就是：告知［必然的事实或结论、主观意愿或态度］。

c2. 或者，他的意图可能是：警示［X］、提醒［X］[7]。

以上的三步推理过程期间均涉及缺省推理和回路判定[8]，为什么这么说呢，因为交际意图的确认往往就是由识别逻辑语义结构到对已确认的逻辑结构的语言意义进行识解和确认，再到交际意图的确认的复杂过程。而交际意图是话语意义识解和确认的终极标的，因为是终极标的，所以必得经过交际主体的反复确认。听话人依据语境知识和主体能力优先进行缺省推理，获得一个话语意义的备选项后与理想关联情境进行比对，如果发现有偏差，马上会进行回路判定，就是再次扩展缺省理论系统，直至达到最佳关联。张韧弦（2008）描写了条件句加强情况的缺省推理理论，转引如下[9]：

在 Δ 中，

W = {m→g}

D = {m→g：¬ m→¬ g / m≡g}

含义推导过程为：

E_0 = W = {m→g}，

E_1 = Th（E_0）{m≡g}

对于 i≥2，E_i = Th（E_1），再把 m→g 并入 m≡g 得到最后的结论 E = Th（E_1）= Th {m≡g}。

并进而提出如下理论公式：

W = {Φ（I_{cp}a→I_{cp}c）}

D = {Φ（I_{cp}a→I_{cp}c）：Φ（¬ I_{cp}a→¬ I_{cp}c）/Φ（¬ I_{cp}a→¬ I_{cp}c）}

模仿上面的缺省推理方案，可以建立一个充分条件假言命题及其推理的缺省推理方案，具体如下：

在 Δ 中，

$$W = \{\Phi\neg\ (I_{cp}a \to I_{cp}c)\}$$
$$D = \{\Phi\neg\ (I_{cp}a \to I_{cp}c);\ \Phi\ (\neg\ (I_{cp}a \to I_{cp}c) \equiv I_{cp}a \wedge \neg\ I_{cp}c) / \Phi\ (\neg\ (I_{cp}a \to I_{cp}c) \equiv Icpa \wedge \neg\ I_{cp}c)\}$$

上面的推理结构具体含义是对（¬（p→q）∧p）→¬q这一逻辑语义结构识别时的缺省推理过程，即由前提 $\Phi\neg$（$I_{cp}a \to I_{cp}c$）和唯一论据 Φ（¬（$I_{cp}a \to I_{cp}c$）≡$I_{cp}a \wedge \neg I_{cp}c$）可推得 Φ（¬（$I_{cp}a \to I_{cp}c$）≡$I_{cp}a \wedge \neg I_{cp}c$）。至于具体对已确认的逻辑结构的语言意义进行识解和确认，以及交际意图确认的具体过程也可以用缺省推理的方案予以描写，这里从略。

话语意义的建构或者更确切地说是话语意义的识解过程是十分复杂的，现有的条件似乎无法直接检验其内在心理过程和推理的具体步骤，但是恰恰如此，也使这一课题变得更加有魅力！我们只是提出一种可能的解释方案，希望可以为话语意义的建构，特别是话语意义的理解的研究提供参考，从而一定程度地丰富话语意义理论。计算语言学中的条件句识别是一个重要领域，本文的研究也可以为计算语言学提供适当参考。当然，这只是一个假设，错误和疏漏之处请方家指正，由错误和疏漏而带来的责任均由作者本人负责。

注释：

[1] 本文例句均来自北京大学汉语语言学研究中心语料库，自拟例句则另作标注。

[2] 依据了蒋严、潘海华：《形式语义学引论》，中国社会科学出版社1998年版。

[3] NP 代表"就"前可能出现的句法成分，可出现 NP、Adv、PP 等，也可能是零形式。

[4] NP 代表"就"前可能出现的句法成分，可出现 NP、Adv、PP 等，也可能是零形式。

[5] N 代表"以为"后的句法成分，多为 NP、VP、Adv、PP 等。

〔6〕此翻译规则是为了与句法规则一致，实际整个格式表达的是~q，由~（p→q）可以推知。

〔7〕这部分意图的识别更多涉及情态部分，涉及各种充分条件推理的情况，所以相对于其他意图识别可能需要更多的主体认知处理努力。

〔8〕"回路判定"是一个权宜的说法，意思是对缺省假设重新进行检验，这一过程需要保证单调性，可参张韧弦（2008）。

〔9〕"条件句的强化"是另一个理论问题，不会实质性影响我们的假设，本文暂不深入讨论。

参考文献：

〔1〕何兆熊：《新编语用学概要》，上海外语教育出版社 2000 年版。

〔2〕金岳霖主编：《形式逻辑》，人民出版社 1979 年版。

〔3〕吕明臣：《话语意义的建构》，东北师范大学出版社 2005 年版。

〔4〕吕明臣、佟福奇：《"吃"的语义解释》，《通化师范学院学报》，2010 年第 7 期。

〔5〕吕明臣、佟福奇：《"不论……都……"的语义分析》，《社会科学战线》，2011 年第 7 期。

〔6〕吕明臣、佟福奇：《"即使……也……"的语义分析》，《求索》，2012 年第 1 期。

〔7〕吕叔湘：《现代汉语八百词》，商务印书馆 1999 年增订版。

〔8〕佟福奇：《条件关系范畴的语言表达》，吉林大学博士学位论文，2012 年第 6 期。

〔9〕王维贤、张学成、卢曼云、程怀友：《现代汉语复句新解》，华东师范大学出版社 1994 年版。

〔10〕邢福义：《复句与关系词语》，黑龙江人民出版社 1985 年版。

〔11〕邢福义：《汉语复句研究》，商务印书馆 2001 年版。

〔12〕熊学亮、张韧弦：《试论条件句和结论句之间的逻辑规约》，《外国语》，2005 年第 2 期。

〔13〕〔瑞典〕詹斯·奥尔伍德、拉斯·冈纳尔安德森、奥斯坦·达尔：《语言学中的逻辑》，王维贤、李先焜、蔡希杰译，北京大学出版社 2009 年版。

[14] 张韧弦:《形式语用学导论》,复旦大学出版社 2008 年版。

[15] 中国人民大学哲学系逻辑教研室:《逻辑学》,中国人民大学出版社 2002 年版。

网络流行语的生成机制与交际扩张[*]

佟福奇

(安庆师范学院,安徽安庆,246011)

摘要:以"有钱就是任性"、"我也是醉了"为例分析网络新词语的生成机制,依据句法学、形式语义学和语用学理论描写其句法操作原理和语义生成过程,依据语用学的相关理论解释这些网络新词语的交际扩张能力及表现,由此对网络交际状态下的语义生成和理解做出解释和预测。此研究是网络语言研究的新尝试,对网络语言研究和话语意义的研究有一定借鉴作用。

关键词:网络新词语;生成机制;交际扩张

中图分类号:　　　　　**文献标识码**:A

文章编号:1672—1047(2015)03—0001—01

DOI:10.3969/ j. issn.1672—1047.2015.03.01

网络语言是指"在网络中使用的自然语言,或者说是出现在网络交际中的人的自然语言"[1],网络新词语则是网络语言中最鲜活的部分,处在日新月异的不断变化当中,其更新和使用速度非常之快。如此快速更新的新词语,是不是都毫无规律,昙花一现的

---

[*] 本文发表在《黄冈职业技术学院学报》,2015 年第 3 期,发表时较原稿有部分修改。

呢？本文将依据句法学、形式语义学、语用学理论，以"有钱就是任性"和"我也是醉了"为例，从语言形式的句法特征、语义内涵入手分析其句法操作过程和语义生成机制，进而考察这两个新词语的语用交际扩张情况。

一 句法特征

先看看百度百科对这两个网络流行语的解释，首先，"有钱就是任性"是网友调侃一件诈骗事件而引用的网络流行语，并在各大网络平台渐火。本意是对于有钱人的做事风格具有嘲讽语义，而现今多出于好友间或者微博空间论坛上调侃用语。"有钱、任性"，"我有钱，我任性"，"有钱就是任性"，"有钱就是这么任性"是现2014年最新流行起来的网络用语。用来调侃有钱人令网友大跌眼镜的做事风格，并被衍生出类似用语，如"成绩好就是任性""年轻就是任性""携氧从不降价，效果好就是任性"等等。[2]其次，"我也是醉了"，网络用语。它是一种对无奈、郁闷、无语情绪的轻微表达方式。通常表示对人物或事物，无法理喻、无法交流和无力吐槽。多可与"无语"、"无法理解"、"无力吐槽"换用。我也是醉了最初源自武汉地区，网络出处为东来东往EP同名主打歌《我也是醉了》。[3]

从上述解释可以看出，"有钱就是任性"和"我也是醉了"都是以词组的形式进入网络交际的，随着使用范围和时间的扩大还衍生出"有钱、任性"、"我有钱，我任性"、"醉了"等变异形式。两者在句法上都是高度概括的，并进一步产生紧缩形式"有钱、任性"、"也是醉了"，直至"任性"和"醉了"，由词组紧缩为词，语言形式尽最大可能简化。这体现了网络流行语短小精悍的特点，反映了网络交际经济简洁的基本要求。

二 语义内涵及生成机制

"有钱就是任性"和"我也是醉了"的具体语义都有特定的来

源，并在使用中有所抽象化和类推化，对各自的语义生成机制可以做出形式描写。

（一）语义内涵

1. "有钱就是任性"

这句流行语的语义相对简单，核心语义是对于有钱人的做事风格的嘲讽，进而用于好友间或者微博空间论坛上调侃用语，把有钱人令网友大跌眼镜的做事风格突显出来。随着不断使用，主要用于对自我或他人做事风格和行为的调侃，语义进一步抽象化和类推化，即指称对象上由调侃有钱人到调侃普通人，人称指示上由第三人称转向第一和第二人称。

2. "我也是醉了"

百度百科"我也是醉了"词条解释了该条流行语的6种语义：

1）假借醉了不清醒的状态，不能理解对方的想法，实则表示对方的不可理喻和自己轻微的不满。用于第二人称时，亦有类似效果。

2）对事物、状态或行为的无力吐槽，表达一种无奈、无语和无法交流的心理感受。

3）对人物或事物的轻蔑和鄙视，不屑于对其进行回应和反击。

4）真的"醉了"，非常非常少数人这样使用，属于个人习惯问题。

5）发现自己没有看明白或者是掩饰自己已经无法再去交流。大意为表示无奈，郁闷，无语。

6）我也是醉了，没奥默酒盾。意思是喝酒没有带奥默酒盾，无法醒酒，太无奈了。[4]

对上述两则流行语的语义进行归纳，可以精简出一些基本的语义内涵，这些语义由核心向边缘引申，由原始义向派生义蔓延，详见下面的表格：

网络流行语	语义内涵	发生学地位
有钱就是任性	嘲讽有钱人的做事风格	原始义
	对自我或他人做事风格和行为的调侃	派生义
我也是醉了	1. 不可理喻	派生义
	2. 轻微的不满	派生义
	3. 无力吐槽	派生义
	4. 无奈、无语和无法交流	原始义
	5. 无奈，郁闷，无语	原始义
	6. 无法醒酒，太无奈了	原始义

（二）语义生成机制

基于上面的分析，可以进一步对两则流行语的语义生成机制做出预测和描写，这里所说的语义生成机制主要侧重于从原始义到派生义的语义生发路径，也就是说采取怎样的方式和手段使语义上升到语言表达层面的问题。以"有钱就是任性"为例，最初是网友调侃诈骗事件，原始义是对于有钱人的做事风格予以嘲讽，然后迅速在网络蹿红，其基本动因是网络交际驱动，也就是网络交际主体通过主观赋义和语境定制，何谓主观赋义呢？这里是指交际主体即流行语的使用者对特定流行语形式做出新的解释，通过使用赋予其新的语义，这是从网友的个别使用开始的波形扩散过程，类似王士元的词汇扩散理论所说的那样，先有个别网友做个案使用，然后逐步扩散。[5]那么何又谓语境定制呢？这也是交际主体的积极加工行为，也就是说交际主体即流行语的使用者对特定流行语形式进行语境选择，从而使主观赋义得以实现，或者说通过语境选择使主观赋义得以落实。这两个过程是相伴和辩证统一的，经过这两个过程才使得该流行语获得一个新的流行义，而这一语义又是在原始事件的基础上经过类推和抽象而获得的。所谓类推是说交际主体在主观赋义时不会偏离太远，一定会在原始事件的基础上的基础上做语义驱动加工，其结果是语境定制为某一原始义，如"有钱就是任性"

的原始义为"嘲讽有钱人的做事风格","我也是醉了"的原始义为"无奈,郁闷,无语"之类。也就是说这些流行语最初的使用其情境和所指对象与原始事件十分类似,这往往是网络驱动的第一步和初级阶段。

随着最初的主观赋义和语境定制所确立的原始义的不断使用,流行语的语义被不断扩散,而扩散的趋势有两种可能:第一,该流行语形式的使用频率在数量是呈现递增趋势,直至逐渐被淡化,甚至最终消失,例如屌丝,只是用来指称没钱、没实力、没相貌的草根,并未出现语义引申,其使用频率逐渐降低;第二,出现语义的引申和派生现象,例如"有钱就是任性"由最初的"对于有钱人的做事风格予以嘲讽"到"对自我或他人做事风格和行为的调侃",并伴随出现了人称的转指,即原来的单指第三人称向第一和第二人称均可以指称。"我也是醉了"从"无奈、无语、郁闷和无法交流"到"不可理喻、轻微的不满和无力吐槽"的引申和派生也是类似的过程。

流行语语义出现引申和派生是语义生成的重要过程和路径,可以将其定义为流行语语义的生成机制,这里试着对该机制做出形式化描写,详细如下:

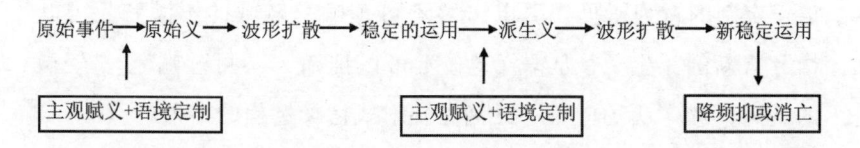

原始事件→原始义→波形扩散→稳定的运用→派生义→波形扩散→新稳定运用
　　　　↑　　　　　　　　　　　↑　　　　　　　　　　　
　主观赋义+语境定制　　　　主观赋义+语境定制　　　降频抑或消亡

图1　语义生成机制示意图

这个流程图是网络流行语语义形成的大致过程,其中的原始事件也可以是某个微博或听吧里受追捧的话语形式,然后作为初始应用确立出原始义。波形扩散会产生使用频度的骤增,进而出现相对稳定的运用。而派生义的产生是一个新的主观赋义和语境定制过程,这一过程可以因具体运用的不同可能而出现过程拷贝,这也有两种可能:一是辐射式拷贝,即由原始义平行衍生出多个引申义如派生义1，派生义2，派生义3等；二是链条式拷贝，即也由原始义传递式衍生出多个引申义如派生义1——→派生义2——→派生义3等。

　　例如"有钱就是任性"的原始义为"嘲讽有钱人的做事风格"，先作为个案在网络上初始应用，然后是波形扩散阶段，使用频率骤增，进入相对稳定的运用阶段。随着原始义的不断被使用，交际主体出现再次的主观赋义和语境定制过程，引申出对自我或他人做事风格和行为的调侃，从而出现新的波形扩散、频率骤增、新的稳定运用，确立出派生义。随后语义进一步抽象化和类推化，即指称对象上由调侃有钱人到调侃普通人，人称指示上由第三人称转向第一人称和第二人称。这些过程都是新的主观赋义和语境定制的过程拷贝。其拷贝过程略显复杂，具体为原始义——→派生义1——→派生义2——→派生义3，先是原始义"嘲讽有钱人的做事风格"，然后产生派生义1"对自我或他人做事风格和行为的调侃"，进而产生"调侃普通人"，再到"调侃自己或听话人"，这里还出现了人称的置换。同理，"我也是醉了"的原始义为"无奈，郁闷，无语"，也是先在网络上出现初始应用的个案，然后经历波形扩散、频率骤增、相对稳定的运用阶段，然后原始义出现新的主观赋义和语境定制的过程拷贝，引申出"不可理喻、轻微的不满和无力吐槽"等新的派生义，从语义地位上可以推知"不可理喻"、"轻微的不满"和"无力吐槽"之间是辐射式拷贝过程的结果。

　　上面解释了网络流行语语义的生成路径，描写了语义的具体生成过程，不难发现主观赋义和语境定制过程的核心地位和作用，下面对这一核心操作过程作进一步的形式刻画。这里的形式刻画侧重解释主观赋义和语境定制的心理过程和操作机制，也就是解释流行语的话语形式如何被赋予新的语义和用法。

　　对于某一特定的流行语而言，其主观赋义和语境定制有一定的随机性和偶然性，但就整个流行语的使用来看，其心理过程和操作机制是有规律可循的，这就是交际主体的主观认知加工和语用策略的结果。先看主观赋义，是指交际主体对某个特定的话语形式进行重新赋值，使其获得新义 Y（区别于原义 X），这个 Y 往往依赖于某个特定网络事件、微博或者贴吧中的意外爆红和追捧等常见形式，致使某一话语形式迅速以 Y 语义为全新形式波形扩散，由少数网络时尚的引领而迅速蹿红全网。再说语境定制，其实是与主观赋义相辅相成的另一个侧面，是对新语义 Y 的语境赋值操作，具体说就是从新语义 Y 的原初使用开始，为承载 Y 语义的流行语话语形式选择匹配的语境的操作过程，这一过程随着 Y 语义的首次使用及不断扩张而得到巩固，因之新义 Y 的扩散和蹿红过程就是语境定制及巩固的过程。随着原始义的不断运用，交际主体出现再次的主观赋义和语境定制过程，前述的语义赋值和语境定制的过程被拷贝操作，新义 Y1，Y2……被匹配新的语境并不断得到加强。例如"有钱就是任性"以特定的网络事件为基点，主观赋义为"嘲讽有钱人的做事风格"，相应地进行匹配的语境定制操作，用以调侃有钱人的做事风格的匹配语境随着使用被不断加强。引申出派生义为对自我或他人做事风格和行为的调侃，是进一步的主观赋义和语境定制操作过程。语义进一步抽象化和类推化，指称对象上由调侃有钱人到调侃普通人，人称指示上由第三人称转向第一人称和第二人称则是进一步的主观赋义和语境定制的过程拷贝。"我也是醉了"的原始义为"无奈，郁闷，无语"，也是主观赋义和语境定制的结果，以个案形式在网络上出现，语义赋值后相匹配的语境被不断加强，然后引申出派生义，新的主观赋义和语境定制的过程被拷贝操作，引申出"不可理喻、轻微的不满和无力吐槽"等新的派生义。这些过程和机制可以用下页图 2 来描述：

  图 2 既是网络流行语的语义生成的核心过程和操作机制，可以解释流行语语义的大致来源，就某个特定流行语而言，其语义的流行虽有偶然与随机特征，但背后有着深层的共性，揭示这一核心过程和操作机制可以更好地解释与认知网络流行语的语义及具体应用。

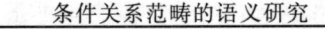

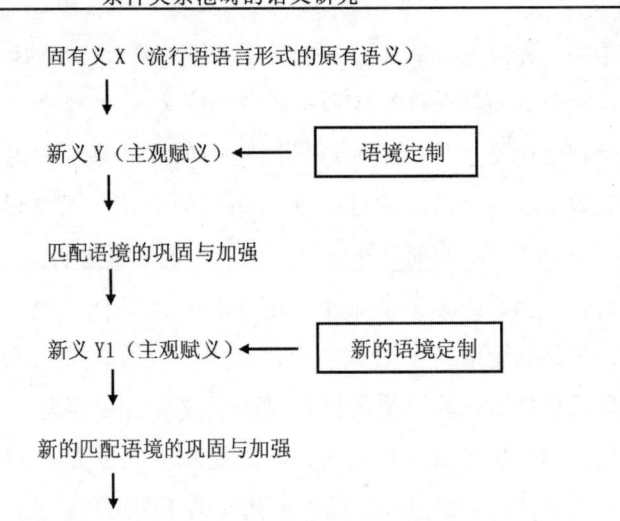

```
固有义 X（流行语语言形式的原有语义）
        ↓
新义 Y（主观赋义） ← 语境定制
        ↓
匹配语境的巩固与加强
        ↓
新义 Y1（主观赋义） ← 新的语境定制
        ↓
新的匹配语境的巩固与加强
        ↓
新的主观赋义与语境定制的过程拷贝
```

图 2 语义派生过程与机制示意图

三 交际扩张考察

这里所说的交际扩张是指从流行语从原始义产生到新的派生义的引申出现的内在动因，包括交际主体的认知加工和客观语言环境的综合作用，是主客观的合力作用使得网络流行语产生新义并出现交际扩张。

（一）交际主体

交际主体包括说话人（发话人）和听话人（受话人），对流行语的语义建构起积极的主观促动作用。[6] 作为交际主体的网络流行语使用者人群倾向为中学生、大学生及其他年龄近似的网络活跃者，这一人群的突出特点是追求新颖刺激、充满个性和时尚张扬的表达方式，所以在语言表达上坚决不重复旧有的语言形式，而是略带刻意地选择新颖独特甚至颇有些另类的语言形式，网络流行语正是这一需求的切合者，二者一拍即合。因之，交际主体是网络流行语的创造者和实时更新者。

（二）客观语境

客观语境是网络流行语的实际应用土壤，是其语义得以实现和传播的客观依据，离开这一环境流行语的语言形式就失去了新义，而只具备原始义，具体例证是自然语言中的非流行义的使用，例如：

甲：老王家的女儿真任性，那么大了还不懂事！
乙：谁说不是呢！

这种交际状态下的"任性"不是流行语用法，是其普通用法。可见，网络流行语必须依赖于它使用的网络环境，或者被网络流行语的交际主体扩张到日常交际，例如：

甲：中午吃什么？
乙：麻辣烫！
甲：任性！

这一语境下的"任性"则是流行义，是交际主体的主观驱动结果。所以，承载流行语的语言形式是否能表达流行义，语境突显是至关重要的，当然这种突显离不开交际主体的主观驱动。

(三) 网络的作用

刚刚说到客观语境是网络流行语的实际应用土壤，而网络则是这一土壤存在的直接现实。流行语语义的生成直接依托于主观赋义和语境定制，这是主体的操作程序，而网络则为这一操作提供直接的现实场所，创新求异的网络流行语使用者在这里尽情创造和遨游。而且，依据波形理论和词汇扩散的理论，流行语的语义相类似，也是往往从一个点扩散开去，速度骤变，急剧飙升，这全要依赖网络的渲染和传播，这是非网络的线下交际难以匹敌的独有方式和资源，因之一个流行语可以在一夜间蹿红全网，而口耳相授的传统交际方式对一个语言形式重新主观赋义则需要显然更长的时间，其效果还未可知。

(四) 合力的驱动

我们主张用一种整体主义的研究视角来观察语言现象，特别是审视语义问题，所以提出网络流行语产生新义是主客观合力作用的结果的观点，这种观点可以更合理地解释网络流行语语义的交际扩张。不妨也用图示来说明，详细如下：

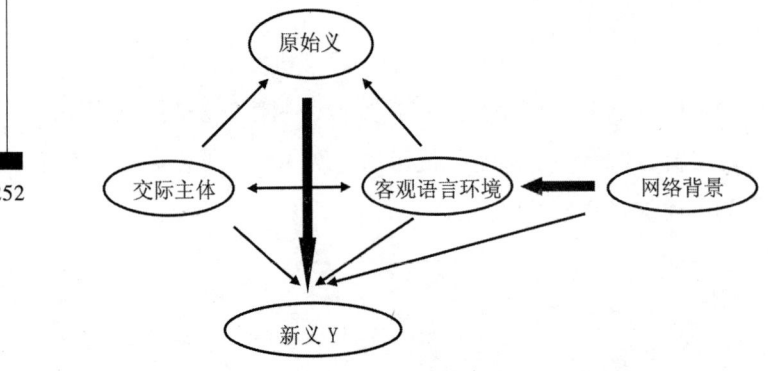

图 3 综合驱动示意图

其中的双向箭头表示交互过程，整个新义的产生显然需要多种要素的合力作用，交际主体、客观语言环境和网络背景是这种合力的主要作用者。

四 结语

本文对网络流行语的语义生成机制和核心操作过程做出描写，对语义的交际扩张做出分析和解释，综观视角为整体主义视角，旨在提供一种新的网络流行语语义研究范式，期间参考了当代话语意义理论、波形理论和词汇扩散理论，还受到了形式语言学的些许启发和指导，水平之限错误和粗疏概由本人负责，恳请方家批评指正。

参考文献：

[1] 吕明臣、李伟大、曹佳、刘海洋：《网络语言研究》，吉林大学出版社 2008 年版。

[2] 引自百度百科"有钱就是任性"词条，网址为：

http://baike.baidu.com/link?url=BSeOTwS8sec1rvPLrVmuzZvIZRbcRiL km3s13OchuJjKYkFp8ViFw9ePDOX5s759XDetEuoOU8jiynzu92jFwffymrzFlg9rP3elh Z6nRR7z bR2LHkBR6vE_7X6DBsKjbohqGOUPXfJO17sMZ14eoK。

[3] 引自百度百科"我也是醉了"词条,网址为:

http://baike.baidu.com/link?url=jiqgsmYjtfrmT8sOGqhs2AyfFZqeCT9 Wbu9O8sTj2W3zaMtgblyahygZlLFZQr3qf7jKo1x1DIiDwLEMsTsBk - p9O9M7Z_ Bpk9EAz2xdNZ3#2。

[4] 引自百度百科"我也是醉了"词条,网址为:

http://baike.baidu.com/link? url = jiqgsmYjtfrmT8sOGqhs2AyfFZqeCT9 Wbu9O8sTj2W3zaMtgblyahygZlLFZQr3qf7jKo1x1DIiDwLEMsTsBk - p9O9M7Z_ Bpk9EAz2xdNZ3#2。

[5] 麦耘:《从粤语的产生和发展看汉语方言形成的模式》,《方言》, 2009年第3期。

[6] 吕明臣:《话语意义的建构》,东北师范大学出版社2005年版。

基于形式语言学的汉语条件句新解

——以充分条件范畴为例[*]

佟福奇

(安庆师范学院文学院,安徽安庆,246011)

摘要:以往条件句的研究主要依赖对语言的直觉经验,对其语义生成和理解过程的研究相对欠缺,特别是对汉语条件句语义的整体关照严重不足。一个关联词语所联结的条件句(有时也联结单句形式)往往表达了一个推理过程,并不是仅仅是简单的条件命题;采用无条件句、目的句、转折句这一类名称,不利于对条件句做出根本性的梳理,致使很多句式的语义仍然没有揭示清楚,对汉语条件句及相关句族有必要重新审视。

关键词:汉语条件句;充分条件范畴;逻辑语义;基本逻辑识解及深度关联;缺省推理

0 引言

邢福义(1985)是较早的复句方面的研究专著,对复句和关系词语做了详尽的考察,而邢福义(2001)是汉语复句研究的标志性成果,这些研究都是开创性的,已经对条件句有了很深刻的认

---

[*] 本文刊发在《安庆师范学院学报》(社会科学版),2015年10月第34卷第5期,收入本书时有部分修改。

识。但其观察主要依赖于语言经验,尚停留在相对表层的视角,未能真正深入开掘汉语条件句及相关句族的实际语义,尤其是对条件句的语义生成和理解过程还有待深入探究。一个关联词语所联结的条件句(有时也联结单句形式)往往表达了一个推理过程,并不是仅仅是简单的条件命题,这在邢福义先生的研究中是没有做到的。王维贤(1994)侧重了逻辑分析,因而揭示了条件句的很多单凭语言经验难于发现的特点和规律,尤为值得关注。然而其研究主要借助条件命题的基本结构来推求条件句的语义,并没有认识到条件句的语义是和推理结构密切相关的。逻辑学界也是如此,如李小五(2003)从纯逻辑的角度对条件句逻辑做出了精深的论述,是系统地阐释条件句逻辑的基本概念、基本方法、重要成果及其恰当性的重要著作,对条件句逻辑乃至哲学逻辑都有重要意义。但该专著是逻辑哲学著作,内容涉及了择类逻辑、关系逻辑、领域逻辑、相信修正逻辑、代数逻辑、直陈概率逻辑、虚拟概率逻辑和一般概率逻辑等逻辑理论模型,是专门从逻辑角度对条件句逻辑予以研究,研究的重点也并不是对汉语条件句语义的开掘,同样没有从推理结构的角度来关照汉语条件句的语义问题。综上所述,以往的研究缺乏对汉语条件句语义生成过程和实现机制的研究,特别是对汉语条件句语义的整体关照严重不足。尤其是继续采用无条件句、目的句、转折句等称谓,并不利于对条件句做出根本性的梳理,致使相关句式的语义仍待深入梳理。

  采用从底层逻辑语义结构开始进而推求相关构式整体意义的整体主义研究范式,运用缺省推理解释条件关系范畴的语义理解。本文的研究指向涉及充分条件关系的汉语条件句及相关句族的语义问题,提出充分条件关系范畴这一次范畴,并依据充分条件假言推理的相关格式分析归纳自然语言中各个具体表达格式的逻辑推理类型,构造各个语言表达式的完整推理结构,从而对充分条件关系范畴的逻辑语义基础做出充分描写,形式上建构充分条件关系范畴的SCC_P,对其语义做出形式刻画。由此依据缺省逻辑理论及语用学有关理论提出充分条件范畴语义的基本逻辑识解及深度关联假设，并给出具体形式方案。最后进而探求各种语言表达格式的整体意义，这种意义是以逻辑语义为基础经语言化而获得的，是语言表达式通过激活对应的逻辑推理结构及其认知语义结构而实现的。下面先分析其逻辑语义结构。

一　逻辑语义分析

李小五（2003）认为当把"若 A 则 B"看作是严格条件句（通常记为□（A→B），在历史上也记做 A—3B），模态逻辑已做了深入的研究，其处理方法就是把 A—3B 看作是对实质条件句 A→B 的必然断定□（A→B）。李小五先生（2003）充分注意到了充分条件假言命题在多数情况是表达□（A→B）这一语义，但自然语言中更为复杂，详见下文。

充分条件假言推理的有效形式为肯定前件式和否定后件式，这两种推理形式关联具体语言表达格式的情况如下：

（一）肯定前件式

充分条件假言推理的有效形式之一为肯定前件式推理，其形式为：

如果 p，那么 q
p
─────────
所以，q

其符号形式是：

p→q
p
─────────
q

属于肯定前件式推理的语言表达格式有"因为……所

以……"、"既然……就……"、"如果……就……"和"只要……就……"①,具体分析详见佟福奇(2012),此处不赘,否定后件式及充分条件的负命题推理等的详细分析皆从略。

(二)否定后件式

充分条件假言推理的另一个有效形式为否定后件式推理,其形式为:

如果 p,那么 q
非 q
—————
所以,非 p

其符号形式是:

$p \to q$
$\neg q$
—————
$\neg p$

属于否定后件式推理的语言表达格式有"如果……就……"、"如果说……那么……"和"只要……就……",语言形式在表达这些推理结构时,各个表达格式的关联词语可以部分或者全部省略,详见佟福奇(2012),此处从略。

(三)充分条件的负命题推理

充分条件假言命题有时还会涉及负命题推理结构,其结构形式为:

并非,如果 p,那么 q。
符号形式是:$\neg (p \to q)$。

---

① 这里所举的语言表达格式是一种概括形式,包括相关的变异格式,如"因为……所以……"还有"因为……,……","……,所以……"等形式,下同。

语言中涉及的表达格式主要有"虽然……但是……"、"……不过……"、"即使……也……"以及"别以为……就……",具体分析从略。

(四) 充分条件的简单模态推理

此处暂时只考察包含可能命题的推理情形,其他待日后深入研究。涉及模态推理的自然语言表达格式主要是"因为……所以……"、"既然……就……"、"如果……就……"、"如果……那么……"和"只要……就……"。

1. 因为……所以……

"因为……所以……"涉及的模态推理形式为 $\Diamond(A\to B)\to(\Box A\to\Diamond B)$①,也可以描写为 $\Diamond(p\to q)\to(\Box p\to\Diamond q)$。此时"因为"、"所以"联结的前后件之间的关系仅仅是可能的,而不是必然的,即存在一个可能世界,在这个世界里 p→q 为真,因为涉及到模态命题,所以支命题中常包含"可能"、"很可能"、"有可能"、"不可能"等词语,其他表达格式亦是如此。例如:

(1) 因为许多新的天文发现都是从某种天体的周期特征开始的,所以人们预计,SS433 很可能藏有一些新的宇宙奥秘。

(2) 因为古人类在第四纪时开始狩猎活动,并习惯把猎获的动物搬回洞穴里,所以这些动物化石可能和古人类狩猎活动有关。

上述例句的 p、q 之间在语义上相关,但并不是必然的实质蕴含关系,而是一种可能条件命题 $\Diamond(p\to q)$,就是说在肯定 p 的情况下可以断定 q 是可能的,即 $\Box p\to\Diamond q$。有的时候前件是一个可能

---

① 周礼全:《逻辑——正确思维和成功交际的理论》,人民出版社 1994 年版,第 164 页。

命题，还有的时候前后件都是一个否定命题，例如：

（3）因为每一场比赛都有可能是我在国家队踢的最后一场比赛，所以我就更希望能为球队、国家和球迷多做奉献。

（4）因为没有什么系统训练，所以不可能把自己的各方面都调到最高。

例（3）的前件也是可能命题，由"每一场比赛都有可能是我在国家队踢的最后一场比赛"进而说明"我就更希望能为球队、国家和球迷多做奉献"的意愿。这两例的逻辑结构可大致描写为 $\Diamond p \to \Diamond q$，这种情况比较特殊，当且仅当，存在一个可能世界使 p 是真的，q 也是真的。例（4）是根据"没有什么系统训练"这一状况推断"不可能把自己的各方面都调到最高"，"因为"、"所以"引出的都是一个否定命题形式，整个推理格式为 $\Diamond \neg p \to \Diamond \neg q$。

2. 既然……就……

"既然……就……"也可以表示可能的模态推理 $\Diamond (p \to q) \to (\Box p \to \Diamond q)$，此时 p 与 q 之间的联系是可能的，即存在一个可能世界，在这个可能世界里 p→q 是真的，那就意味着当且仅当 p→q 为真的时候，"既然……就……"联结的命题为真。例如：

（5）这一发现促使一些天文学家想到：既然宇宙在膨胀，那么就可能有一个膨胀的起点。

（6）既然改革是利益的再调整，那就不可能会使所有部门的所有人都满意。

（7）既然新技术不可能毫无风险，人们要考虑的就是什么水平的风险可以接受。

例（5）中是先肯定"宇宙在膨胀"这一状况，然后据此进行推断：宇宙"可能有一个膨胀的起点"。例（6）的后件是否定命题，但仍然是据先述说的条件进行推断。例（7）则前件是一个否定命题形式，同时是可能命题，后件据前件进行推断。从模态逻辑的角度说，◇（p→q）就意味着 p→q 不可能必然为假，即当强调 p 和 q 之间的特定联系时，p→q 是可能的，由此可知□p→◇q，即 p 必然为真时 q 是可能的。

3. 其他表达格式

除了前面讨论的"因为……所以……"和"既然……就……"以外，其他一些表达格式也都涉及到了充分条件的可能模态推理，为了行文简便下文一并论述如下：

（8）如果照此下去，中国国民经济就可能持久地沿着既积极又稳妥可靠的综合平衡的轨道发展。

（9）在飞机飞行时，如果通讯和导航系统受到干扰，就有可能造成飞行事故；……

（10）如果说这仅仅是偶然的话，那么可能正好印证了那句偶然中有必然的老话。

（11）同时，对于亚洲各国人民来说，只要日本继续不反省侵略战争的历史，就不可能逃脱受到批1判的境地。

例（8）、例（9）是用"如果……就……"联结的；例（10）用的联结词是"如果说……那么……"；例（11）使用的联结词是"只要……就……"，它们的逻辑结构均为□p→◇q，后件为可能命题，整个表达式表示对 p 蕴含 q 可能性的断定，即◇（p→q）。

以上我们分析了充分条件范畴的逻辑语义结构及其关涉的自然语言表达格式，下文将进一步构拟充分条件范畴的 SCC_P 及其语义解释。

二 充分条件关系范畴的 SCC_P 系统及语义解释

前面详细描写了充分条件关系范畴所涉及的相关语言格式的具

体逻辑语义结构,现在进一步根据蒋严、潘海华(1998)的扩展后的 C_P 系统尝试着对充分条件关系范畴的句法规则和翻译规则形式建构如下[1]:

A. 句法规则 $GSCC_P1$

1a. $GSCC_P$　$S \to Cond_{[1].<a>}\ S_1S_2 < Cond_{[1].<b>} >/\ S_2 = NPCond_{[1].<b>} \cdots/.$

1b. $GSCC_P$　$Cond_{[1]}. \to$ {因为……所以……、既然……就……、如果……那么……、如果说……那么……、只要……就……、要么……否则……}

B. 翻译规则 $TGSCC_P1$

1a. $TGSCC_P$　$S' \to (S_1' \to S_2')$.

1b. $TGSCC_P\ Cond_{[1]} \Rightarrow \to$.

$S_1' \to S_2' = 1$ iff $(S_1' = 0) \lor (S_2' = 1)$,否则为 0。

A. 句法规则 $GSCC_P2$

1a. $GSCC_P$　$S \to Cond._{<a>}\ S_1S_2 < Cond._{<b>} >/\ S_2 = NPCond._{<b>} \cdots/.$

1b. $GSCC_P$　$Cond._{[1]} \to$ {虽然……但是……、即使……也……,无论(不论)……都……、不管……都……、任凭……都(也)……}

2a. $GSCC_P$　$S \to Cond._{[1]<a>}\ s_1s_2 < Cond._{[1]<b>} >/\ s_2 = NP[2]\text{-}Cond._{[1]<b>} \cdots/$

2b. $GSCC_P$　$s_1 \to N[3]$

2c. $GSCC_P$　$S \to S_i$

2d. $GSCC_P$　$Cond._{[1]} \to$ {虽然……但是……(……但是……),

---

[1] 这里的工作是一个大胆尝试,错误之处还请方家严厉批评和指正!另见佟福奇:《条件关系范畴的语言表达》,吉林大学博士学位论文,2012 年。

[2] NP 代表"也"前可能出现的句法成分,可出现 NP、Adv、PP 等,也可能是零形式。

[3] 同上。

……不过……, 即使……也……, 无论(不论)……都……①、不管……都……、任凭……都（也）……}

B. 翻译规则 TGSCC$_P$2

1a. TGSCC$_P$ S′→（S$_1$′→S$_2$′）②
1b. TGSCC$_P$ Cond.$_{[1]}$ ⇒ →
2a. TGSCC$_P$ S′→s$_1$′→s$_2$′
2b. TGSCC$_P$ s$_1$′→N′
2c. TGSCC$_P$ S′→S$_i$′
2d. TGSCC$_P$ Cond.$_{[1]}$ ⇒ →.
   S′→S$_1$′&S$_2$′=1 iff （S$_1$′=1）∧（S$_2$′=1），否则为0。

A. 句法规则 GSCC$_P$3

1a. GSCC$_P$ S→ Neg.（Cond.$_{[1]<a>}$ S$_1$S$_2$ < Cond.$_{[1]<b>}$ >）./ S$_2$ = NP③Cond.$_{<b>}$…/
1b. GSCC$_P$ Neg. → {别}.
1c. GSCC$_P$ Cond.$_{[1]}$ → {以为……就……}.
2a. GSCC$_P$ S→ Neg. S$_i$.
2b. GSCC$_P$ s$_i$→（Cond.$_{<a>}$ s$_1$s$_2$ < Cond.$_{<b>}$ >）． / s$_2$ = NP④Cond.$_{<b>}$…/
2c. GSCC$_P$ s$_1$→N⑤.
2d. GSCC$_P$ Neg. → {别}.
2e. GSCC$_P$ Cond.$_{[1]}$ → {以为……就……}.

B. 翻译规则 TGSCC$_P$3

---

① "无论(不论)……都……"的另外两种语义可翻译为：1. TGCP S′→((p→q)∧(w1→q)∧(w2→q)……)∧(p∨w1∨w2∨……)；2. TGCP S′→□xP(x)。
② 这样翻译是为了与句法规则一致,事实上表达的是 ~q, 由 ~（p→q）推得。
③ NP 代表"就"前可能出现的句法成分,可出现 NP、Adv、PP 等,也可能是零形式。
④ 同上。
⑤ N 代表"以为"后的句法成分,多为 NP、VP、Adv、PP 等。

1a. TGSCC$_P$ S′→¬ (S$_1$′→S$_2$′).①
1b. TGSCC$_P$ Neg. →¬.
1c. TGSCC$_P$ Cond. $_{[1]}$ ⇒ →.
2a. TGSCC$_P$ S′→¬ S$_i$′.
2b. TGSCC$_P$ S$_i$′→ (s$_1$′→s$_2$′).
2c. TGSCC$_P$ s$_1$′→N′.
2d. TGSCC$_P$ Neg. →¬.
2e. TGSCC$_P$ Cond. $_{[1]}$ ⇒ →.

S′→¬ (S$_1$′→S$_2$′) = 1   iff (S$_1$′→S$_2$′) = 0，否则为 0。
¬ S$_i$′ = 1   iff (s$_1$′→s$_2$′) = 0，否则为 0。

以上是充分条件关系范畴的部分语句系统 SCC$_P$②，这包括 3 个部分的句法规则和相应的 3 个不封闭的翻译规则，并结合真值条件做出了对应的语义解释。按照语言逻辑学界的规约，一类句式一般不建立两套句法和翻译规则，但是笔者注意到，现有的 C$_P$ 对条件关系范畴相关表达格式的解释力是过弱的，因此才建立两套规则来解释同一格式，这样就能涵盖"即使玉皇大帝我也不怕他"这样的单句，而这样的句子其逻辑语义恰恰是¬ p，这与我们的解释完全吻合：S′→S$_i$′，其中的 S$_i$ 正相当于¬ p 的语义内容。

这样，我们就构建了一个充分条件关系范畴语义的部分语句系统 SCC$_P$，这个系统可以生成大部分充分条件关系范畴的句子，并可以对相关句子做出翻译，描写逻辑语义结构和建立 SCC$_P$，可为进一步讨论充分条件关系范畴的语义实现做出必要准备，下文将深入分析其语义的具体实现。

三　充分条件关系范畴的语义实现问题

有了前面的底层逻辑语义结构和部分语句系统 SCC$_P$ 以后，就

---

① 此翻译规则是为了与句法规则一致，实际整个格式表达的是 ~q，由 ~ (p→q) 可以推知。

② SCC 代表充分条件关系范畴，是 Sufficient Condition Relations Category 的缩写。

可以进一步探讨充分条件关系范畴语义的实现问题，语义实现关乎交际意图，交际意图又与语义次类相关，所以先从充分条件关系范畴的语义次类开始讨论。

（一）充分条件关系范畴的语义次类

依据充分条件关系范畴的种种具体语义，可以将其进一步抽象概括为一些语义次类，主要有必然类（含必然性，述说缘由，无法实施，推测，顺应现状、相关推论，筛选性预测、建议，反转性评价或预测，推断，评说，预测，补偿意义，遗憾、不足，顾忌、顾虑等语义），失控、忌顾、子话题切换、差反意义、劝阻、顺势发问、评测、必然、宣诺、述说缘由、主观倾陈、警惕等一系列小类。

（二）条件关系范畴语义的交际意图类别

依据吕明臣（2005）结合前面逻辑语义和整体语义的分析，依据汉语充分条件关系范畴的语义与告知图式、请求图式、意愿图式、情态图式、宣告图式等交际意图认知图式之间的可能关联得出一些具体交际意图认知图式。佟福奇（2014）详细讨论了条件关系范畴的语义次类及交际意图，此处从略。明确了交际意图认知图式和各个条件关系范畴表达格式的关联就可以进一步考察这些意图是如何被表达和理解的，据此我们提出基本逻辑识解及深度关联假设。

（三）基本逻辑识解及深度关联假设

依据张韧弦（2008），我们提出充分条件关系范畴语义的基本逻辑识解及深度关联假设，其核心理念是把充分条件范畴（也适用于其他条件的推理范畴）的语义理解视为交际主体（特别是听话人）的动态认知推理过程，该过程有着心理学方面的证据，如余达祥（2008）。由这一核心理念出发，我们进而建立了一个充分条件范畴的语义识解推理模型，可形式化如下：

说话人 A 说出 S，S = $\{p \rightarrow q, \neg (p \rightarrow q), \Diamond (p \rightarrow q)\}$

听话人 B 理解 S，

第一步，识别逻辑语义结构，即：

a1. 如果 A 说了 p→q，那么他的意思可能是（p→q）∧p→q；

a2. 或者，如果 A 说了¬（p→q），那么他的意思可能是（¬（p→q）∧p）→¬q；

a3. 或者，如果 A 说了◇（p→q），那么他的意思可能是◇（p→q）→（□p→◇q）。

第二步，对已确认的逻辑结构的语言意义进行识解和确认，即：

b1. 如果 A 说了 p→q，这意味着：他可能表达了"述说缘由，推测，顺应现状"等具体意义；

b2. 或者，如果 A 说了¬（p→q），这意味着：他可能表达了"必然，差强人意、另有收获，美中不足，失控，出乎意料，轻度遗憾、不满意，违反常理，无一例外"等具体意义。

b3. 或者，如果 A 说了◇（p→q），这意味着：他可能表达了" "等具体意义。

第三步，交际意图的确认，即：

c1. 如果 A 说了 p→q，依据 a1 和 b1，他的意图通常就是：告知［述说缘由，推测，顺应现状］

c2. 或者，如果 A 说了¬（p→q），依据 a2 和 b2，他的意图通常就是：告知［必然，差强人意、另有收获，美中不足，失控，出乎意料，轻度遗憾、不满意，违反常理，无一例外］

c3. 或者，如果 A 说了◇（p→q），依据 a3 和 b3，他的意图通常就是：告知［推断、期冀（表达某愿望）］

c4. 或者，他的意图可能是：请求［某人做某事或不要做某事］；承诺图式［许诺、承诺］；愿望图式［我希望 X］；情态［差强人意、另有收获，差强人意、失外有得，美中不足］；宣告

[X]、警示 [X]、威慑 [X] 和提醒 [X][1]。

以上的三步推理过程期间均涉及缺省推理和回路判定[2]，为什么这么说呢，因为交际意图的确认往往就是由识别逻辑语义结构到对已确认的逻辑结构的语言意义进行识解和确认，再到交际意图的确认的复杂过程。而交际意图是话语意义识解和确认的终极标的，因为是终极标的，所以必得经过交际主体的反复确认。听话人依据语境知识和主体能力优先进行缺省推理，获得一个话语意义的备选项后与理想关联情境进行比对，如果发现有偏差，马上会进行回路判定，就是再次扩展缺省理论系统，直至达到最佳关联。张韧弦（2008）描写了条件句加强情况的缺省推理理论，转引如下[3]：

在 Δ 中，

$W = \{m \rightarrow g\}$

$D = \{m \rightarrow g : \neg\, m \rightarrow \neg\, g\, /\, m \equiv g\}$

含义推导过程为：

$E_0 = W = \{m \rightarrow g\}$，

$E_1 = Th\,(E_0)\,\{m \equiv g\}$

对于 $i \geqslant 2$，$E_i = Th\,(E_1)$，再把 $m \rightarrow g$ 并入 $m \equiv g$ 得到最后的结论 $E = Th\,(E_1) = Th\,\{m \equiv g\}$。

并进而提出如下理论公式：

$W = \{\Phi\,(I_{cp}a \rightarrow I_{cp}c)\}$

$D = \{\Phi\,(I_{cp}a \rightarrow I_{cp}c) : \Phi\,(\neg\, I_{cp}a \rightarrow \neg\, I_{cp}c)\, /\, \Phi\,(\neg\, I_{cp}a \rightarrow \neg\, I_{cp}c)\}$

模仿上面的缺省推理方案，可以建立一个充分条件假言命题及

---

① 这部分意图的识别更多涉及情态部分，涉及各种充分条件推理的情况，所以相对于其他意图识别可能需要更多的主体认知处理努力。

② "回路判定"是一个权宜的说法，意思是对缺省假设重新进行检验，这一过程需要保证单调性，可参加张韧弦（2008）。

③ "条件句的强化"是另一个理论问题，不会实质性影响我们的假设，本文不深入讨论。

其推理的缺省推理方案，具体如下：

方案1：

在 Δ 中，

W = {Φ（$I_{cp}a \to I_{cp}c$）}

D = {Φ（$I_{cp}a \to I_{cp}c$）：Φ（（$I_{cp}a \to I_{cp}c \wedge I_{cp}a$）$\to I_{cp}c$）/Φ（（$I_{cp}a \to I_{cp}c \wedge I_{cp}a$）$\to I_{cp}c$）}

方案2：

在 Δ 中，

W = {Φ¬（$I_{cp}a \to I_{cp}c$）}

D = {Φ¬（$I_{cp}a \to I_{cp}c$）：Φ（¬（$I_{cp}a \to I_{cp}c$）≡ $I_{cp}a \wedge \neg I_{cp}c$）/Φ（¬（$I_{cp}a \to I_{cp}c$）≡ $I_{cp}a \wedge \neg I_{cp}c$）}

方案3：

在 Δ 中，

W = {Φ◇（$I_{cp}a \to I_{cp}c$）}

D = {Φ◇（$I_{cp}a \to I_{cp}c$）：Φ（◇（$I_{cp}a \to I_{cp}c$）≡ □$I_{cp}a \to$ ◇$I_{cp}c$）/Φ（◇（$I_{cp}a \to I_{cp}c$）≡ □$I_{cp}a \to$ ◇$I_{cp}c$）}

上面的推理结构具体含义是：方案1是对（（p→q）∧p）→q这一逻辑语义结构识别时的缺省推理过程；方案2是对（¬（p→q）∧p）→¬q这一逻辑语义结构识别时的缺省推理过程；方案3是对◇（p→q）→（□p→◇q）这一逻辑语义结构识别时的缺省推理过程。

至于具体对已确认的逻辑结构的语言意义进行识解和确认，以及交际意图确认的具体过程也可以用缺省推理的方案予以描写，限于篇幅这里从略。

四 语言化意义

所谓语言化意义是指充分条件关系范畴以其底层逻辑语义为基础经过语言使用凝结在自然语言表达中的实际意义。语言使用是一个非常复杂的过程,既涉及历时的语法化因素也有交际主体的参与,历时的语法化因素本文暂不讨论,后文会重点分析语言使用者的主体因素。这里强调充分条件关系范畴的语言化意义表现为一个整体,我们称之为充分条件关系范畴的整体意义。充分条件关系范畴经语言化形成了充分条件假言推理范畴的各种具体语义,经归纳和概括分释如下,限于篇幅只列出主要语义,详见佟福奇(2012)。

(一) 充分条件关系范畴的整体语义

1. 因为……所以……

"因为……所以……"有三种逻辑推理结构:充分条件假言推理的肯定前件式推理,必要条件假言推理的否定前件式推理及涉及模态命题的相关推理。基于此,可以进一步求得该表达格式的整体语义,具体表现为述说因果、否定某种情况或事实的可能性、强调某种联系等语义。整体语义可概括为:第一,述说缘由;第二,强调某种情况无法实施;第三,表示凭某种根据做出推测。

2. 既然……就……

"既然……就……"主要表达四种推理形式:充分条件假言命题的肯定前件式推理（p→q）∧p→q;选言推理（p∨q）∧¬p→q;必要条件的否定前件式推理（p←q）∧¬p→¬q;涉及模态的推理◇（p→q）→（□p→◇q）,这里对其语言化后的整体语义做进一步的分析。先看涉及假言推理的情况,此时"既然……就……"主要表示顺理现状及相关推论;劝阻、反转性评价及预测等意义,整体语义有基于现状做出应对和建议的含义,可概括为如下几类语义:第一,顺应现状的推论;第二,劝阻、反转性评价及预测。①

3. 如果……就……

"如果……就……"是最基本的充分条件假言命题的表达格

---

① 反转性,亦即与推理前提的后件相反,这里的推理前提为p←q,而表达式的语义显然是¬q。

式,可以激活充分条件假言推理的肯定前件式,还可以表现充分条件假言推理的否定后件式,从模态的角度考虑,"如果……就……"还可以激活模态推理◇(p→q)→(□p→◇q)。基于这一逻辑语义特性,"如果……就……"的语义可概括为据已有条件作出推论、预测或建议,其语义可概括为:第一,据已有条件作出推断;第二,表据已有条件进行劝阻;第三,表据已有条件做出警示、威慑。

4. 如果说……那么……

王维贤(1994)认为是相关逻辑中的相关蕴含,即 A 真必然地推出 B 也为真,可描写做 A⇒B。从话语的语气强度上不难发现,"如果说……那么……"的语义并不像王维贤先生分析的那样是一个相关蕴含,或者说不宜把这一表达格式看作严格蕴含的 □(A→B)。也就是说,虽然 p、q 的语义有联系,却不是必然的严格蕴含关系,它们之间的联系只是可能的。下面的例子是可以说明这一格式的语义强度并不是很强的。因此不宜把这一表达格式看作严格蕴含的 □(A→B),至少这样对"如果说……那么……"的语义限定会过于严格,因为有的时候"如果说……那么……"还会激活包含可能命题的模态推理。基于以上的逻辑语义基础,该表达式的语义有评说、推断和预测等意义,可做如下概括:第一,据提出的情况进行评说;第二,据提出的情况做出推断、预测;第三,据提出的情况顺势发问。

5. 要不是……就……

这一格式可以激活必要条件假言推理的否定前件式 p←q∧¬p→¬q,有时还会表现涉及模态命题的相关推理。由此,"要不是……就……"的语义为前面事件或状况对后面事或状况的较强影响,这种影响可能是积极的也可能时消极的,因而衍生补偿、感激、差强人意及遗憾和不足等意义,可概括为:第一,基于所提出情况的补偿意义;第二,基于所提出情况的遗憾、不足;第三,因提出情况而有所顾忌、顾虑。

6. 只要……就……

依据王维贤（1994）、李小五（2003，P9），尤其是李小五先生的观点，"只要……就……"表达的是"必然地 A 蕴涵 B"，即 □（A→B）。基于该格式的这一逻辑语义特征，整个表达格式的语义为表确定无疑，具体表现为某种伴随状况的必然出现、有条件的许诺、有条件的宣告等方面，可概括为：第一，某种伴随状况的必然出现；第二，表示有条件的许诺；第三，表示有条件的宣告。

（二）充分条件关系范畴语义的实现问题

我们认为条件关系类的自然语句，其意义是由底层的逻辑语义结构经由语言化而来，并在表达层面被激活而实现表达的。以充分条件假言命题及其推理的语义表达为例，提出"基本逻辑识解及深度关联假设"，给出了该假设所涉及的缺省推理方案，关于缺省推理的理论及论证请参阅张韧弦（2008），佟福奇（2015）也做出了类似尝试。本文采取整体主义的视角，从底层逻辑结构入手，进而推求相关构式的语言化意义，这样可以避免单纯从语言结构表层及语言经验出发所带来的片面及偏差，从而做出充分解释及预测，这是以往的研究所没有做到的。此外，文章运用缺省推理解释条件句的语义理解，借助形式语义学、语用学手段对条件句做出刻画和解释，这也可以为计算语言学、话语意义理论的研究提供一些参考。

参考文献：

［1］何兆熊：《新编语用学概要》，上海外语教育出版社 2000 年版。

［2］蒋严、潘海华：《形式语义学引论》，中国社会科学出版社 1998 年版。

［3］李小五：《条件句逻辑》，人民出版社 2003 年版。

［4］吕明臣：《话语意义的建构》，东北师范大学出版社 2005 年版。

［5］吕明臣、佟福奇：《"不论……都……"的语义分析》，《社会科学战线》，2011 年第 7 期。

[6] 吕明臣、佟福奇：《"即使……也……"的语义分析》，《求索》，2012年第1期。

[7] 佟福奇：《条件关系范畴的语言表达》，吉林大学博士学位论文，2012年。

[8] 佟福奇：《基于形式语言学的"别以为……就……"分析》，《乐山师范学院学报》，2015年第1期。

[9] 王维贤、张学成、卢曼云、程怀友：《现代汉语复句新解》，华东师范大学出版社1994年版。

[10] 邢福义：《复句与关系词语》，黑龙江人民出版社1985年版。

[11] 邢福义：《汉语复句研究》，商务印书馆2001年版。

[12] 周礼全：《逻辑——正确思维和成功交际的理论》，人民出版社1994年版。

[13] 张韧弦：《形式语用学导论》，复旦大学出版社2008年版。

[14] 中国人民大学哲学系逻辑教研室：《逻辑学》，中国人民大学出版社2002年版。

[15] 高华：《条件推理双重加工的发展性研究》，南京师范大学博士学位论文，2007年第5期。

[16] 余达祥：《条件推理机制的心理学研究》，江西师范大学博士学位论文，2008年第6期。

论"都+NP+了"构式的语义实现[*]

佟福奇

（安庆师范学院，安徽安庆，246011）

[摘要] 汉语"都+NP+了"构式的语义学界已多有研究，但对该构式的语义实现缺乏宏观和整体性的解释。本文提出新的观察角度，认为"都+NP+了"构式包含背景序列、构成要素"都"、"NP"、"了"及相关预设三个构成部分，它们先形成一个语义推理结构，再借由这一推理结构进入表达层面，使构式的整体语义得以激活与实现。

[关键词] 都+NP+了；推移性；顺序性；背景序列；预设触发敏感语用算子

一 引言

邢福义（1984）早已经讨论了"NP了"句式的句法语义问题[①]，陆俭明（2003）把该构式概括为"名词语+了"，并指出能

---

[*] 本文刊发在《云南师范大学学报》（对外汉语教学与研究版），2015年第6期，是黑龙江省哲学社会科学规划项目《基于构式语法的汉语主观高量变表达研究》（批准号14E089）及黑龙江省教育厅项目《基于构式语法的汉语主观高量变表达研究》（项目编号12544097）两个项目的结项成果之一。文章得到李德鹏博士的悉心指点，在此深致谢忱！

[①] 邢福义：《说"NP了"句式》，《语文研究》，1984年第3期，第21—26页。

进入该构式的名词语具有［＋系列推移］的语义特征①。基于前辈学者的敏锐观察，后续学者继续考察"都＋NP＋了"构式，如连蜀（2002②）、张建强，田庆书（2006③）、佟淑玲（2009④）和李文浩（2010⑤）等，强调其语义有推移性、顺序性。佟淑玲（2009）则主张"都＋NP＋了"构式语义的推移性、顺序性是双向的。⑥李德鹏（2011）注意到了"了"的重要作用是表示动作从没有实现到实现的过程。⑦这些研究都加深了对"都＋NP＋了"构式的认识，但这些研究仍存在着一些不足，首先是对"都"的属性和地位研究得不够，其次是缺乏对"都＋NP＋了"构式语义实现的整体关照，即没有从话语意义实现的角度对构式语义的实现做出宏观解释。故此本文从该构式的完整语义结构入手，进而描写和解释其语义实现过程。

二 "都＋NP＋了"构式的完整语义结构

"都＋NP＋了"的完整语义结构由三部分构成，一是背景序列；二是构式的构成要素"都"⑧、"NP"和"了"，其中NP是标记所述事实和情状的参照点，"了"是事实和情状的已然标记，关于此李德鹏（2011）已做了精确分析；三是相关预设。下面分别

---

① 陆俭明：《现代汉语语法研究教程》，北京大学出版社2003年版。
② 连蜀：《关于汉语的"都＋NP＋了"句》，《柳州职业技术学院学报》，2002年第3期，第37—41页。
③ 张建强、田庆书：《汉语"都＋NP＋了"句式分析》，《河北职业技术学院学报》，2006年第2期，第39—41页。
④ 佟淑玲：《"都＋NP＋了"句式的语义特征》，《佳木斯大学社会科学学报》，2009年第2期，第55—57页。
⑤ 李文浩：《作为构式的"都XP了"及其形成机制》，《语言教学与研究》，2010年第5期，第57—63页。
⑥ 佟淑玲：《"都＋NP＋了"句式的语义特征》，《佳木斯大学社会科学学报》，2009年第2期，第55—57页。
⑦ 李德鹏：《"介词＋了"及相关现象考察》，《云南师范大学学报》（对外汉语教学与研究版），2011年第2期。
⑧ "都"作为语用算子，留待后文详析。

谈一下构成"都＋NP＋了"构式完整语义结构的三个构成部分。

第一，背景序列。① 所谓背景序列就是 NP 所处的序列或者说是 NP 赖以依存的相关事物序列，例如：

1. 小学生、中学生（初中生、高中生）、大学生、研究生（硕士（生）、博士（生））、博士后②

2. 列兵（二等兵）、上等兵（一等兵）

3. 下士、中士、上士、军士长（或称士官长）

4. 准尉、少尉、中尉、上尉、大尉

5. 少校、中校、上校、大校

6. 准将、少将、中将、上将

7. ……孙子、儿子、爸爸、爷爷……

8. ……孙女、女儿、妈妈、奶奶……

9. 助教、讲师、副教授、教授

10. 实习研究员（初级），助理研究员（中级），副研究员（副高），研究员（正高）

11. 春、夏、秋、冬

12. 星期一、星期二、星期三、星期四、星期五、星期六、星期日

以上这些序列是相对稳定的规约序列，涉及学生身份、军衔、亲属关系、职称系列、季节系列、星期系列等，如果扩大到百科范围，这一类序列五花八门，实难穷尽。这里只是类列出此类，说明其作为 NP 所处的序列中的重要的一种。

---

① 邢福义先生早就注意到能进入"NP 了"句式的 NP 具有推移性，这已经认识到了我们所讲的"背景序列"，这里不是为了造新名称，只是为了说明 NP 所处的序列及这个序列在整个构式语义实现中的地位和作用。

② 邢福义先生早就对 NP 的种类做了划分，这里突出了 NP 序列的规约和临时的对立。

另一种序列是临时性的,不像前一类那样规约惯常,如:

(1) 都50斤了,还要往出拿呀?袋子里一共也就不到六十斤的鱼,剩下不到十斤的鱼都拿不动?我看你就是找借口,想偷懒!①

(2) 都三下了,怎么还是没人来开门呢?难道记错了接头暗号……现在如果再敲门,可能就真的对不上暗号了,可是,就这么等吗?……张嘎心里一着急,在门口转悠了起来。

例(1)、例(2)的"都50斤了"和"都三下了"都是以临时性序列为依托,也就是说这些数字有一定的随机性,因为"10斤、20斤、30斤、40斤、50斤、60斤……"和"一下、两下、三下、四下……"这样的序列并不是那么相对稳定的规约序列。

第三种情况是NP所处的序列并不十分明显,往往表达的是一种关系或质的改变,例如:

(3) 都夫妻了,有什么话不能说,非要掖着藏着的!(自拟例句)

(4) 都癌症了,还要求他什么,让他安心度过最后的日子吧!(自拟例句)

这两句是表示一种变化,"都夫妻了"是关系的变化,而"都癌症了"则是身体健康状况的质的变化,这一类不妨称为"变化序列"。然而,这一类的序列不太显著,一般只是不同质的两种对比,如非夫妻——夫妻、健康——患癌症等,事实上这一类似乎不

---

① 例句转引自佟淑玲(2009),原出处为北京大学中国语言学研究中心CCL语料库,其他例句为自拟,文中已逐一标注。

是典型的"都+NP+了"中NP所赖以依存的相关事物序列。

第二,"都"、"NP"和"了"。以往"都+NP+了"的研究中缺乏对"都"的属性和地位的考察。学者们对"都"的语义也已做了很多深入精到的研究,详见蒋严(1998①)、袁毓林(2005②)、蒋静忠、潘海华(2013③)、徐烈炯(2014④)等,但并不是对"都+NP+了"中"都"的解释。本文经考察认为"都+NP+了"构式中的"都"是一个预设触发敏感语用算子⑤。那么如何证明"都"的这一功能呢,还是先看例句:

(5) 都师长了,差不多了,别太拼了,多累啊!(自拟例句)

(6) 都50斤了,还要往出拿呀?袋子里一共也就不到六十斤的鱼,剩下不到十斤的鱼都拿不动?我看你就是找借口,想偷懒!

例(5)、例(6)中"都"是辅助整个构式语义表达的,它起到了激活相关预设的作用,也就是说触发了相关预设,人们在说"都+NP+了"的时候,"NP了"带上"都"往往就意味着应该或者不应该怎样的意思,所以"都"会激活一些预设的内容,所以称"都"为"预设触发语用算子"。有些时候"都+NP+了"

---

① 蒋严:《语用推理与"都"的句法/语义特征》,《现代外语》,1998年第1期,第10—24页。
② 袁毓林:《"都"的加合性语义功能及其分配性效应》,《当代语言学》,2005年第4期,第289—304页。
③ 蒋静忠、潘海华:《"都"的语义分合及解释规则》,《中国语文》,2013年第1期,第38—51页。
④ 徐烈炯:《"都"是全称量词吗》,《中国语文》,2014年第6期,第498—507页。
⑤ 因为"都"的触发预设功能可以借助逻辑手段予以表达,因此可以看作是语用算子,因为"都"可隐去,亦即"都"显现时加强了对预设的触发功能,所以称其为敏感算子。

要表达的意义还是与预设相悖的反预期意义。

随之而来的问题是有时候"都+NP+了"中的"都"似乎可以隐去，那么"都"还是预设触发语用算子吗？如何解释这个问题？毕娇娇（2015①）考察了"NP了"和"都 NP 了"之间的差异，但不够确切。笔者认为有如下原因：第一，"都"隐去则"NP+了"的表达就不自足或相对受限，这印证了"都"在某些具体"都+NP+了"构式中的必有地位，所以作为预设触发敏感语用算子的"都"有时是不可或缺的；第二，即使在"都"可以隐去的具体构式中，加上"都"也会使构式的表义更突出，或者说加强了对预设的触发功能，因此"都"就是一个预设触发敏感语用算子。先看前面的例（1）、例（2），去掉了"都"，句子仍然可以成立，显然属于"都"可以隐去的具体构式一类，如前述加上"都"会使构式的表义更突出，或者说加强了对预设的触发功能，这一点通过"都"显现和隐去的对比已很容易看出。再看：

（7）<u>都初中生了</u>，是不是波及范围太大了，太残忍了！
（8）<u>都一家了</u>？这么快！

——是啊，就剩一家没查了，这次任务完成的快，希望准确率也高，年终奖就非我们组莫属啦！大家要认真，打好最后一仗！

例（7）、例（8）是原来带"都"例句的改写，去掉"都"后句子不合格，至少不太合语感，所以这类具体构式中的"都"不能隐去，属于"都"隐去则"NP+了"的表达不自足或相对受限一类，因此"都"在"都+NP+了"构式中或者可以加强预设触发功能，或者是预设触发的必有成分，那么称"都"为"预设触发敏感语用算子"应该比较恰切。

---

① 毕娇娇：《句法格式"NP了"和"都 NP 了"之比较》，《兰州文理学院学报》（社会科学版），2015 年第 4 期，第 74—78 页。

再看 NP，它一般是背景序列中的一极，是标记所述境况的参照点，结合前面对背景序列的分析，NP 也有三种可能性：

1. NP 是相对稳定的规约序列中的一极，如："都士官长了"、"都副教授了"、"都爷爷了"、"都研究员了"、"都星期三了"等；

2. NP 是临时序列中的一极。如："都 1 万了"、"都 2 米了"、"都 15 天了"、"都 45 分钟了"等；

3. NP 是变化序列中的一极。如："都新娘子了"、"都夫妻了"、"都同学了"、"都闺蜜了"等。

无论属于哪种情况，NP 都会标记出所述境况的参照点，由此为构式语义的实现奠定基础。

第三，相关预设。这一部分是构式语义的不可或缺的要素，"都 + NP + 了"构式语义的最后实现正是基于对预设的否定而得以实现的。① 具体来说，人们说出"都 + NP + 了"的时候往往预设着应该如何如何，例如：

(9) 都大学生了，还不会洗衣服！（自拟例句）
(10) 都 200 多斤了，还不注意节食！（自拟例句）

例（9）中的"都大学生了"，当人们说出这句话的时候往往就预设了一些信息，如与此句更直接相关的信息是大学生可以自己照顾自己，包括自己洗衣服、购物、简单理财等，而后一小句却是"还不会洗衣服"，这是与预设相反的，所以可能衍生出不应该、不自立，甚至轻微的不满等语义。例（10）中的"都 200 多斤了"，这句话被说出的时候往往预设了应该注意节食和瘦身一类的语义，但后一小句"还不注意节食"却与预设相悖，由此衍生出不应该、不合时宜等意义。所以，"都 + NP + 了"在表达中有一项

---

① 需要指出的是，有时后续小句是顺着预设说的，此时只表示对所述境况的感叹类情感意义，语义结构相对简单，本文不做详细解释。

必不可少的构成部分,那便是相关预设信息。

三 "都+NP+了"构式语义的实现过程

前面分析了"都+NP+了"的完整语义结构由背景序列、"都"、"NP"、"了"及相关预设三部分构成,由这三个部分再构成一个语义推理结构,借由这一推理结构整个构式的语义得以激活与实现。借鉴吕明臣、佟福奇(2011[①],2012[②])和佟福奇(2015[③])的工作方式,可以对"都+NP+了"的完整语义推理结构作如下描写:

$$p \rightarrow q \text{(相关预设)}$$
$$\downarrow$$
$$\sim(p \rightarrow q) \text{(负命题意义)}$$
$$\downarrow$$
$$\sim(p \rightarrow q) \equiv p \& \sim q \text{(等值意义)}$$
$$\downarrow$$
$$p \& \sim q \text{(联言命题)}$$
$$\downarrow$$
$$p \& \sim q / \sim q \text{(联言推理的分解式)}$$
$$\downarrow$$
$$\sim q \text{(实际意义)}$$

这个推理结构的解读为:人们说出"都+NP+了"的时候往往预设了 q 一类的前提信息,"都+NP+了"相当于前件 p,所以表达为 p→q;而就整个句式来看,"都+NP+了"往往有后续小

[①] 吕明臣、佟福奇:《"不论……都……"的语义分析》,《社会科学战线》,2011年第7期,第163—167页。

[②] 吕明臣、佟福奇:《"即使……也……"的语义分析》,《求索》,2012年第1期,第222—223页,129页。

[③] 佟福奇:《基于形式语言学的"别以为……就……"分析》,《乐山师范学院学报》,2015年第1期,第54—57页,69页。

句，或者会有潜在衍生意义，因此它实际表达的是一种负命题意义，可刻画为~（p→q），这显然与预设相矛盾，~（p→q）≡ p&~q 到 p&~q 再到 p&~q/~q 是逻辑推演，进而说明"都 + NP + 了"最终相当于表达了~q 意义。再看前面的实例，如例"都同学了，问过父母、兄弟姐妹还不够，干吗问的这么细？"，这里的"都同学了"预设了可以问父母、兄弟姐妹，但不适宜问的过细，然而后续小句"干吗问的这么细？"说明事实与预设相悖，所以全句相当于~（p→q）（负命题意义），也就是最终表达了~q 意义——他没有适当询问，由此进一步衍生出不满意义——"好像我犯了什么错误似的，你查户口算了！"。例（2）的"都50斤了"预设了已经拿出来够多的了，因为袋子里一共也就不到60斤的鱼，加上后续小句"剩下不到10斤的鱼都拿不动？我看你就是找借口，想偷懒！"一起表达负命题意义~（p→q），这显然也与预设相矛盾，经由~（p→q）≡p&~q 到 p&~q 再到 p&~q/~q 的逻辑推演，可知"都50斤了"最终表达了~q 意义。其他例句同理可知。

综上，分析了"都 + NP + 了"的背景序列、"都"、"NP"、"了"以及相关预设三个部分以后，加上对整个构式完整语义推理结构的描写，"都 + NP + 了"构式的语义实现便可以进而解释清楚了。具体为三个语义构成部分先形成一个语义推理结构，再借由这一推理结构进入表达层面，使构式的整体语义得以激活与实现。具体过程可以描写如下①：

上图可以大致说明"都 + NP + 了"构式整体语义的实现过程，其反预期语义的话语意义实现过程涉及话语意义的具体实现，包括交际主体的认知加工过程和语境的互动过程，可图示如下：

这一流程图概括描写了"都 + NP + 了"构式的语义实现过程，

---

① 这里整合了"都 + NP + 了"表义与预设一致的情况。

相关研究可参见吕明臣（2005[①]），佟福奇（2014[②]；2015[③]）等。

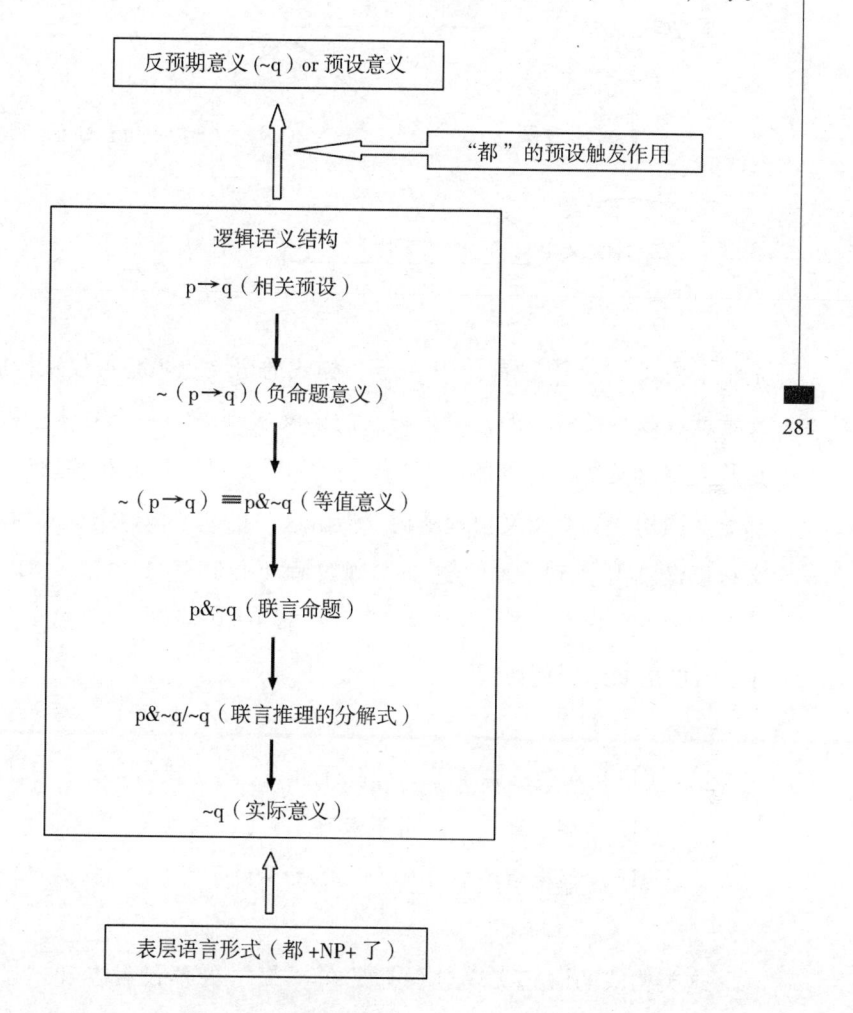

```
         反预期意义(~q) or 预设意义
                    ↑
                    ⇐  "都"的预设触发作用
    ┌─────────────────────────────┐
    │        逻辑语义结构          │
    │                             │
    │      p→q（相关预设）         │
    │          ↓                  │
    │     ~（p→q）（负命题意义）   │
    │          ↓                  │
    │  ~（p→q）≡p&~q（等值意义）  │
    │          ↓                  │
    │     p&~q（联言命题）         │
    │          ↓                  │
    │  p&~q/~q（联言推理的分解式） │
    │          ↓                  │
    │      ~q（实际意义）          │
    └─────────────────────────────┘
                    ⇑
         表层语言形式（都+NP+了）
```

四　语义实现过程的类化表现

构式语法主张"如果短语型式的形式或意义的某些方面不能从其构成成分的特征或其他构式中得到完全预测，那么该短语型式

[①] 吕明臣：《话语意义的建构》，东北师范大学出版社2005年版。
[②] 佟福奇：《话语意义建构视域下的汉语条件句语义新探》，《外文研究》，2014年第1期，第37—42页，105—106页。
[③] 佟福奇：《基于形式语言学的"别以为……就……"分析》，《乐山师范学院学报》，2015年第1期，第54—57页，69页。

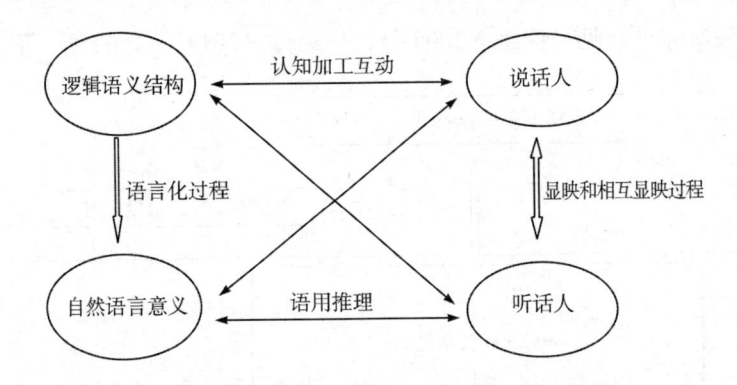

```
逻辑语义结构  ←认知加工互动→  说话人
     ↓                              ↕
  语言化过程                    显映和相互显映过程
     ↓                              ↕
  自然语言意义  ←语用推理→    听话人
```

是一个构式",[1][p4] "都+NP+了"构式的语义也不是仅仅从构成要素就可以直接预测的,应该把它的语义实现看作一个整体过程,是其完整语义结构背景序列、"都"、"NP"、"了"和相关预设三部分共同构成一个语义推理结构,借由这一推理结构整个构式的语义得以激活与实现。而且这一实现过程不仅适用于"都+NP+了",与之相类的"都+AP+了"、"都+VP+了"、"都+s+了"①也是如此,例如:

(11) <u>都这么漂亮了</u>,你还不知足!(自拟例句)
(12) <u>都吃皇粮了</u>,别不满意了!(自拟例句)
(13) <u>都生活不能自理了</u>,还死要面子啊!(自拟例句)

这类构式的语义实现过程都是在"都"的预设触发和"了"的表动作从无到有的实现过程的基础上得以实现的,所以离开了"了"构式不合法,"都"也表现出一定的必有性。反之,"都+NP+了"对 NP 的选择限制也说明了整个构式与背景序列之间的关联,因此构式语义的实现过程是多因素的互动过程,必须做整体关照。

---

① S代表小句,可见"都 X 了"框架的允入成分不限于 NP。与前述类似,这类构式后面也可以跟着与预设义一致的后续小句,只表示对所述境况的感叹类情感意义,语义结构相对简单,故不做重点分析。

On the semantic realization of "都 + NP + 了"

TONG Fuqi

School of Art, Anqing Normal University, Anqing, Anhui, 246011)

Abstract: There are many studies on the semantics of " + NP + " in Chinese, but the lack of macro and global interpretation of the structure of the Chinese language. Is proposed in this paper view, think " + NP + " constructional contains background sequences, the constituent elements of the "all", "NP", " " and related preset three constitute the part, they form a semantic reasoning structure, borrow from this reasoning structure into the expression level, the structure type of the whole semantic can be activated and implementation.

Key words: 都 + NP + 了; The nature of the passage; order sense; Background sequence; The sensitive pragmatic operator triggered by default

后　　记

  2008年9月我再次回到硕士时的母校吉林大学攻读博士学位，在硕士毕业3年后终于如愿到吕明臣教授门下读书。恩师的学术我在2002年读硕士的时候便开始接触和仰慕！从语言学基础理论到语义学、语用学，硕士阶段的所有语言学类的课程几乎都是恩师教授的，甚至我硕士论文的选题也是恩师帮着选的，尽管硕士阶段我并不是他的学生，可恩师还是无私地指导我，教诲我，所以至今记得！读博以来更加深刻体味到先生的思想之深邃，治学之严谨，为人之正直！恩师治学偏向理论思辨，对汉语的句法语义直至语用多有涉猎，同样研究汉语却因思路宽广，逻辑缜密，角度独特而独树一帜！常常叹服《汉语答句的意义》一文，1989年成文至今有太多的专著、学位论文和期刊论文深受其启发与引领！恩师的专著《话语意义的建构》更是开创性的，其整体主义和建构主义的理论视角和研究范式影响着我所有的学术研究！

  入学以后，恩师要求我继续关注语义问题，因为在恩师看来语义是语言研究的核心和焦点。经过2年的游学、思考和研读文献，我选定了"条件关系范畴的语言表达"这一论题并最终完成论文于2012年6月顺利毕业。这期间恩师倾注了大量精力，从选题到每一阶段的写作和修改，无不凝结着恩师的心血！还记得恩师亲自到宿舍和图书馆指导我的每一个下午，至今历历在目！尽管公务繁忙，可恩师还是拿出那么多时间悉心指导我论文写作，教导我为学做人，让我感恩至极，无以回报！我是比较用功和听话的，所以是恩师门下第一个毕业的。论文写作期间家父罹患癌症，于2012年5月初辞世，没能看到我毕业！先父2011年初患病直至病逝期间我一直在医院陪护，论文的大部分是在病房里写就的，因之我的身体也每况愈下。

毕业以后恩师嘱我把论文整理出版，我因工作调动奔波一直没能完成恩师期望。毕业后的4年里我始终没有停止思考和钻研条件关系范畴的语义问题，毕业论文里的一些小问题已陆续以小论文的形式刊发。这期间我对条件关系范畴的语义实现有了新的理解和看法，提出了基本逻辑识解和深度关联假设并建立了缺省推理方案和模型，勉强算作是对博士论文的些许提升。如今得到我的工作单位安庆师范大学科研处和文学院的科研扶持，拙作即将在中国社会科学出版社付梓出版，终于可以交上答卷，给恩师一个回报了！虽因学识浅薄、能力有限而心中满是惴惴不安，但丑媳妇迟早要见公婆，故恳请学界方家多多包容并不吝赐教！

本科毕业我便选择了语言专业，做了一名语言教学工作者，从那时到今日有太多的老师给过我学术上的帮助和指导，难忘本科阶段的启蒙老师张云秋、常纯民，铭记硕士直至博士阶段的刘富华、柳英绿、王光全、岳辉、徐正考、李守奎等诸位老师的悉心指导！读博期间四处游学，先后认识了潘海华、蒋严、熊仲儒、彭家法、文卫平、吴俊雄、庄会彬诸先生，您们的鼓励给了我更大的信心和勇气，深深感谢您们！恩师吕明臣先生的关怀、教诲和培养更是终生不敢忘！是您教我如何为学做人，是您给了我研究学术的思想和方法，让我找到了自己的一条路径。我会牢记您的教诲，继续在语言研究的道路上孜孜以求！我要感谢中国社会科学出版社的冯春凤编审，她为本书的出版做了大量的工作，付出了诸多心血！感谢安庆师范大学科研处的吴琼处长和王慧老师，没有你们的关怀和支持，我的拙著是不会如此顺利出版的！感谢文学院方锡球院长的关怀和支持！最后我要感谢我的父母和家人，你们永远是我前行的动力和后盾！谨以此书献给先父佟忠山先生，是您给了我生命，让我有机会奋斗不止！